大学入試

世界一わかりやすい
英文読解の
特別講座

関　正生
Masao Seki

＊　本書には「赤色チェックシート」がついています。

はじめに

今の英語教育界は完全に「迷走」しています。

「速読」という名のもとに，ただ急いで読むことを奨励し，「パラグラフ＝リーディング」だの「ディスコース＝マーカー」だの言いながら読み解こうとする……。
「木を見て森を見ず」といって受験生に発破をかけることは，一見カッコいいアドバイスのようですが，それは「1本1本の木を見られる」人に使う言葉であって，大学受験生に必要なのは「木を見て木を見る」能力です。

さらに世間では，「It is と that を隠して文が成立すれば強調構文」なんていう，教師にだけ都合がいい「後づけ」の説明もはびこっています。

英文筆者の血の通った主張に耳を傾けるためには，その英文に対して真摯な態度で臨まなければなりません。真摯な態度とは，やみくもに読むスピードを競ったり，段落冒頭部分をつなげて読むことではありません。

本当の意味での真摯な態度とは，英文をしっかり素直に読んでいくという，愚直で着実な学習を指します。本書では，そのための「英文の読み方」「アタマの使い方」を明示しました。

では，さっそくはじめましょう！

(強調構文の正しい考え方は，**テーマ 16** をご覧ください)

目次

はじめに ……………………………………………………………………… 2
学習の前に …………………………………………………………………… 6
本書の特長 …………………………………………………………………… 8

Chapter 1　英語の核になる構文 …………… 9

Section 1　新しい5文型の考え方 ……………………………… 11

- テーマ 1　5文型の破壊力①──文型がわかれば動詞の意味もわかる！ … 12
- テーマ 2　5文型の破壊力②──第2文型は「イコール」の意味！ ……… 19
- テーマ 3　5文型の破壊力③──SV that〜のVは「思う／言う」！ ……… 24
- テーマ 4　5文型の破壊力④──SVOOは「与える」か「奪う」！ ……… 30
- テーマ 5　5文型の破壊力⑤──SV 人 to〜の必殺技！ ………………… 36

Section 2　構文の基礎 ……………………………………………… 43

- テーマ 6　SVの把握　①──長〜いSを見つけるときのアタマの働かせ方！ 44
- テーマ 7　SVの把握　②──「予想修正」という英語の考え方をマスターする！ 49
- テーマ 8　SVの把握　③──前置詞やto不定詞で長くなったSを見抜く！ …56
- テーマ 9　接続詞 and ①──and がわかれば英文を見る目が変わる！ ……61
- テーマ 10　接続詞 and ②──and 1つで，英文はここまで複雑になる！ … 67
- テーマ 11　従属接続詞　①──once は「一度／かつて」じゃ全然足りない！…74
- テーマ 12　従属接続詞　②──名詞節も作れる接続詞は whether / if / that！…81
- テーマ 13　that の判別①──意外によく出る，that が S になるパターン ……91
- テーマ 14　that の判別②──C になる that を完全理解！ ………………98
- テーマ 15　that の判別③──「同格の that」は前の名詞を説明する！ ……… 104

Chapter 2　新しい構文の考え方　............ 113

Section 3　新しい強調構文と倒置の考え方 115

テーマ 16　強調構文①——絶対に教わらない「強調構文の即断法」！ 116
テーマ 17　強調構文②——It is 副詞 that ... は「強調構文」と即断 OK！... 125
テーマ 18　強調構文③——重要構文を暗記せずに「理解」する！ 131
テーマ 19　強調構文④——「疑問詞が入った強調構文」をマスターする！ 137
テーマ 20　任意倒置①——なぜか語られない「倒置の全パターン」！ 143
テーマ 21　任意倒置②——第2文型と第3文型の倒置も「理由」がわかれば
　　　　　　　　　　　　カンタン！ 152
テーマ 22　任意倒置③——第4文型と第5文型の倒置もアタマを使って
　　　　　　　　　　　　「理解」する！ 159
テーマ 23　強制倒置①——「文頭の否定語➡倒置」の，実際の出題パターンを
　　　　　　　　　　　　徹底分析！ 165
テーマ 24　強制倒置②——超頻出「文頭の否定語➡Mがジャマして➡倒置」の
　　　　　　　　　　　　パターン！ 170
テーマ 25　強制倒置③——「文頭の否定語➡倒置」って習ったはず。でも，
　　　　　　　　　　　　現実はそんなに甘くない！ 175

Section 4　特殊な第1文型 181

テーマ 26　特殊な第1文型①——今まで無視されてきた重要構文 182
テーマ 27　特殊な第1文型②——学校で教わらない There is 構文の正しい
　　　　　　　　　　　　　　使い方 189
テーマ 28　特殊な第1文型③——受験生の苦手な there being ～は2つの
　　　　　　　　　　　　　　可能性 196

Chapter 3 「語彙・文法」から「真の読解」へ 203

Section 5 語彙から真の読解へ…………………………………205

- テーマ29 因果表現──causeを「引き起こす」なんて覚えるのはやめよう！… 206
- テーマ30 イコール表現──involveを「含む」と覚えていない？………… 215
- テーマ31 「重要な」という重要語彙──essentialを「本質的な」と
覚えていない？ ……………… 220

Section 6 まぎらわしい文法の判別…………………………227

- テーマ32 不定詞：文頭のTo 〜の判別──意味ではなく「形から」攻める！ 228
- テーマ33 文頭の -ing の判別──Sになれば動名詞，それ以外は分詞構文！ 233
- テーマ34 as の判別①──たくさん意味のあるasもすべて「同時」から
攻めればカンタン！……………………… 240
- テーマ35 as の判別②──「様態」のasは3つのポイントで必ず見抜ける！ 247
- テーマ36 as の判別③──変な語順なら「譲歩」と考える！ ……………… 257

Section 7 文法から真の読解へ…………………………………267

- テーマ37 比　　較──丸暗記不要！ no more 〜 than ... の秒殺和訳法！… 268
- テーマ38 受 動 態──受動態を「〜れる／〜られる」と訳しちゃいけない!?… 274
- テーマ39 仮定法①──仮定法にifは使わない!? ………………………… 281
- テーマ40 仮定法②──頻出なのに教わらないif節代用パターン！ ……… 288
- テーマ41 分詞構文──分詞構文の訳し方は2種類しかない!? …………… 295
- テーマ42 関係詞①──関係詞が出てきたときの心がまえ ……………… 302
- テーマ43 関係詞②──返り読み禁止の「切って代入」する方法 ………… 311
- テーマ44 動名詞の意味上のS──「君の可能性」という日本語のおかしさに
気づくか？……………………… 319

Chapter 4　和訳の技術 ……………………………… 327

Section 8　和訳の技術 ……………………………… 329

テーマ 45　名詞構文——カタい和訳が一気に見違える！ ……………… 330
テーマ 46　depend on ～の訳し方——「～に頼る」では通用しない！ …… 341
テーマ 47　more than ～の訳し方——「～以上」では通用しない！ …… 346
テーマ 48　比較対象の省略—— than ～は省略されるのが当たり前！ ……… 354
テーマ 49　暗黙の了解—— if の訳し方には暗黙のルールがある！ ……………… 362
テーマ 50　ＳＶＯという因果表現——ちょっとしたコツでキレイな和訳を
　　　　　　　　　　　　　　　　　　作れる！ ……………………… 368
テーマ 51　便利な意訳のコツ——訳しにくい in -ing と疑問詞変換 ……… 375

おわりに …………………………………………………………………… 380

本文イラスト：中口　美保

◆　　◆　　◆

学習の前に(1)

●設問の★印
設問はすべて「和訳しなさい」ですが，どこをポイントにすればいいのかを「★」で示しました。じっくり解説を読んでいただければ，★が意図するところ・★の解答がわかるはずです。

● ポイント
重要な「まとめ」になります。従来の参考書・問題集とは一線を画す「丸暗記しない英語」の核心をまとめました。熟読してください。

● 予想 ➡ こう考える！
英文の解析結果を述べるのではなく，この本では「どうアタマを使えばいいのか？」「ネイティブはどう考えるのか？」を 予想 で示しました。 こう考える！ は， 予想 に対する「正しい考え方」です。自分の考え方と照らし合わせてじっくり考えてください。

● 構造解析
英文の構造を示しました。きちんと確認してみてください。

> 学習の前に(2)

品詞の考え方

- ●名　詞 ➡ S・O・C になる
  名詞は S（主語），O（目的語），C（補語）のどれかになります。

- ●形容詞 ➡ 名詞修飾 or C になる
  形容詞は名詞を修飾（説明）するか，C（補語）になります。

- ●副　詞 ➡ 名詞以外を修飾
  副詞は動詞・形容詞・ほかの副詞・文全体を修飾します。
  「名詞以外を修飾」と覚えればカンタンです。

句と節の考え方

「句」も「節」も基本的に「カタマリ」と考えれば十分です。

- ●たとえば，「名詞句」とは「名詞のカタマリ」
  例　a tall boy　「背の高い少年」

- ●「副詞節」なら「副詞のカタマリ」
  例　If you go now, you can catch the train.
  「今すぐ行けば，電車に間に合いますよ」
  ▶ If you go now の部分がカタマリになって，動詞（can catch）を修飾しています。動詞を修飾するのは副詞ですから，If you go now は「副詞のカタマリ（＝副詞節）」になります。

カッコの使い分け

- ●名詞句・名詞節 ➡ 〈　〉　　▶名詞は重要なので，目立つ〈　〉を。

- ●形容詞句・形容詞節 ➡ [　]
  ▶英語の辞書では，in[on] と書いてあった場合，in = on が成り立ちます。the boy [who is tall] ならば，the boy = who is tall が成立するので，形容詞には [　] を使っています。

- ●副詞句・副詞節 ➡ (　)
  ▶副詞は「なくてもかまわない要素」なので，(　) を使っています。

本書の特長

「強調構文」や「倒置」までカンペキに解説

従来の参考書・問題集では「特殊構文」などと不名誉な名前をつけられていますが，入試頻出の強調構文や倒置をバッチリ解説します。「強調構文に気づくか」という後づけの解説や，「倒置になっている」という結果論ではなく，「どうやって気づくのか？」「倒置を使うときのキモチ」を納得いくまで解説します。

「文法」に逃げずに，本当に大事な構文を厳選

文法の参考書にのっている従来の説明をするのではなく，本書でしか学べない解説をふんだんに取り入れました。
ただ英文の解析結果を述べるのではなく「英語を読むときのアタマの使い方」を説明しました。

短いけど骨のある英文

ただ長い英文を読ませて「量でごまかす」ようなことをせず，ゴマカシのきかない硬派な英文や，じっくりみっちり英語力を築き上げられる英文を選びました。

あらゆる入試問題を分析して厳選された英文

長文だけでなく，空所補充・整序・正誤などあらゆる入試問題を分析して，何度も勉強する価値がある，受験生の貴重な時間を使うに値する英文を厳選しました。
大学入試の問題は練りに練られた良質の英文です。今まで読解の問題集というと，この素晴らしい結晶を無視してきましたが，これを利用することで，みなさんの英語力は効率的にのびていくはずです。

Chapter 1

英語の核になる構文

Section 1
新しい5文型の考え方

高校に入学すると一番最初に習う「文型」。
でも,「これがS,これはV……,この文は第1文型」ってやって,それでオシマイでした。
でもここで終わっちゃうと,すごくもったいないんです。
じつは「文型がわかると動詞の意味もわかる」んです!!
先人が研究を尽くした「文型のすごさ」を,この授業であらためて実感してください。

テーマ 1

5文型の破壊力①
── 文型がわかれば動詞の意味もわかる！

Step 1

設問1 次の英文を和訳しなさい。
★ 2行目のthat節の中は「第？文型」になるでしょう？

Five hundred years ago, it was common sense that the sun revolved around the earth. （横浜市大）

語句
- **common sense** 「常識」

解説

● 知らない動詞の意味がわかる！

学校でも予備校でも，どんな参考書でも「文型」は必ず登場しますが，「文型のオイシイ効用」までは教えてくれないはずです。
実は，文型がわかると「動詞の意味を知らなくても訳せる」ことが多いのです！ それぞれの文型によって動詞の意味は決まっているのです。

ポイント　文型の意味

❶ 第1文型（SV）の動詞は「いる／動く」という意味
　例　The ship **made** for the shore.
　　　「船は岸に向かって動いた ➡ 進んだ」
　　　▶ for は「～に向かって」

Section1　新しい5文型の考え方

❷ **第2文型（SVC）は「S＝C」という意味**

例　We made merry at the party.
　　　S　　　　C
　　　└──＝──┘
　　「私たちはパーティで陽気だった ➡ 浮かれ騒いだ」

❸ **第3文型（SVO）は「SがOに影響を与える」という意味**

例　I made a new doghouse for Kuro.
　　「私はクロに新しい犬小屋を作った」
　　　▶SVOはこの「影響を与える」以外にもたくさんの意味がありますので，これだけは単語力勝負になります。

❹ **第4文型（SVOO）の動詞は「与える」という意味**

例　She made me a cup of tea.
　　「彼女は私にお茶を与えた ➡ 用意してくれた」
　　　▶SVOOは一部「奪う」という意味もあります（詳しくは ➡テーマ4）。

❺ **第5文型（SVOC）は「OにCさせる」「OがCだとわかる」という意味**

例　The news made me sad.
　　「ニュースが私を悲しませた ➡ （ニュースを聞いて）悲しんだ」

例の動詞はすべて make ですが，「make＝作る」っていう発想がいかにキケンかわかったと思います。

　▶「make のような基本動詞にはいろんな意味があるから気をつけよう」なんて言われたことがあるかもしれませんが，いろんな意味を覚えるのではなく，「まずは文型」という習慣をつけましょう。文型にはこんなにオイシイ役割があるんです！

🔵 第1文型の動詞は「いる／動く」という意味になる！

今回は，第1文型（SV）を詳しく見ていきましょう。

テーマ1 ▶ 5文型の破壊力① 13

第1文型の動詞は「いる／動く」と訳せばOKです。

> 例　We got to Tokyo.

間違っても，「get＝得る」から入ったり，「get to ～＝～に着く」と熟語で覚えたりせずに，まずは文型をとってみましょう。

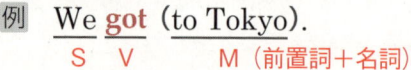

> 例　We got (to Tokyo).
> 　　　S　V　　M（前置詞＋名詞）
>
> ▶前置詞＋名詞のカタマリは修飾語（M）になります。

ＳＶＭは第1文型ですね。
　　▶修飾語（M）はいくつあっても文型には関係ありません。

ということは，**got**の意味は「いた」か「動いた」です。両方とも訳してみましょう。

▶予　　想

┌─────────────────────────────────────┐
❶　「いる」の場合 ➡「私たちは東京に**いた**」
❷　「動く」の場合 ➡「私たちは東京へ**移動した**」
└─────────────────────────────────────┘

どっちでも最終的に内容は変わりませんね。でも前置詞のtoに注目すると，**toは方向や到達を示す前置詞**ですから，❷の「動く」って意味がベターでしょう。
この考え方は，ほかでも使えますよ。

> 例　Time flies.　「光陰矢の如し」
> 　　　S　　V

ＳＶという第1文型で，「時は動く」➡「時は過ぎ去る」➡「光陰矢の如し」

Section1　新しい5文型の考え方

という意味のことわざです。
▶ちなみにこれは，イギリス文学界でものすごく有名なチョーサーという詩人が 14 世紀に『カンタベリー物語』の中でも使った，とっても歴史のあることわざです。

> 例　Yet <u>the earth</u> **<u>does move</u>**.　「それでも地球は動いている」
> 　　　　　S　　　　　　V

これはガリレオの有名なコトバですね。
▶ does は動詞 move を強調する働きをしています。The earth moves. より The earth does move. のほうが move を強調しているので，「本当に動いてるんだ」というキモチが強く伝わるんです。

次に，「いる」っていう意味の場合です。

> 例　<u>He</u> <u>lives</u> in Mexico.　「彼はメキシコに住んでいる」
> 　　S　　V

live の意味を知らない人はいないでしょうが，ここは練習のために，あえて知らないフリして訳してみましょう。
「彼はメキシコに<u>いる</u>」，これで十分意味はとれますよね。
これからは，知らない単語を見たらすぐに辞書に手をのばすのではなく，まずは文型をとってみましょう！

🔴 revolve を知らなくても訳せる！

設問 1 の it was common ... の英文は，It is ～ that ... の**仮 S・真 S 構文**です。

▼構造解析

> <u>it</u> **was** common sense ⟨**that** <u>the sun</u> revolved (around the
> 仮 S　　　　　　　　　　　　　　真 S
> earth)⟩.

テーマ1 ▶ 5 文型の破壊力① 15

「that ～ は常識だった」という意味です。
次に that の中にだけ注目してみましょう。

構造解析

> the sun **revolved** (around the earth).
>   S   V   M

第1文型（SV）なので，revolved の意味はわかってしまいますね！「太陽は地球のまわりに<u>ある</u>［<u>まわりを動く</u>］」➡「太陽は地球のまわりを回る」と考えればいいですね。「ある」でも「動く」でも，どっちでも OK です。

▶ちなみに，revolve の辞書的な意味は「回転する」です。

チェックポイント

☑ まずは文型を考える！ 第1文型とわかったら「いる／動く」って意味！

解答例

500年前では，太陽が地球のまわりを回っているというのが常識だった。

Step 2

設問2 次の英文の下線部を和訳しなさい。
★ cowered は辞書を使わずに意味を考えてみましょう！

There is a charming tale of Chekhov's about a man who tried to teach a kitten to catch mice. When it wouldn't run after them he beat it, with the result that even as an adult cat <u>it cowered with terror in the presence of a mouse</u>. "This is the man who taught me Latin," Chekhov adds.

（東北大）

語句

- **charming** 「すごい」
- **Chekhov** 「チェホフ」
  ▶ 19世紀ロシアの小説家・劇作家。
- **kitten** 「子猫」
- **beat** 「たたく」
- **SV, with the result that ～** 「SはVだ,その結果～だ」
- **in the presence of ～** 「～の前で」
- **Latin** 「ラテン語」

解説

● 下線部より前の部分を確認しよう

最初の文は,次のような意味を表しています。
There is a charming tale of Chekhov's about a man は「ある男に関する,チェホフのすごい話がある」,who tried to teach a kitten to catch mice は「子猫にネズミを捕ることを教えようとした（男）」という意味です。

次の文の意味を確認してみましょう。
When it wouldn't run after them は「子猫（it）がネズミ（them）を追いかけようとしないと」,he beat it は「その男（he）は子猫（it）をたたいた」という意味です。

with the result that ～ は,「～という結果（result）を伴って（with）」➡
「その結果～だ」という意味です。
even as an adult cat は「大人の猫になったときでさえも」です。

● cowered の意味を知らなくても訳せる！

では,下線部に行きますが,まず文型を意識してみましょう。

テーマ 1 ▶ 5 文型の破壊力① 17

構造解析

$$\underset{S}{\text{it}}\ \underset{V}{\text{cowered}}\ \underset{M}{(\text{with terror})}\ \underset{M}{(\text{in the presence of a mouse})}.$$

文型をとってみると，SVMMという第1文型になります。ということは，**cower**(ed) は「いる／動く」という意味になるはずです。
cowered がどんな意味になるのか，予想してみましょう。

▶予　想

❶ 「いる」の場合 ➡「猫はネズミの前で恐怖心をもって<u>いた</u>」
❷ 「動く」の場合 ➡「猫はネズミの前で恐怖心をもって**移動した**」

❶の「恐怖心をもって<u>いた</u>」のほうが自然で，十分に意味が通ります。ということで，文型をとれば意味がわかっちゃうわけです。

▶ちなみに cower は「（恐怖で）すくむ」という意味です。「これを覚えろよ」と言う英語のセンセーは楽でしょう。でも，次にいつ出てくるのかわからないようなこんな単語を覚えさせられるのは，みなさんにとって苦痛以外の何ものでもないですよね。知らない単語を見たら，まずは「第1文型なら『いる』か『動く』」を使ってみてください。

チェックポイント

☐ **cower** は文型から攻めれば意味がわかる！　辞書を引く前に，単語の意味を予想！

解答例

子猫にネズミ捕りを教えこもうとした男に関する，チェホフのすごい話がある。子猫がネズミを追いかけようとしないと，その男は子猫をたたいた。その結果，その猫は成長してからも，ネズミを前にすると怖さで震えてしまった。「私にラテン語を教えた人も，まさにこうだった」とチェホフは付け加えている。

テーマ2

5文型の破壊力②
──第2文型は「イコール」の意味！

Step 1

> **設問1** 次の英文を和訳しなさい。
> ★「第?文型」になるでしょう？
>
> The leaves turn red in fall. （浜松大／空所補充問題を改題）

語句
- **leaves** 「葉っぱ」
  ▶ leaf の複数形。

解説

🔴 Dreams come true. はＳＶＣ！

第2文型（ＳＶＣ）のＶは，「イコール」つまり「ＳはＣだ[Ｃになる]」という意味になります。Ｃ（**補語**）には，「**形容詞・名詞**」がきます。
ＳＶＣって判別する方法はカンタンです。

ポイント　ＳＶＣの判別法

❶ ＳＶ 形容詞 の場合 ➡ ＳＶＣ
　★Ｓ＝Ｃの関係。

　例　He looks happy. 「彼は幸せそうに見える」
　　　 Ｓ 　Ｖ 　　Ｃ（形容詞）
　　　 └────＝────┘

❷ ＳＶ 名詞 の場合
　★Ｓ＝ 名詞 ならば ➡ ＳＶＣ

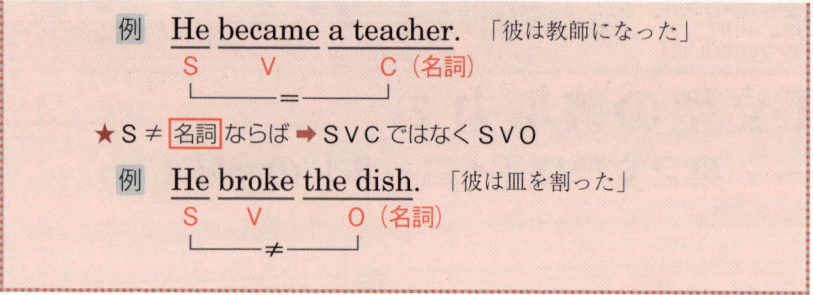

❶のパターンなら，動詞の意味がわからなくてもすぐに訳せます。
ＳＶ 形容詞 は「Ｓは 形容詞 だ」という意味になるからです。
これを，有名なことわざで確認してみましょう。

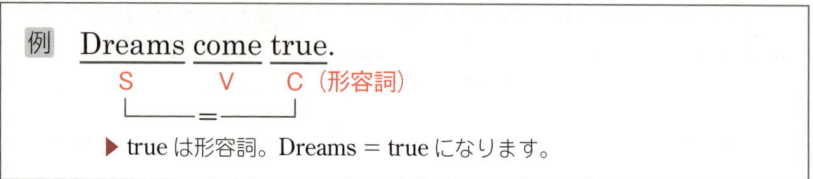

この文はＳＶＣになります。
意味は「夢＝真実」➡「夢ってかなうんだよ」と考えれば，カンタンですね。

🔴 勉強時間が短縮される辞書の引き方！

⬇ 構造解析

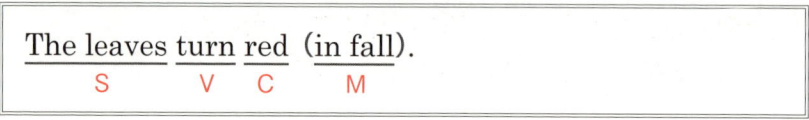

red は形容詞なので C になり，The leaves ＝ red と考えれば OK です。意味は「秋に葉っぱは赤くなる」です。
ですから，今回の turn ～ は「～になる」って考えられますし，意味を予想してから確認のために辞書を引いてもいいでしょう。

▶ こういうふうに意味を予想してから辞書を引くと，「～になる」という意味を探すだけなので，辞書を引くスピードも上がり，何よりも自分の予想があたっているので，強烈なインパクトで頭に定着するものです。

> **チェックポイント**
> ☐ まずは文型を考える！ 第2文型なら「SはCだ」って意味！

解答例
葉っぱは秋に赤く染まる。

Step 2

> **設問2** 次の英文を和訳しなさい。
> ★ of age が1つのカタマリになっているのがヒント！
>
> Her talent for drawing came of age. （成蹊大）

語 句
- **talent** 「才能」
- **drawing** 「絵画」

解 説

熟語の暗記ナシで，英文の意味を「考える」

さっそく，設問2の英文を確認していきましょう。

▶ **予 想**

> 〈Her talent for drawing〉 came of age.
>   S   V   ??

ありがちな解説は「come of age は『大人になる／成熟する』という熟語。覚えましょう」です。

テーマ2 ▶ 5 文型の破壊力② 21

▶でも，これだと丸暗記の強要で，英語のセンセーだけに都合がいい説明ですよね。

ではどう考えるか？ of age が何なのかがよくわかりませんよね。
ここで，1つ，大事なルール，**of＋抽象名詞＝形容詞**を確認してみましょう。

> **ポイント** of＋抽象名詞＝形容詞
>
> - **of use**（＝ **useful**）　　　「役に立つ」
> - **of help**（＝ **helpful**）　　「役に立つ」
> - **of importance**（＝ **important**）「重要な」
> - **of value**（＝ **valuable**）　「価値がある」
> - **of interest**（＝ **interesting**）「興味深い」
> - **of age**（＝ **old**）　　　　「大人な」

of use や of importance は有名ですが，of age も忘れちゃいけません。たとえば早稲田では，次のような問題でとっくに出題されていますよ。

参考問題

> 空所に入る前置詞を答えなさい。
>
> 　He looks young, but he is well over 50 years (　　) age. Can you believe that?
>
> **解説**　50 years **old** ＝ 50 years **of age** と考えれば OK！
> **和訳**　彼は若く見えるが，ゆうに50歳は超えている。信じられる？
> **答**　**of**

以上から，設問2の英文も **came of age** ＝ **came old** になるわけですね。

came old は，V＋形容詞なので，文のしくみは次のようになります。

こう考える！

Her talent for drawing came old.
　　　　　S　　　　　　　V　　C
「彼女の絵画の才能」　　　　「大人な」
　　　　　　　　＝

▶ 熟語をいきなり丸暗記するのではなく，こういうふうにアタマを使って考えると，暗記なんかしなくても英文が読めるようになりますよ。

チェックポイント

☐ **of** ＋抽象名詞＝形容詞 と考えれば丸暗記不要！
　例　come of age ＝ come old

解答例
彼女の絵画の才能は成熟した。

テーマ2 ▶ 5 文型の破壊力②

5文型の破壊力③
── S V that ～ の V は「思う／言う」！

Step 1

設問 1 ▶ 次の英文を和訳しなさい。
　　★「第？文型」になるでしょう？

We shouldn't conclude that there is any connection between nationality and personality.

(中央大／空所補充問題を改題)

語　句

- **connection between** *A* **and** *B*　「AとBの関係」
  ▶ 日本語で「つながり」のことを「コネ」といいますよね。これは connection のことなんです。
- **nationality**　　　　　　　　　「国籍」
- **personality**　　　　　　　　　「性格」

解　説

 第3文型の必殺技

ここまでの説明で,「文型のすごさ」がわかってもらえたと思います。今回は第3文型を取り上げますが,残念ながら第3文型だけは単語力勝負になります。

しかし！　とらえどころのない第3文型にも1つだけ素晴らしい英語の法則があるので,今回はこれを解説します。

S V that ～は,「S は～と 思う ／ 言う 」って意味になる！

これ、必殺技です。S [V] that ~という形を見たら、[V] は「思う」か「言う」という意味になるんです。
これを知っとくと、英文を読むのがすごくラクになりますよ。
では、このルールを詳しく説明しましょう。
たとえば、I ___ that he is rich. の ___ の部分に入りそうな動詞を考えてみてください。よく知っているカンタンな動詞で OK ですよ。

I [think] that he is rich. (○)　　I [eat] that he is rich. (×)
I [say] that he is rich. (○)　　I [have] that he is rich. (×)

気づきましたか？
[V] の部分に入るのは全部、「思う／言う」系統の動詞です。**think / know / say** は OK ですが、eat / run / have は NG ですね。
実は、直後に **that** 節をとる動詞は、「認識」や「伝達」の意味をもつ動詞に限られるのです。
つまり、このルールを逆手にとると、S V that ~ ➡「S は~と思う[言う]」という必殺技ができあがるんです。

> ▶私たち日本人は「思う」と「言う」をハッキリ区別しますね。たとえば、言葉に宿っている霊を「言霊(ことだま)」といいますが、「思っても口に出さなきゃ OK」みたいな発想があります。でも英米人は少なくとも語法の上では、「思う」と「言う」をほとんど区別していません。

設問 1 の英文で確認してみましょう。

🔻 構造解析

We shouldn't **conclude** ⟨**that** there is any connection
　S　　　　　　V　　　　　　　　　　　　　　　O
between nationality and personality⟩.

この英文は第 3 文型で、that 節が O になっています。単語力勝負の第 3 文型ですが、S V **that** ~の形ですから、仮に conclude「結論を下す」がわからな

テーマ 3 ▶ 5 文型の破壊力 ③

くても「思う／言う」で訳せば，意味はわかるはず。shouldn't conclude ですから「思うべきじゃない」「言うべきじゃない」➡「結論を下すべきじゃない」ですよね。では，that 以下を確認しましょう。

構造解析

~ that there is any connection [between nationality and personality].

connection between *A* **and** *B* は，「AとBの間の関係」➡「AとBの関係」という意味です。

チェックポイント

☐ S V that ~ の形を見たら，V は「思う／言う」っていう意味になる！

解答例
私たちは，国籍と性格には関係があるという結論を下すべきではない。

Step 2

設問2　次の英文を和訳しなさい。
★ hold の意味を予想しながら読んでみましょう！

I hold that most uses of animals in medical science, including some that result in the deaths of many animals, are fully justifiable.

（東大）

> 語　句
> - **medical science**　「医療科学／医学」
> - **including ～**　「～を含めて」
> - **result in ～**　「(結果的に) ～になる」
>   ▶ 原因 + result in + 結果 の形になる。
> - **fully justifiable**　「十分に正当化される」

解説

● hold の意味を予想する！

普通の受験生だったら，いきなり先頭の I hold でつまずいてしまいます。でも先ほどの **Step 1** で解説した，あのワザを知ってればカンタンですよね。
I hold that ～ は，S V that ～の形ですから，**hold** は「思う／言う」と考えれば，バッチリ意味がとれるはずです。

> ▶ 正確にいうと **hold** は「思う」です。もともと **hold** は「～を抱きかかえる」という意味で，そこから「考えを抱く」＝「思う」になりました。

設問2の英文は that 以下が難しいのですが，一番大事なのは，I hold that ～ の形です。まずはここをカンペキにマスターしてください。

●「文中 that，直後に V」なら「関係代名詞 that」

▼ 構造解析

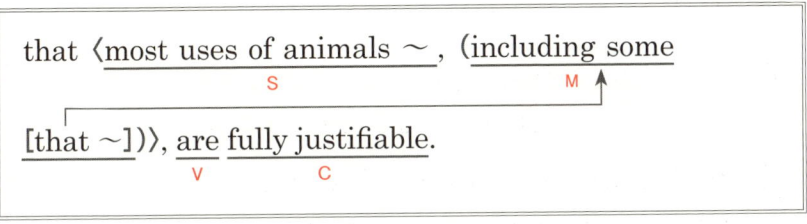

most uses of animals in medical science が，that 節の中の S になります。直訳の「動物の大半の使用」ではカタイので，**名詞を動詞っぽく訳します**。uses を「使うこと」と訳し，「医学で動物を使うことの大半は」とすればカンペキです（この訳し方は，➡ テーマ 45）。

including ~は「~を含めて」という意味です。

▶小難しいことを言うと，この including はもともと分詞構文で，それが今では辞書に「前置詞」としてのっています。CD のジャケットの裏側に書いてある including tax は「税込み」という意味ですね。

some は，some {uses of animals in medical science} のことです。前にある <u>most</u> uses of animals in medical science がヒントになります。
that は関係代名詞です。「**文中 that，直後に V（今回は result in）」は関係代名詞 that になる**んです。

▶このルールは重宝します。ぜひ覚えておいてください。
result in ~については，テーマ29 で詳しく説明します。

including some {uses of animals} that result in the deaths of many animals は「結果的に，たくさんの動物が死ぬこと（使い方）も含めて」という意味です。
だいぶ後ろにある are が V，fully justifiable が C になります。
justifiable は「正当化される」という意味ですが，「正当化」＝「OK」ということですね（「<u>正当防衛</u>」は「OK」なわけです）。ですから，この英文をカンタンにいうと，「医療での動物実験は OK だ」という意味になります。

チェックポイント

☑ **hold** は，S hold that ~の形なので「思う／言う」から攻めてみる！

|解答例|

医学で動物を使用することの大半は，それが多くの動物が死んでしまうことになっても，完全に正当なものであると私は考えている。

延長講義

「入試問題で視野が広がる」

　p.26の設問2の東大の英文は，「医療実験で動物が死んでもしかたない」と言っています。普通，動物保護の観点から出される例は「肉を食べない」「毛皮を着ない」「狩りをしない」ばかりですよね。でもこの筆者は，「医療実験」をもち出しているんです。
つまり，こういうことです。
われわれが病気になっても，薬で治ったり病院で治療してもらえるわけですが，実はそれって，動物実験からの恩恵なんです。

動物を殺すことで，われわれは生きているんです。

「そこを直視せざるをえないですよね」と筆者は言っているわけです。
「ヤダ，あたし，動物好っきやもん」という無邪気な子どもたちに向かって，「じゃあ，自分が事故にあって緊急手術が必要なときに，『薬は使わない。だって，あたし，動物好っきやもん』と言えるか」と言っているわけです。
これ，心に刺さりますよね。痛いけど認めざるをえない意見だとボクは思います。

このように，入試問題の英文というのはガチです。キレイごとを言っている英文ばかりじゃありません。だからこそ，受験生の視野は広がるんです。
この本を読んでいるみなさんは，ぜひ受験勉強に燃えて，さまざまな意見を吸収し，劇的に視野を広げていってください。

テーマ 4

5文型の破壊力④
――SVOOは「与える」か「奪う」！

Step 1

設問 1 次の英文を和訳しなさい。
★「第？文型」になるでしょう？

And after you leave university, if you have good grades, with a bit of luck you will land yourself a good job.

（愛知大）

語　句
- **leave university**　　「大学を出る」
  ▶「中退する」「卒業する」両方の意味があります。
- **grade**　　　　　　　「成績」
  ▶日本語でも「グレード」と言ったりしますね。
- **a bit of luck**　　　「少しの運」

解説

● V 人 物 の形は「与える」か「奪う」の意味になる！

第4文型（SVOO），つまりV 人 物 の形をとるVの意味は2つです。ズバリ，「与える」か，その逆の「奪う」と訳せば，どんな動詞でもOKです。「ホントかよ!?」って思われるでしょうから，ちゃんと証明してみます。

たとえば，teach 人 物 のteachは「教える」と習ったはずですが，その根本には「人 に 物 を与える」という意味があるんです。「人に英語を教える」
➡「人 に英語（の知識）を与える」ですよね。

また，show 人 物 のshowは「見せる」ですが，これだって「人 に情報を

Section 1　新しい5文型の考え方

与える」ということですね。

これをマスターすれば，たとえ知らない動詞だって，V 人 物 の形なら「与える」と訳せちゃうわけです。

▶「奪う」と訳す動詞は次の5つだけ。
　　take / cost / save / spare / owe （詳しくは ➡ p.33）

🟠 はじめて見た動詞 land の意味も，文型から攻めれば OK！

設問1の英文を見てみましょう。接続詞 **after** と **if** は，副詞節（M）を作ります（➡ テーマ 11）。

⬇ 構造解析

```
And (after you leave university),
         M「大学を卒業した後」
(if you have good grades), (with a bit of luck)
 M「もし，よい成績があれば」    M「少し運があれば」
you will land ⟨yourself⟩ ⟨a good job⟩.
 S    V         人          物
```

you will land が主節のSVです。ほとんどの受験生は，**名詞の land**「陸」の意味は知っていても，**動詞の land** なんて知らないはずです。

▶ たまに使われる動詞の land は「着陸する」という意味です。飛行機にのると landing「着陸」という単語を耳にします。

さあ本題です。この land をどう考えるか？ 「形から」攻めてみましょう。構文をとってみると，land の後ろには 人 と 物 がきています。

⬇ 構造解析

```
you will land ⟨yourself⟩ ⟨a good job⟩.
 S    V         人          物
```

SVOOの形ですから **land** を「与える」と訳してみればいいわけです。

「自分自身によい仕事を与える」ですね。「自分自身によい仕事を与える」
➡「よい仕事を見つける」と考えればカンペキです。

チェックポイント
☑ V 人 物 の形は，まず「与える」で考えてみよう。

解答例
そして大学卒業後，成績がよくて，少し運がよければ，よい仕事が得られるだろう。

Step 2

設問2 次の英文を和訳しなさい。
★「第？文型」になるでしょう？

One mistake can cost him his life.

（一橋大／空所補充問題を改題）

語句
- can ～　「～する可能性もある」

解説

● V 人 物 の文で「奪う」の意味になるのは 5 つの動詞だけ

Step 1 では，V 人 物 の形で「与える」と訳すことを説明しました。このパターンが圧倒的に多いんですが，「与える」とはまったく逆の「奪う」という意味をもつ 5 つの動詞だけ頭に入れてください。どれも，今まで「特殊な語法」なんて言われて丸暗記させられてきたものばかりです。

Section 1　新しい 5 文型の考え方

> **ポイント**　"S V 人 物" で「奪う」という意味になる動詞

- **take**
  - 例　It **took** her three years to write the novel.
    「彼女がその小説を書くのに 3 年かかった」

- **cost**
  - 例　It will **cost** you $600 to fly to Japan.
    「飛行機で日本に行くには 600 ドルかかる」

- **save / spare**
  - 例　His e-mail **saved**[**spared**] me the trouble of going there.
    「彼がメールをくれたので，私はそこに出かける手間が省けた」

- **owe**
  - 例　I **owe** him some money.
    「私は彼に少しお金を借りている」

たとえば，最初の **take** で解説しましょう。
It takes 人 時間 **to** ~は「人 が~するのに 時間 がかかる」なんて公式を覚えさせられたと思います。でも，そんな公式はいったん忘れて，"**take** 人 物" の形に注目してください。「人 から 物 を奪う」という意味なんです。つまり，「小説を書くことは，彼女から 3 年間 を奪った」➡「小説を書くのに 3 年かかった」ですね。ちなみに It は仮 S，to ~が真 S です。

cost も「(お金が) かかる／犠牲にさせる」という 2 つの意味を暗記させられると思いますが，「奪う」と考えれば一瞬で OK です。「あなたから 600 ドル奪う」➡「600 ドルかかる」ですし，「命を奪う」➡「命を犠牲にする」というだけなんです。

では，設問 2 の英文を見てみましょう。

テーマ 4 ▶ 5 文型の破壊力④　33

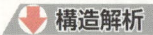
構造解析

⟨One mistake⟩ can **cost** ⟨him⟩ ⟨his life⟩.
　　S　　　　　V　　人　　　物

cost 人 物．つまりＳＶＯＯの形ですね。ここで「あ，ＳＶＯＯの文型では動詞は『与える』っていう意味だけど，**take / cost / save / spare / owe だけは『奪う』だ**」と思い出せればカンペキです。

直訳は「1つのミスが，彼から，彼の命を奪う可能性がある」です。もう少し自然な日本語にすると，「1つのミスで，彼は命を失う可能性がある」になります。

ここで覚えた5つの動詞（**take / cost / save / spare / owe**）は文法問題でも頻出です。ここをしっかりマスターしちゃえば，文法での暗記が減るだけじゃなく，何よりも「知らない動詞が出ても，この5つ以外だったら『与える』と訳せばOK」という英語の最強ルールがマスターできちゃいます。ぜひしっかり復習して，何度もつぶやいてください。

「**take / cost / save / spare / owe** だけは『奪う』，それ以外は全部『与える』」です！

チェックポイント

☐ **cost** 人 物 の形は「与える」ではなく「奪う」！

解答例

1つのミスで，彼は命を失う可能性がある。

▶延 長 講 義 ▶▶▶▶▶▶▶▶

「勉強時間が大幅に短縮できる"辞書の引き方"」

p.30の設問1の英文で，**land** を「与える」と訳しました。
ここで「本当に land にそんな意味あんの？」と気になる方は，和訳が終わった後で辞書を引けばいいんです。

この「和訳が終わった後」ってのがポイントです。
もう英文の意味について予想できているわけですから，**land** のたくさんの意味をいちいち吟味する必要はなく，ひたすら「自分に仕事を与える」➡「仕事を見つける」「仕事につく」という意味だけを探せばいいんです。
実際，英和辞典を引くと，かなり下のほうに「（仕事を）得る」「仕事につく」という見出しがあって，さらに「ＳＶＯＯで使う」という注意書きまであるかもしれません。

気づきましたか？
辞書というのはできるだけ，こうやって使うんです。
ただやみくもに「なんか適当に合う意味ないかな」だと，膨大な時間がかかってしまうんです。
たしかに，1つの英文を訳すのに何時間も予習する受験生の姿は美しく立派です。
ですが，大学受験というものには「締め切り」があるわけです。
この締め切りを守らなくちゃいけませんし，何より勉強時間は短いにこしたことはないはずです。
ぜひこの本で，勉強時間が大幅に短縮できる「正しい英文の読み方」を習得してください。

テーマ 5

5文型の破壊力⑤
──ＳＶ 人 to ～ の必殺技！

Step 1

設問1 次の英文を和訳しなさい。
★「第？文型」になるでしょう？

Bitter criticism caused the author to give up the writing of fiction.
（東京国際大／整序問題を改題）

語　句
- **bitter criticism** 「厳しい批判」
- **fiction** 「小説」

解説

● "ＳＶ 人 to ～" の形を見たら，ＳＶＯＣと考える

今回は第５文型を説明します。ＳＶＯＣが出てくると，とかく使役動詞・知覚動詞の説明ばかりになります。でも使役動詞・知覚動詞については文法の参考書に必ずのっているので，今回は，超重要なのに今までほとんど語られなかった法則についてお話しします。

英語の世界では，"ＳＶ 人 to ～" の形は必ず第５文型（ＳＶＯＣ）になります。この知識はものすごく大事なので，ぜひ覚えてください。

ポイント "ＳＶ 人 to ～" は，ＳＶＯＣになる

Ｓ Ｖ 人 to ～
Ｓ Ｖ Ｏ Ｃ ▶「～」には動詞の原形がくる。

🔴 make を「〜させる」なんて訳さない

次にＳＶＯＣの正しい訳し方を説明します。

受験生にはおなじみの **make** を使った例文で考えてみましょう。

> 例　The news **made** me happy.

これを，「そのニュースは私を幸せにした」なんてガチガチの訳を考えてから，「えっと，意訳は……」なんてやるのはダメです。直訳する時間がムダだからです。

▶意外と気づいていないものですが，こういうムダな時間が積もり積もって，長文を読むのに時間がかかっちゃうんです。

ではどうするか？　ぜひ「ＳＶＯＣの正しい訳し方」をマスターしてください。

ポイント　ＳＶＯＣの正しい訳し方

● 構文：	Ｓ	Ｖ	Ｏ	Ｃ
● 実際：	ｍ'	×	ｓ'	ｖ'
● 概念：	因果（理由）	無視 or 助動詞や副詞	主語	動詞
● 訳：	「Ｓによって」	（基本的には訳さない）	「Ｏが」	「Ｃする」

Ｓは ｍ'（因果・理由）と考え，「Ｓによって」と訳します。

また，プラスの文脈では「Ｓのおかげで」，マイナスの文脈では「Ｓのせいで」と変化をつけると，キレイな和訳になります。

次にＶの訳ですが，基本的に無視してＯＫ。無視してＯＫというより，無視したほうがキレイに訳せます（理由は次ページで。とりあえず先に進みましょう）。

最後にＯとＣです。ＯＣ＝ｓ'ｖ' の関係です。「ＯがＣする」という意味になります。

▶ｍ' は「副詞っぽく」，ｓ' は「主語っぽく」，ｖ' は「動詞っぽく」という意味で使っています。

Chapter 1 ▼ 英語の核になる構文

テーマ５ ▶ ５文型の破壊力⑤

ではもう一度，例の The news made me happy. を訳してみましょう。

▼ 構造解析

例	The news	made	me	happy.
	S	V	O	C
	(M')	(×)	(S')	(V')

「The news によって，me は happy だ」と考えれば OK です。「そのニュースで，私はうれしくなった」という意味です。

🔴 "S V 人 to ～" は「S によって，人 が～する」と訳す

ここまでの話をまとめると，次の公式ができあがります。

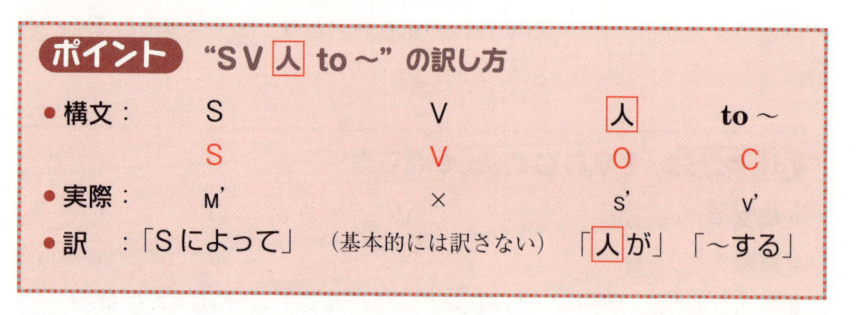

ポイント "S V 人 to ～" の訳し方

- 構文： S　　　　V　　　　　　人　　　　to ～
　　　　 S　　　　V　　　　　　O　　　　C
- 実際： M'　　　×　　　　　　s'　　　v'
- 訳　：「S によって」（基本的には訳さない）「人 が」「～する」

つまり，英文を読んでいて知らない V が出てきても，"S V 人 to ～" の形になっていれば，それは第 5 文型（S V O C）になるわけです。言いかえれば，V の部分は訳さない，つまり，動詞の意味を知らなくても訳せちゃうということなんです。
これが「V を無視して OK」の理由です。

🔴 "S V 人 to ～" のワザを使う 3 つのメリット

では，設問 1 の英文を見てみましょう。

構造解析

Bitter criticism　　caused　　the author
S ➡ M'　　　　　　V ➡ ×　　　O ➡ s'
「厳しい批評によって」　　　　　「その作家は」

to give up the writing of fiction.
　　　　C ➡ v'
　　「小説の執筆を断念する」

"S caused 人 to ~" はＳＶＯＣの構文だということがわかります。次に示すように，間違っても「Sは人に~させる」なんて訳さず，「Sによって人が~する」を使いましょう。

(△)「厳しい批評が，その作家に小説を書くことを<u>やめさせた</u>」
(◎)「厳しい批評<u>のせいで</u>，その作家は小説を書くことを<u>やめた</u>」

ポイント　ＳＶ人 to ~の訳し方を使う３つのメリット

1. 動詞（cause）の意味を知らなくても訳せる。
2. いきなり自然な和訳ができあがる。
3. ムダな直訳を考えなくてもいい分，処理スピードが上がる。

このＳＶ人 to ~の形は無数にあります（１つの長文の中に，何回も出てきます）。ですから，ＳＶ人 to ~は「Sによって，人が~する」をマスターすると，英文の読み方が劇的に変わってきます。
ぜひマスターしてくださいね。

チェックポイント

☐ S cause 人 to ~は「Sによって，人は~する」という意味になる！

解答例
厳しい批評のせいで，その作家は小説を書くことをやめてしまった。

Step 2

> **設問2** 次の英文を和訳しなさい。
> ★全体の構文を意識して，自然な日本語にしましょう！
>
> This new microscope enables us to observe incredibly small objects in great detail.　　（中央大／整序問題を改題）

語句
- **microscope**　「顕微鏡」
- **observe 〜**　「〜を観察する」
- **incredibly**　「信じられないほど」
- **object**　「物」
- **in great detail**　「詳細に」

解説

● "S enable 人 to 〜" のキレイな訳し方

まずは，設問2の構文から確認していきましょう。S enable 人 to 〜の形になっていますね。

構造解析

⟨This new microscope⟩	**enables**	us	**to** observe 〜 .
S	V	O	C
(M')	(×)	(S')	(V')
「新しい顕微鏡によって」	**無視する**	「私たちは〜を観察する」	

to observe 以下は難しくありません。
incredibly small objects は「信じられないほど小さい物体」，in great detail は「詳細に」です。

🔴 enable を「可能にさせる」なんて訳しちゃダメ！

この説明で，設問2の意味は十分伝わったと思いますが，もう少し攻めてみましょう。

前回の **Step 1** では，SV 人 to ～ を日本語にするとき，V部分は「完全無視」でした。

今回の enable を無視しても意味は伝わりますが，**enable** のニュアンスを加えると，より素晴らしい和訳ができあがるので，そこまでチャレンジしてみましょう。

🔻 構造解析

```
【enable の意味まで考慮】
⟨This new microscope⟩   enables   us      to observe ～.
    S = M'                 V    O = S'       C = V'
 「新しい顕微鏡によって」        「～できる」  「私たちは～を観察する」
```

enable は「～できる」という意味を含みますから，S enable 人 to ～ は「Sによって，人は～できる」とすればカンペキです。

▶ 今までは，S enable 人 to ～ を「Sが人に～することを可能にさせる」と一度直訳してから，「Sによって，人は～できる」と意訳するように教わったと思います。でも，これは直訳している時間がムダなので，今回のようにいきなり自然な訳を作れるようにしたほうが，読むスピードはグンと上がります。

チェックポイント

☐ **enable** を「(～を) 可能にさせる」なんて訳さない！ "SV 人 to ～" の形を利用する！

解答例

この新しい顕微鏡のおかげで，私たちは信じられないほど小さい物体を詳細に観察できる。

Section 2

構文の基礎

> 従来の英文解釈の授業は「これがSで，これがV」なんていう，構文の解析結果をノートに写すだけだったかもしれません。
> ここからは「どうアタマを使えば英文が読めるか？」に重点を置き，SやVの把握，andなど，ふだんはいい加減にしがちな項目に真正面から取り組んで，読解力の底上げをはかりましょう！

テーマ 6
SVの把握①
── 長〜いSを見つけるときのアタマの働かせ方！

Step 1

設問 1 次の英文を和訳しなさい。
★ SとVをハッキリ見つけてください！

All the students who are interested in studying abroad should attend next week's meeting.

（センター本試験／整序問題を改題）

語 句
- **attend** 〜 「〜に出席する」

解説

● 長いSとVの4パターン

英文読解では，「SとVを見つけよう」とよく言われます。でも，「SVを見つけるときの『考え方』」まではあまり解説されません。今回は，SV発見のときの「アタマの働かせ方」をマスターしましょう。SVが発見しにくいのはSが長いときですが，ある程度パターンは決まっています。

ポイント 長いSのパターン

❶ Sに 関係詞 がくっついて長くなる。
❷ Sに 分詞 がくっついて長くなる。　★分詞とは，-ing と p.p.
❸ Sに 前置詞＋名詞 がくっついて長くなる。
❹ Sに to 不定詞 がくっついて長くなる。

Section 2　構文の基礎

🔴 関係詞を見たら，2つめの V を予想しながら読む

まず今回は，❶の「S に 関係詞 がくっついて長くなるパターン」を見ていきましょう。

関係詞を見たら，関係詞の後ろに 2 つめの V がくることを予想してください！ 2 つめの V を見つけたら，その直前までが関係詞のカタマリになります。設問 1 の英文で確認してみましょう。**who** があるので，2 つめの V を予想しながら読んでいきましょう。

▶ 予　　想

┌─────────────────────────────────┐
│ 〈All the students [**who** are interested in …]〉 │
│   1つめの V ⟶ 2つめの V を探す │
└─────────────────────────────────┘

2 つめの V (should attend) を見つけたら**その直前までが関係詞のカタマリ**です。

⬇ 構造解析

```
〈All the students [who are interested in ～]〉
                        1つめの V
━━━━━━━━━━━━━━━━━━━━━━━━━━━━
             長い S

should attend next week's meeting.
  2つめの V
     V
```

関係詞のカタマリ（who are interested in studying abroad）は，直前の先行詞（All the students）を修飾しているわけです。

「留学に関心がある学生は全員」って訳せば OK です。

🔴 関係詞は形容詞節になる

とかく関係詞となると，昔から「関係代名詞は接続詞と代名詞の働きを兼ねて……」みたいな説明しかされません。でも英文を読むときに一番大事なことは，**関係詞**（関係代名詞も関係副詞も）**は直前の名詞を修飾する**「**形容詞節**」ってことなんです。

テーマ 6 ▶ SV の把握 ①　45

▶関係詞＝直前の名詞に関係させる＝直前の名詞を修飾，ということです。

チェックポイント

☐ **who** などの関係詞を見たら，2つめのVを予想しながら読む！

解答例
留学に関心がある学生は全員，来週のミーティングに出席してください。

Step 2

設問2 次の英文を和訳しなさい。
★関係代名詞の省略を見つけながら，SとVを探してください！

The topics we will discuss in this seminar include several of today's social problems.

(神奈川大／空所補充問題を改題)

語句
- **topic** 「議題」
- **today's social problems** 「現代の社会問題」

解説

● "名詞 SV" の形を見たら，関係詞の省略を予想する

今回は，関係詞が省略されたパターンを見抜けるようになりましょう。関係詞が省略されているときの考え方はカンタンです。

"名詞 SV" の形を見たら，関係詞の省略を考えます。これだけです。あとは **Step1** 同様，"名詞 SV" というカタマリを読みながら2つめのVを予想すればいいんです。

46　Section2　構文の基礎

設問2の英文で確認しましょう。

▶予　想

〈The topics [we will discuss in …]〉
　　名詞　　　　S　　１つめのV ──→ ２つめのVを探す

The topics we will discuss が "名詞 SV" で，関係詞が省略されています。あとは，その関係詞のカタマリの中で１つめのV（will discuss）をチェックしながら，２つめのVを探します。

▶こう考える！

〈The topics [we will discuss in this seminar]〉 include ～
　　名詞　　　　S　　１つめのV　　　　　　　　２つめのV
　　　　　　　　　　長いS　　　　　　　　　　　　　V

関係詞のカタマリ（we will discuss in this seminar）は，直前の先行詞（The topics）を修飾します。「このセミナーで話し合う議題」という意味です。include より後ろは問題ないですよね。include several of today's social problems は「現代の社会問題のいくつかを含んでいる」です。

● 関係詞はカンタン

以上で，関係詞を使って長くなったSのパターンはおしまいです。英語が苦手な受験生は「関係詞」と聞くだけで苦手意識をもってしまいますが，実際，**関係詞は直前の名詞を修飾する**という点に注目すれば，それほど難しいものではないんです。

　▶もう少し関係詞を確認したい方は，ボクが書いた『世界一わかりやすい英文法の授業』（中経出版）の p.200 をご覧ください。30分あれば，中学レベルから一気に理解できるようになります。

▶チェックポイント

☐ "名詞 SV" の形を見たら，「関係詞の省略」！

解答例
このセミナーでわれわれが話し合おうとしている議題には，現代の社会問題がいくつか含まれている。

> 英語のネイティブは，こうやって「予想」しながら英語を読んでいるんだ！　この考え方をみんなの頭の中にもインストールしよう！

テーマ 7

SVの把握②
――「予想修正」という英語の考え方を
マスターする！

Step 1

> **設問1** 次の英文を和訳しなさい。
> ★ sent は過去形，過去分詞，どっちでしょうか？
>
> Many of the scientific instruments sent into space require careful installation to work properly.
>
> （同志社大）

語　句
- **instrument**　「装置」
- **space**　「宇宙」
- **installation**　「設置」
- **work**　「作動する」
- **properly**　「適切に」

解説

● 分詞でSが長くなる2つのパターン

ここでは，テーマ6の **ポイント** の❷「Sに 分詞 がくっついて長くなるパターン」を説明します。

分詞には，-ing（現在分詞）と p.p.（過去分詞）の2パターンあります。

ポイント

❶ **-ing（現在分詞）の場合 ➡ -ing は直前の名詞を修飾するだけ。**
-ing のカタマリを読みながら V を予想する！

　例　A lot of people living in my hometown work in Tokyo.
　　　　　　　　　　　　　　　　　　　　　　　　　（高崎経済大）

　　　　　　　　　↓

　　〈A lot of people [living in my hometown]〉
　　　　　　S　　　　　　　-ing のカタマリ

　　work (in Tokyo).
　　V 発見！

　　「私の町に住んでいる多くの人が東京で働いている」

❷ **p.p.（過去分詞）の場合 ➡ p.p. は直前の名詞を修飾するだけ。**
p.p. のカタマリを読みながら V を予想する！

　例　The languages spoken in Canada are English and French.
　　　　　　　　　　　　　　　　　　　　　　　　　（愛知工業大）

　　　　　　　　　↓

　　〈The languages [spoken in Canada]〉 are
　　　　　　S　　　　　　p.p. のカタマリ　　　　V 発見！

　　English and French.

　　「カナダで話されている言語は，英語とフランス語である」

この2つのうち，やっかいなのは p.p. のパターンです。**send-sent-sent** のように過去形と p.p. が同じ形なので，混乱しちゃうときがあるからです。

　▶ **speak-spoke-spoken** のように，過去形と p.p. の形が違うときはカンタンです。spoken を見た瞬間に「あ，直前の名詞を修飾している」とわかるからです。

●「予想を修正する」読み方をマスターする！

設問1の英文を見てみましょう。
sent が使われていますね。この sent は過去形，p.p.，どっちでしょうか？

ここではまず，**sent** を過去形と予想してみます。

▶ 予想

⟨Many of the scientific instruments⟩ **sent** (into space)
　　　　　　S　　　　　　　　　　　　　　V　　　　　M
require 〜
V ？？

前半は問題ないのですが，require という V が余っちゃう，つまり require の S がないんですよね。
この require を見た瞬間に，予想を修正するわけです。「sent は過去形」という予想がハズれたわけですから，**sent** を **p.p.** と考えてみます。

▶ こう考える！（予想修正）

⟨Many of the scientific instruments [sent into space]⟩
　　　　　　S　　　　　　　　　　　　　p.p. のカタマリ
require 〜
V 発見！

バッチリですね。sent は p.p. ということで，直前の the scientific instruments を修飾しています。

▶ 構造解析

⟨Many of the scientific instruments [sent into space]⟩
　　　　　　　　　　　　　　S
require ⟨careful installation⟩ (to work properly).
V　　　　　　　O　　　　　　　　　　M

長い S の Many of the scientific instruments sent into space は「宇宙に送り出された科学装置の多くは」という意味になります。

require careful installation は，直訳すると「注意深い設置を必要とする」ですが，これでは訳がカタイので，「慎重に設置することが必要」とⅤっぽく訳します（この和訳のコツは，➡テーマ45）。

to work properly は，「適切に作動するために」という，**to 不定詞の副詞的用法**です。

チェックポイント

☐ **sent** を一度「過去形」と予想しても，その後予想修正して「過去分詞」と考える。

解答例

宇宙に送り出された科学装置の多くは，うまく作動するように，慎重に設置することが必要である。

Step 2

設問2 次の英文を和訳しなさい。
★ used to をどう解釈するかがポイント！

Moreover, the supercomputer simulations used to project future conditions may not be accurate.

（静岡県立大）

語句

- **moreover** 「その上」
- **supercomputer simulation**
 「超大型コンピューターによるシミュレーション」
- **project ~** 「~を予測する」

- **condition** 「状態」
- **accurate** 「正確な」

解説

🔴 見た目の "used to ～" にダマされるな！

設問２の英文では，**used to** ～ が「よく～した／～だった」という有名な熟語に見えますが，実はこれがダミーなんです。
とりあえずここでは，used to ～ でひっかかってみますね。
used to ～ を「よく～した」と予想してみます。

▶ 予　　想

〈the supercomputer ～〉 used to project 〈future ～〉
    S   V   O
may not be ～
 V ??

これでは，may が余ってしまう，つまり may の S がないわけです。
さて，ここで，**Step 1** と同じように予想修正をします。used を p.p. と考えてみましょう。

🔴 こう考える！(予想修正)

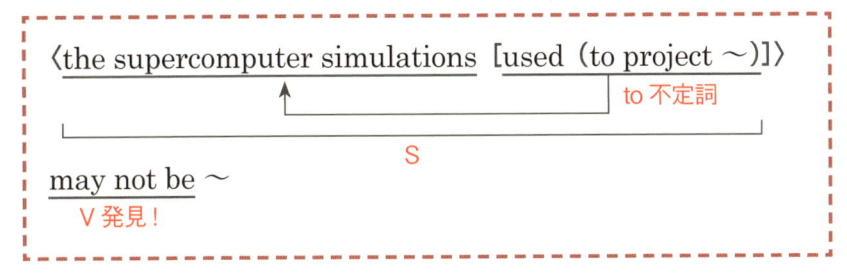

〈the supercomputer simulations [used (to project ～)]〉
                to 不定詞
         S
may not be ～
 V 発見！

やはり **used** は **p.p.** だったんです。ですから普通に「使われる」という意味です。
その直後の to 不定詞は余ってしまいますね。**余った要素は副詞**ですから，こ

の **to 不定詞**は副詞的用法「〜するために」になります。
つまり，「未来の状態を予測**するために**使われる超大型コンピューターによるシミュレーション」という訳になります。

🔴 used to を使った表現のまとめ

今回は used と to がたまたま並んでいるので，**used to** 〜「よく〜した／〜だった」という熟語と見分けがつかなかったのですね。

> ▶大学の先生というのは，こういうパターンを見るとテンションが上がっちゃって，すぐ出題してくるものなんです。ですから，このパターンも必ず得点できるようにしておきましょうね。

used to に関しては，次にまとめておきます。

ポイント　used to を使った表現

❶ **used to 〜** の場合，2つの意味をチェック!!

- 「よく〜したものだ」　　★ to の後ろは動作動詞。

  例　I **used to drink** coffee in the morning.
  　　「朝は<u>よく</u>コーヒーを飲んだ<u>ものだ</u>」

- 「昔は〜であった」　　★ to の後ろは状態動詞。詳しくは ➡ p.192。

  例　There **used to be** a big tree here.
  　　「<u>以前は</u>ここに，大きな木が<u>あった</u>」

❷ ***be* used to -ing**「〜するのに慣れている」

  例　He **is used to getting** up early.
  　　「彼は早起きに<u>慣れている</u>」　　★ to の後ろは -ing（動名詞）。

❸ ***be* used to 〜**「〜するために使われる」

  例　This tool **is used to cut** paper.
  　　「この道具は紙を切る<u>ために使われる</u>」

  　★ *be* used（to 〜）は，"ただの受動態 + to 〜" で，to 〜は
  　　to 不定詞の副詞的用法。

Section 2　構文の基礎

🔴 助動詞の後ろに be がきたら「推量」を考える！

設問 2 の may not be accurate は，「正確じゃない<u>かもしれない</u>」です。

may ～には「～してもよい／～かもしれない」の2つの意味がありますね。

> ▶本来，may に限らず助動詞には，必ず2つの意味があります。must ～なら「～しなければいけない／～にちがいない」，can ～なら「～できる／～がありうる」です。

受験生が苦手なのは「推量」系の意味です。でも判別はカンタンです。"助動詞 + be" を見たら，まずは「推量」系の意味を考えてください。
may be ～は「～かもしれない」，must be ～は「～にちがいない」，can be ～は「～がありうる」です。

> ▶これは絶対的なルールではありませんが，かなりの確率で使えるはずです。

設問 2 の may not be accurate は，「正確じゃない**かもしれない**」になるわけです。

チェックポイント

☐ **used to** ～を，「よく～した」ではなく，「～するために使われた」と考える！

☐ **may be** ～は「～かもしれない」って推量の意味を考える！

解答例
その上，未来の状態を予測するために使われる超大型コンピューターによるシミュレーションも正確ではないかもしれない。

テーマ 7 ▶ SV の把握②

テーマ 8
SVの把握③
── 前置詞やto不定詞で長くなったSを見抜く！

Step 1

設問 1 次の英文を和訳しなさい。
★ SとVをハッキリ見つけてください！

　Nobody except you and him saw the bear run away.　　　　　　　　　　（獨協大／空所補充問題を改題）

語　句
- **except** ～　「～を除いて」
  ▶前置詞です。

解説

🔴 **前置詞がくっついて長くなるSを見抜く**

今回は，テーマ6の **ポイント** の❸「Sに 前置詞＋名詞 がくっついて長くなるパターン」を説明します。
考え方としては，[前置詞＋名詞]のカタマリが直前の名詞を修飾します。[前置詞＋名詞]のカタマリを読みながらVを予想すればOKです。
設問1の英文で確認してみましょう。

▶ **予　想**

〈Nobody［except you ...］〉
　　　　　　［前置詞＋名詞］──→ Vを予想する

except you という 前置詞 のカタマリを読みながら V を予想するわけですが，この後ろには V ではなく and がきています。

こう考える！（予想修正）

〈Nobody［except you and him］…〉
　　　　　［前置詞＋名詞］ ──→ V を予想する

except you and him でカタマリになると考えて，今度こそ V がくることを予想すれば OK です。めでたく saw が見つかりますね。

こう考える！

〈Nobody［except you and him］〉 saw 〈the bear〉 run away.
　　　　　　　S　　　　　　　　　 V　　　O　　　　C

Nobody except you and him saw は，「あなたと彼以外の誰も見ていない」です。

● see を見たら "OC" を予想する

see は超重要な V で，わざわざ名前がつけられています。see や hear を「知覚動詞」と言いますね。
知覚動詞は S V O C をとります。O C は「O が C する」という「s' と v' の関係」にありますので，the bear run away は「そのクマが逃げる」という意味になります。
今回は，except が前置詞ということを意識して，長い S と V のパターンを見抜けばいいわけです。
前置詞 except と 動詞 expect 「〜を期待する」を間違える人が多いので，一度 except を辞書で引いて頭に焼きつけておいたほうがよさそうですね。

　▶余談ですが，前置詞 from と動詞 form 「〜を形成する」，nothing と noting（動詞 note 「〜に気づく」の -ing）なども，受験生はよく見間違えます。

チェックポイント

- **except you and him** は直前の **Nobody** を修飾！ 長いSを見抜く！
- 知覚動詞（**see** や **hear**）を見たら，ＳＶＯＣと予想しよう！

解答例
あなたと彼以外に，クマが逃げるのを目撃した人はいません。

Step 2

設問2 次の英文を和訳しなさい。
★ＳとＶをハッキリ見つけてください！

The question to be discussed at today's meeting is whether we should postpone the plan till next month.
（センター本試験／空所補充問題を改題）

語句
- **postpone** ～ 「～を延期する」

解説

● to 不定詞がくっついて長くなる S を見抜く

ここでは，テーマ6の **ポイント** の❹「Sに to 不定詞 がくっついて長くなるパターン」を説明します。
to 不定詞の形容詞的用法は，直前の名詞を修飾します。to ～のカタマリを読みながらVを予想すればOKです。
設問2の英文を見てみましょう。

▶ 予　想

```
〈The question [to be discussed ...]〉
             to ～のカタマリ ──→ V を予想
```

だいぶ後ろに，is という V が見つかりますね。

こう考える！

```
〈The question [to be discussed at today's meeting]〉 is ～
                        S                            V
```

The question to be discussed at today's meeting という長い S です。to be discussed ～が，直前の The question を修飾しています。「今日のミーティングで議論される問題」と訳します。

● be 動詞の後ろには C がくる

次に，is の後ろを確認しましょう。is という be 動詞の後ろには C がくることが多いですよね。
設問 2 では，接続詞 whether が名詞節を作って C になっているんです。whether は「～かどうか」という意味です（whether については，➡テーマ 12）。

▼ 構造解析

```
The question [to be discussed ～] is 〈whether we should ～〉.
         S                         V           C
```

では，whether の中を確認しましょう。
これは単純な S V O の文ですね。

テーマ 8 ▶ S V の把握③　59

構造解析

is ⟨**whether** we should postpone the plan (till next month)⟩.
　　　　　　　S　　　　V　　　　　O　　　　　　M

whether we should postpone the plan till next month は，「来月までその計画を延期するかどうか」という意味です。

チェックポイント

☐ **to be discussed** ～は直前の **The question** を修飾！　長いSを見抜く！

解答例

今日のミーティングで議論される問題は，その計画を来月まで延期するかどうかということです。

> 長いSのパターンは決まっている。こうやって整理しておけば，すぐ見抜けるよ！

テーマ 9

接続詞 and ①
―― and がわかれば英文を見る目が変わる！

Step 1

> **設問 1** 次の英文を和訳しなさい。
> ★ and は何と何を結んでいるでしょうか？
>
> The boy girls like thinks and uses his head.
>
> （明治学院大／空所補充問題を改題）

語　句
- think 「ものを考える」

解　説

● and を見たら「直後」に注目！

and という単語を知らない受験生は絶対いませんが、「and を使いこなせる」受験生もあまりいないんです。

and は英文を正確に読むうえで最重要単語です。今回は、and の正しい考え方を説明しましょう。

まず、A and B の形で、and の直後（B）に注目。次に、B と対等な品詞を and の前の部分で探します。

ポイント and を見たら…

❶ and 直後の B に注目。
❷ B と対等な品詞（A に相当するもの）を and の前で探す。
　★3 つのものを並列する場合は、A, B and C の形になる。

```
   ┌─────────────────────────────────┐
   │   A …… and B                    │
   │   ↑_____|  ❶ and の直後 (B) に注目。│
   │   ❷ B と対等な品詞は？           │
   └─────────────────────────────────┘
```

「and の直後 (B) に注目」ってことがポイントです。
設問 1 の英文を見てみましょう。

▶ 予　想

┌─ ┐
│ 〈The boy [girls like]〉 thinks and uses his head. │
│   S   V₁   and V₂   │
└─ ┘

まず，The boy girls like は 名詞 S V の形で，関係代名詞が省略されています（テーマ 6 でやった「長い S」のパターン）。意味は，「女の子が好きな男の子」。The boy girls like が S で，thinks が V になります。そして，and を発見！
まずは，**and** の直後に注目しましょう。

▶ こう考える！

┌───┐
│ 〈The boy girls like〉 thinks and uses his head. │
│   ↑   │   │
│   └─3 単現の s を探す！─┘ │
└───┘

and の直後は uses ですから，**uses** と対等な品詞（3 単現の **-s** がついた動詞）を探せばいいわけです。
すぐに thinks が見つかりますね。

構造解析

⟨The boy [girls like]⟩ { thinks 「ものを考え」
V₁
and
uses his head. 「頭を使う」
V₂

チェックポイント

☐ **and** を見たら直後に注目！　**and** は **thinks** と **uses** を結んでいる！

解答例

女の子が好きな男の子というのは，ものを考え，頭を使う男の子です。

Step 2

設問 2　次の英文を和訳しなさい。
★ and は何と何を結んでいるでしょうか？

Susan decided that it was time to go out and buy something for supper and told her daughter to stay at home alone and be careful not to open the front door for anybody except her mother.　　（日本大）

語　句
- **supper**　　　　「夕食」
- *be* **careful not to** ～　「～しないように気をつける」

- **anybody** 「誰でも」
  ▶前に not があるので，not ~ anybody = nobody の関係になっている。
- **except** ~ 「~を除いて」
  ▶前置詞です。

解説

🔴 3つの and を処理する！

この英文には and が 3 つもあって，どれも「考えさせる」and ばかり。
まずは，**and** の直後の **buy** と対等な品詞（V の原形）を探しましょう。

構造解析

Susan decided that it was time to <u>go out</u> **and** <u>buy</u>

something ~

　　　　　　　　　　　　　　　　V の原形を探す

🔴 2つめの and は予想修正しながら読む！

予想

Susan decided that it <u>was</u> time to go out and buy ~ **and**

<u>told</u> ~

V の過去形を探す

一番近くにある「過去形」は was です。でも，was の S は it（時間の it）なので，（×）it was ~ and told となって，時間の it が told することになっちゃいます。ヘンですよね。
そこで，すぐに予想修正します。

🔸 こう考える！（予想修正）

> Susan <u>decided</u> that it was time to go out and buy ～ **and**
> <u>told</u> ～
> さらに前で V の過去形を探す

decided なら，S は Susan だからバッチリですね。
tell 人 **to** ～の形です。

🔽 構造解析

> and <u>told</u> <u>her daughter</u> <u>to stay</u> at home alone
>   tell   人   to ～
> 「人に～するように言う」

🔴 3つめの and は楽勝

3つめの and を見てみましょう。

🔽 構造解析

> told her daughter to <u>stay</u> at home alone **and** be careful ～
> V の原形を探す

and の直後は be 動詞の原形 be なので「V の原形」を探すと，すぐに stay が見つかりますね。

では，設問２の文全体の構造を見てみましょう。

構造解析

Susan { decided that it was time to { go out
                                      and
                                      buy something ～
        and
        told her daughter to { stay at home alone
                               and
                               be careful not to ～

チェックポイント

☑ 3つの **and** が何と何を結んでいるかを意識する！
☑ **and** の直後に注目！ 同じ品詞を **and** の前で見つける！

解答例
スーザンは，夕飯のための買い物に出かける時間になったと思い，娘にひとりで留守番をして，くれぐれも自分以外の誰にも玄関のドアを開けないように言った。

テーマ 10

接続詞 and ②
—— and 1 つで，英文はここまで複雑になる！

Step 1

設問 1 次の英文を和訳しなさい。
★ and は何と何を結んでいるでしょうか？

Inspiration comes not by waiting for it but by looking at things, experiencing things and being in a stimulating atmosphere.

（静岡大）

語　句
- **inspiration** 「インスピレーション／ひらめき」
- **things** 「いろいろなもの」
  ▶「もの」だと少し変ですよね。ここで，「名詞の複数形は総称を表す」というルールがあります。
  たとえば，**I like cats.** は「ネコ（というものすべて）が好きです」になります。つまり **cats** だけで「いろいろなネコ」と訳せるわけです。
- **stimulating** 「刺激的な」
- **atmosphere** 「雰囲気」

解説

● まずは not A but B に注目

設問 1 の英文の前半は，次のような意味になっています。

🔻 **構造解析**

> Inspiration comes **not** (by waiting for it)
> 「インスピレーションはくる」　「それを待つことによってではなく」
> 　　　　　　　　　　**but** (by looking at things), 〜
> 　　　　　　　　　　　　　「いろいろなものを見ることによって」

全体が not A but B「A ではなく B」になっています。

🔴 A, B and C の形が見抜けるか？

さて，ここでは but 以下の英文の仕組みを予想してみます。

▶ **予　　想**

> but (by looking at things, experiencing things **and** being 〜)

and の直後の being に注目して，and の前に対等な品詞（-ing の形）を探します。

🛡 **こう考える！**

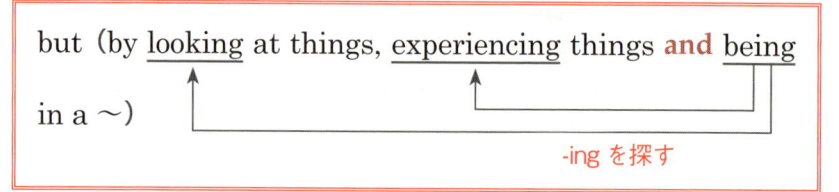

> but (by <u>looking</u> at things, <u>experiencing</u> things **and** <u>being</u> in a 〜)
> 　　　　　　　　　　　　　　　　　　　　　-ing を探す

-ing が全部で 3 つありますね。つまり，A, B **and** C の形になっていたんです。

Section 2　構文の基礎

構造解析

> but（by { <u>looking</u> at things,　「いろいろなものを見ること」
> <u>experiencing</u> things　「いろいろなものを経験すること」
> **and**
> <u>being</u> in a stimulating atmosphere).
> 「刺激的な環境の中にいること」

チェックポイント

☐ **not A but B**「AではなくてB」の構造をつかむ！
☐ **and** が **looking** と **experiencing** と **being** を結んでいる！

解答例

ひらめきとは，ただそれが訪れるのを待つことでやってくるのではなく，いろいろなものに目を向け，いろいろなものを経験し，刺激的な環境の中に身を置くことで喚起されるものなのである。

Step 2

設問2 次の英文を和訳しなさい。
★ and は何と何を結んでいるでしょうか？

The ultimate purpose of academic freedom is to give universities, their faculty members, and their students the liberty to pursue knowledge, to teach, and to publish the results of their research for the good of society as a whole.

(広島大)

> 語句
> - **ultimate purpose** 「最終目標」
> - **academic freedom** 「学問の自由」
> - **faculty members** 「教授陣」
> - **pursue ~** 「~を追求する」
> - **for the good of ~** 「~の利益のために」
> - **society as a whole** 「社会全体としての」

解説

● 3つのものを結ぶときは，A, B, and C の形

まず全体の構文を確認しましょう。ＳＶＣの形になっています。

構造解析

⟨The ultimate purpose [of academic freedom]⟩ is ⟨to ~⟩.
      S   V C

「学問の自由の最終目標とは~することだ」

それでは，to 以下を見てみましょう。

予想

~ to give universities, their faculty members, and their students ~
     人A   人B   人C

give 人 物 の形を予想

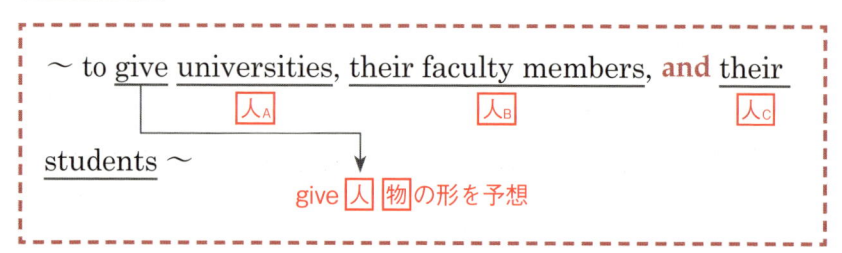

give を見て，**give** 人 物 の形を予想します。3つの 人 が **and** で結ばれているわけです。つまり，**give** 人A 人B, **and** 人C という形です。その後ろに，**give** 人 物 の 物 がくるはずです。

🔖 こう考える！

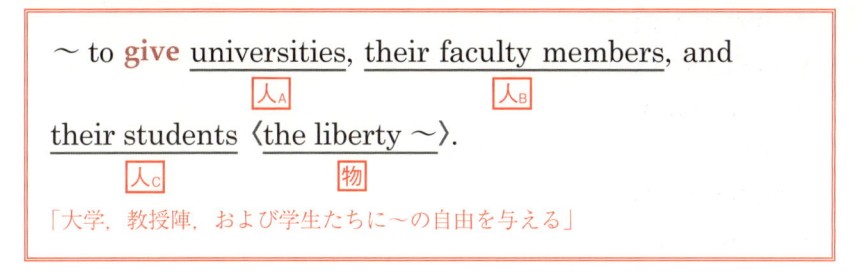

~ to **give** <u>universities</u>, <u>their faculty members</u>, and
　　　　　　　人A　　　　　　　　　人B
<u>their students</u> 〈the liberty ~〉.
　　人C　　　　　　物

「大学，教授陣，および学生たちに～の自由を与える」

3つの to 不定詞を結ぶ and を見抜く

ここで終わってくれればそんなに難しくないのですが，物のところにも and があります。

🔽 構造解析

~ the liberty [to pursue knowledge], [to teach], **and**

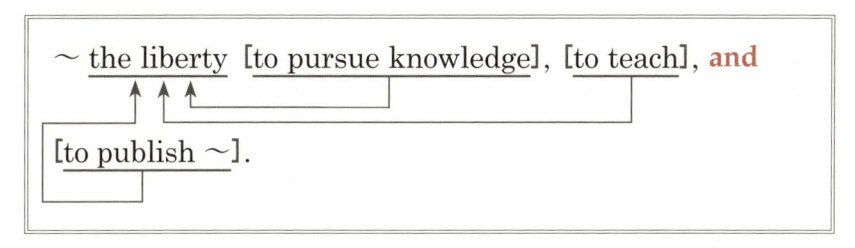

[to publish ~].

実際，物は1つだけですが，それを修飾する to ～が3つもあるというわけです。

🔽 構造解析

~ **give** 人A, 人B, **and** 人C 〈the liberty [to ~], [to ~], **and**
　　give　　　　　　人　　　　　　　　　　　物

[to ~]〉.

物の部分の構造は，次のようになっています。

テーマ 10 ▶ 接続詞 and ②　71

構造解析

```
the liberty ┬ to pursue knowledge,  「知識を追求する」
            │
            ├ to teach,  「教える」
            │
            ├ and
            │
            └ to publish the results of their research for ～
              「～のために自分たちの研究結果を出版する」
```

チェックポイント

☑ 2つの **and** は，両方とも *A*, *B*, **and** *C* の形になっている！ この英文をマスターすれば，**and** はカンペキ！

解答例

学問の自由がめざす最終目標とは，さまざまな大学，教授陣，および学生たちが，自由に，知識を追求し，教授し，その研究結果を社会全体の利益のために，公表することである。

Chapter 1 ▼ 英語の核になる構文

▶ 延 長 講 義 ▶▶▶▶▶▶▶▶

「無から有は生まれない」

今回の Step1 の英文は「ひらめきを待つのではなく，自分から積極的に行動を起こすことでひらめきがやってくる」という内容でしたね。

受験生に限らず社会人でも「なんかいいアイディア浮かばないかなぁ」ってボ～っとしている人は多いのですが，この英文が言うように，待っているだけでは絶対に「ひらめき」はやってきません。考えて行動を起こすことで，頭の中に詰めこまれた情報が新たな刺激を受け，化学反応を起こしたものが「ひらめき」なんです。

何も思考しない人が，リンゴが落ちただけで「引力」なんて思いつきませんし，ボ～っとしている人がお風呂に入っただけで「浮力」についてひらめくわけがないんです。

そりゃあもう，ものすごい知識と思考の中で，何度も壁にぶつかる中で，新たな刺激により爆発するのが「ひらめき」なんです。

受験生のみなさんも，この本で良質の英文をたくさん読んでいろいろなことを知り，英文の構造を考え，自ら思考し，素晴らしい「ひらめき」が訪れる大人になってください。

テーマ 10 ▶ 接続詞 and ②

テーマ 11
従属接続詞①
—— once は「一度／かつて」じゃ全然足りない！

Step 1

設問 1 次の英文を和訳しなさい。
★文頭の once の品詞と意味は？

Once you understand the rule, you will have no further difficulty. （青山学院大／空所補充問題を改題）

語句
- **further** 「それ以上の」

解説

● once は従属接続詞

once の意味といえば「一度／かつて」が有名ですよね。でも，今回の青山学院大の英文は，そのどちらでもないんです。
実は，この **once は従属接続詞**で，**Once s v, S V.**「いったん s v すれば，S V だ」の形を作るんです！
従属接続詞で有名なのは，**when** や **if** です。
そして，ほとんどの受験生（というより日本人）が勘違いしているんですが，従属接続詞は意味だけじゃなく形も大事なんです。

ポイント 従属接続詞が作る形
（従属接続詞 s v），S V. ／ S V（従属接続詞 s v）．
★（ ）内は副詞節です。

Section 2 構文の基礎

たとえば，従属接続詞 **as soon as** を見たら，次のように予想します。

> (**As soon as** s v), S V. ／ S V (**as soon as** s v).
> 「sv するとすぐに，S V する」

これでカンペキです。**従属接続詞は副詞のカタマリ（副詞節）を作ります。**
これだけでも，英文がグッと読みやすくなりますよ。
当然，**once** の場合も同じです。

> (**Once** s v), S V. ／ S V (**once** s v).
> 「いったん sv すれば，S V だ」

必ずこの形を予想しましょう。
では，設問 1 の英文を見てみましょう。

🔽 構造解析

> (Once you understand the rule),
> Once   S   V   O
> 「いったんルールを理解してしまえば」
> you will have no further difficulty.
> S   V   O
> 「それ以上の困難はない」

🔴 なぜ「一度／かつて」じゃダメなのか？

「一度／かつて」という意味を表すときの **once は副詞**です。副詞は S V をつなぐことはできません。カンタンに言えば，**副詞と従属接続詞では文の形が違う**んです。

> **ポイント** once のまとめ
>
> ❶ 接続詞の once ➡ (Once s v), S V.
> 　　　　　　　　　S V (once s v).
> ❷ 副詞の once ➡ (Once), S V.
> 　　　　　　　　S, (once), V.
> 　　　　　　　　S V, (once).
> 　例　Once there was an old man in that village.
> 　　　「かつて，その村にはある老人がいました」
> ★副詞は，なくても OK な要素です。

🔵 従属接続詞をマスターすると一気に構文力がのびる

ここまでの説明で，従属接続詞がとても大切だとわかってもらえたでしょう。従属接続詞はたくさんありますが，マスターすると構文把握力が一気にのびます。ぜひがんばって覚えてください。

従属接続詞は**副詞節**を作り，(従属接続詞 s v), S V. ／ S V (従属接続詞 s v). の形をとることを意識してチェックしてください。

　▶次の一覧表を見て，「こんなにたくさん!?」と思うかもしれませんが，カンタンなものも多いですから，意外とイケちゃうものです。

> **ポイント** 超重要！　従属接続詞一覧
>
> ❶ 時
> - **when** ～　「～するとき」　　● **while** ～　「～する間」
> - **before** ～　「～する前に」　● **after** ～　「～する後に」
> - **till[until]** ～　「～までずっと」
> - **since** ～　「～から今まで」
> - **as soon as** ～　「～するとすぐに」
> - **by the time** ～　「～するまでには」
> - **every[each / any] time** ～　「～するときはいつでも」
> - **the next time** ～　「次に～するときは」
> - **the moment[minute / instant]** ～　「～するとすぐに」

❷ 条　件
- **if ~**　「もし~なら」
- **unless ~**　「~でないかぎり」
- **once ~**　「いったん~すれば」
- **in case ~**　「もし~なら／~するといけないから」
- **as long as ~**　「~するかぎりは」
- **so long as ~**　「~するかぎりは」
- **as far as ~**　「~するかぎりは」
- **so far as ~**　「~するかぎりは」
- **suppose / supposing ~**　「~と仮定すれば」
- **provided / providing ~**　「~と仮定すれば」
- **given ~**　「~を考慮すると／~を仮定すると」

❸ 対　比
- **while ~**　「~する一方で」
- **whereas ~**　「~する一方で」

❹ 理　由
- **because ~**　「~だから」
- **since ~**　「~だから」
- **as ~**　「~だから」
- **in that ~**　「~だから」
- **now that ~**　「今やもう~だから」

❺ 譲　歩
- **though ~**　「~だけれども」
- **although ~**　「~だけれども」
- **even if ~**　「たとえ~でも」
- **even though ~**　「たとえ~でも」
- **whether ~**　「~してもしなくても」

❻ 様　態
- **as ~**　「~のように」
- **as if ~**　「まるで~のように」
- **as though ~**　「まるで~のように」

❼ 場　所
- **where ~**　「~するところで」
- **wherever ~**　「~するところはどこでも」

テーマ 11 ▶従属接続詞①

ふだん，ボクの授業で一番多用するのが，この従属接続詞一覧なんです。なぜか，この一覧をのせた問題集がほとんどないので，ぜひ有効活用してください。この一覧の単語を見たら，「あっ，従属接続詞！」と反応できるようにしておきましょう！

チェックポイント

☑ **(Once** sv**)**, SV. の形は，「いったんsvすれば，SVだ」という意味！

解答例

いったんルールを理解してしまえば，もうそれ以上難しいことは何もないよ。

Step 2

設問2 次の英文の下線部を和訳しなさい。
★ because if ～を見て，どういう形を予想できますか？

Do animals have rights? This philosophical question lies at the heart of the debate. <u>We cannot avoid it because if animals do have rights, the use of them in medical experiments may have to be given up.</u>　(東大)

語句
- **right**　　　　　　　　　「権利」
- **philosophical**　　　　　「哲学的な」
- **at the heart of the debate**　「その論争の中心に」
- **medical experiment**　　「医療実験」

Section 2　構文の基礎

> 解説

because if を見たら，2つのことを考える！

下線部の前半 We cannot avoid it「私たちはそれ（その哲学的な問題）を避けることはできない」は問題ないですね。

ポイントは，「**because if** を見たときにどういう予想をすればいいか？」です。

> 予想

```
We cannot avoid it because if ...
 S      V              ↓
                       ↓    (If s v), S V. を予想
                       S V (because s v). を予想
```

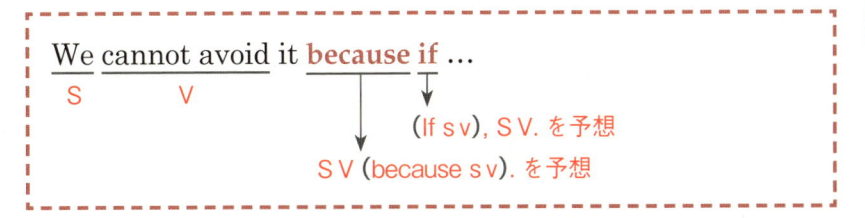

because も **if** も従属接続詞ですから，(従属接続詞 s v), S V. の形を2つ予想します。

つまり以下のような形を考えればバッチリです。

> こう考える！

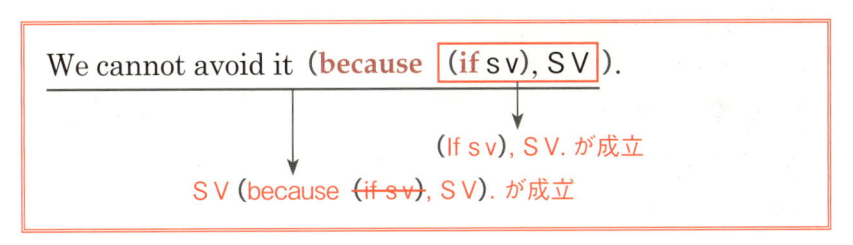

```
We cannot avoid it (because (if s v), S V).
                        ↓          ↓
                        ↓        (If s v), S V. が成立
                     S V (because (if s v), S V). が成立
```

訳すときは，一番小さいカッコから訳すとカンタンです。
設問2の英文では，

❶ if 節 ➡ ❷ because 節 ➡ ❸ 先頭の主節（We cannot ～）

の順で訳します。

テーマ 11 ▶ 従属接続詞① 79

❶ **if 節**

if animals do have rights

「もし，動物に実際に権利があったら」
　　▶ do は**強調の do** で，have を強調しています。「実際に」という意味。

❷ **because 節**

because ~~(if animals do have rights)~~, the use of them in medical experiments may have to be given up

「なぜなら，~~もし動物に実際に権利があったら~~ 医療実験で動物を使うことはあきらめなくちゃいけないかもしれないから」
　　▶ the use of them の use は「**動詞っぽく**」訳します。
　　　（△）動物の使用 ➡（◎）動物を使うこと（詳しくは ➡ テーマ45）。
　　▶ have to be given up は「**能動態で**」訳すとキレイ。
　　　（△）「あきらめられなきゃいけない」（直訳はクドいですよね）
　　　➡（◎）「あきらめなくちゃいけない」

❸ **主節**

We cannot avoid it

「私たちはそれ（その哲学的な問題）を避けることはできない」

チェックポイント

☑ **because if** 〜を見て，**S V (because s v).** と **(If s v), S V.** の2つを同時に予想する！

解答例

動物に権利はあるのだろうか。この哲学的な問題が論争の中心にある。私たちはこの問題を避けて通ることはできない。なぜなら，もし動物にも実際に権利があるのだとすれば，医療実験に動物を用いることを断念せざるをえなくなるかもしれないからだ。

テーマ 12

従属接続詞②
―― 名詞節も作れる接続詞は whether / if / that !

Step 1

設問 1 次の英文を和訳しなさい。
★ whether ～は名詞節，副詞節どちらでしょうか？

Whether Shakespeare wrote this poem or not will probably remain a mystery. （京都女子大／空所補充問題を改題）

語 句
- remain ～　「～のままでいる」

解説

名詞節「も」作れる従属接続詞

先頭の whether は従属接続詞です。
さて，ここで前回の復習です。従属接続詞は何節を作りますか？
そう，「副詞節」ですね。**従属接続詞は基本的に副詞節を作るわけですが，whether / if / that** の 3 つだけは**名詞節も**作ります。

▶「名詞節も」の「も」が大事なんです。従来の参考書には「従属接続詞は名詞節を作る」なんて冷静に書かれていますが，とにかく「従属接続詞は副詞節を作る。だけど，whether / if / that だけは名詞節も作れる」と覚えるのがコツです。

「名詞は S・O・C になる」わけですから，**whether / if / that** が名詞節（=名詞のカタマリ）を作るときは S か O か C になるってことです。
問題は，**副詞節と名詞節をどうやって判別するのか？** です。絶対に「意味から」ではありません。いちいち訳して品詞を考えていたら，ムダに時間がかかってしまいます。

▶だから，まだ whether の意味を説明していないんです。まずは「形から」攻めてみましょう。

従属接続詞は副詞節を作ることが多いわけですから，まずは「whether が副詞節を作る」と予想してみましょう。

▶ 予　　想

(Whether Shakespeare wrote this poem or not) will
　Whether　　　　s　　　　　v　　　　　　　　　　　　　　V ?
probably remain ～

副詞節ですから，当然，Whether s v, S V. の形を作るはずです。ところが……，この文は Whether s v V ～ . という形になっています。

▶ここでもう一度，「副詞節？」と考えてみることが大事なんです。どんな英語の達人でもネイティブでも，最初の whether だけで副詞節と名詞節を判別することはできません。「あ，副詞節じゃダメだ」と気づける人が英語上級者なんです！

さて，ここでいよいよ，**whether ～を名詞節と予想**してみます。

▶ こう考える！（予想修正）

〈Whether Shakespeare wrote this poem or not〉 will
　　　　　　　　　　　　S　　　　　　　　　　　　　　　V
probably remain ～
　　　　　　V

〈Whether s v〉 V という形です。先頭の名詞のカタマリ〈Whether s v〉が S になっているわけです。

● **whether ～の訳し方**

whether ～はどんなふうに訳したらいいのでしょうか。

何節か？	副詞節の場合	名詞節の場合
whether 〜の意味	「〜であろうとなかろうと」	「〜かどうか」

次は，副詞節の例文です。

> 例　Whether you like it or not, the world will become smaller and smaller.
>
> 「あなたの希望にかかわらず，世界はどんどん小さくなっていきます」

Whether s v, S V. の形になっていますね。
whether ではじまる副詞節は「〜であろうとなかろうと」なので，Whether you like it or not は「あなたがそれを好きであろうとなかろうと」になります。
では，さっき名詞節だと確認した設問 1 の英文に戻りましょう。

🔻 **構造解析**

> 〈**Whether** Shakespeare wrote 〜〉 will probably remain a mystery.
> 　　　　　　S　　　　　　　　　　M
> 　　　　　　　　　　　　　　　　　　V
> C

Whether Shakespeare wrote this poem or not は名詞節で S になっています。**名詞節の whether** ですから「〜かどうか」と訳し，「シェイクスピアがこの詩を書いたかどうか」となります。will remain が V で，remain は S V C を作りますので，remain の直後の a mystery は C で，「ずっと謎のままだ」と訳します。

　　▶ remain の詳しい語法は，➡ p.183。

🔴 真 S を作る whether

設問 1 の英文では，whether が名詞節を作り，S になっていました。

ここでは，よく見かける真 S になる **whether** を紹介します。

> 例　It does not matter **whether** you win or not.　（早稲田大）

もとの英文は，Whether you win or not does not matter. で，この文の長い S を後ろにもっていったというわけです。

◆ 構造解析

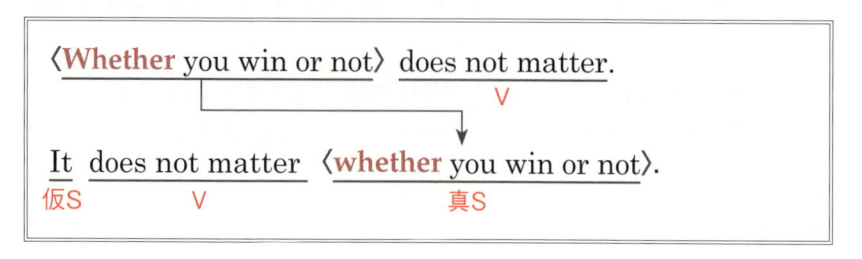

⟨**Whether** you win or not⟩ does not matter.
　　　　　　　　　　　　　　　　　V

It　does not matter　⟨**whether** you win or not⟩.
仮S　　　V　　　　　　　　　　　　真S

matter は「重要だ」という動詞です。しかも**自動詞**なので，後ろに O は不要です。

　▶この考え方は，次の **Step 2** でしっかりやります。

つまり，matter の直後にある whether 〜 が真 S になるんです。「君が勝とうが，そうでなかろうが（＝負けようが）重要ではない」➡「勝敗はどうでもいい」という意味になります。

チェックポイント

☑ **whether** / **if** / **that** は副詞節だけじゃなく名詞節も作れる！　意味ではなく，「形から」判別する！
☑ **It** が仮 S，**whether** が真 S のパターンをマスターしよう！

解答例
シェイクスピアがこの詩を書いたかどうかは，ずっと謎のままだろう。

Step 2

設問2 次の英文を和訳しなさい。
★ if は「何節を作る？」「意味は？」

I am wondering if you'd look after the children while I go shopping.
（関西学院大）

語句
- **look after** ～　「～を世話する」

解説

● if も「形から」意味を判別する

Step 1 で「従属接続詞は副詞節を作る。ただし，**whether / if / that** だけは名詞節も作れる」と説明して，whether の英文が出てきましたね。今回は if の英文が登場です。

何節か？	副詞節の場合	名詞節の場合
if ～の意味	「もし～なら／たとえ～でも」	「～かどうか」

if ではじまる副詞節には，「もし～なら／たとえ～でも」の2つの意味がありますね。

▶「『たとえ～でも』は even if ～じゃないの？」って思う人もいるでしょうが，実は if だけで十分なんです。たまに「この if は『もし～なら』じゃなくて『たとえ～でも』ですよ！　誤解しないでね！」って強調したいときに even if ～の形にするだけなんです。

if ではじまる名詞節は「～かどうか」という意味になります。
問題は「if が副詞節なのか，名詞節なのか，どうやって判別するのか」ということなんですが，やはり訳からではなく，形から攻めてみましょう。

> 例　I don't know **if** she is coming.

いきなり if ばっかり見ないでください。英文は先頭から読んでいくものです。I don't know の know は自動詞ですか，それとも他動詞ですか？

🔴 「自動詞・他動詞」秒殺判別法

受験生は自動詞・他動詞の判別が苦手です。でも，実は判別はカンタンなんです。

> **ポイント　自動詞と他動詞の判別法**
> - 他 動 詞 ➡「何を？」と聞き返せる動詞　★後ろには名詞がくる。
> - 自 動 詞 ➡「あっそう」という動詞　★後ろに名詞はこない。

たとえば，**buy**「買う」って言われたら，「何を？」って聞き返せますよね。だから **buy** は他動詞です。**write**「書く」も，「何を？」って聞けますよね。**write** も他動詞です。

では **live**「生きる」は？「何を？」は意味不明ですね。ですから「あっそう」なんです。だから，**live** は自動詞です。

grow は「成長する」なら，「あっそう」で自動詞です。でも「育てる」なら「何を？」ですから，その場合は他動詞になります。**grow は自動詞としても他動詞としても使われる**のです。

> ▶この判別法，かなり役立ちます。でも 100％確実な方法ではないんです。かなりの確率でうまくいきますが，**marry**「結婚する」，**enter**「入る」など，わずかに例外もあります。しかし，まずは「何を？」＆「あっそう」判別法をマスターしてください。

さあ，これで他動詞も「わかりました」ね。**know**「わかる／知る」って自動詞？　他動詞？「わかる」に対しては「何を？」って聞きますよね。だから，**know** は他動詞です。

そして，**他動詞の後ろには名詞がきます**。他動詞の後ろにきた名詞を **目的語** といいますね。

では，さっきの 例 で確認してみます。

▶ 予　想

```
例  I don't know …
    S    V ⟶ Vの後ろには？
```

know は他動詞なので，後ろに「名詞」を予想します。

▶ こう考える！

```
例  I don't know ⟨if she is coming⟩.
    S    V            O
    「彼女が来るかどうかわからない」
```

この if は名詞節を作ります。他動詞 know の直後にある if を見た瞬間に，「名詞節だっ！」って判断できますね。この **if** は名詞節なので，「〜かどうか」という意味です。

　▶間違っても，訳から考えて「この if は『〜かどうか』って訳すから，名詞節だ」なんてやってはいけません。そのやり方だと，「もし」の訳のほうも考えてから「どっちが自然かなあ」と比較するので，2倍時間がかかっちゃうわけです。予備校で聞くと，2人に1人はこのやり方で教わっていますが，その考え方は間違っています！　「まずは形から攻める」と，英文を読むのが楽になりますよ。

🔴 I wonder if 〜は「〜かしら」なんて覚えちゃダメ

では，設問2の英文を見てみましょう。

▶ 予　想

```
I am wondering if …
  自動詞？　他動詞？
```

wonder は「不思議に思う」という意味です。「不思議に思う」と言われたら……，そう，「何を？」ですよね。ですから，**wonder** は他動詞です。他動詞の後ろにくるのは，名詞です。つまり，I am wondering if という形を

テーマ12 ▶ 従属接続詞②

見た瞬間に,「**if は名詞節**」➡「～かどうか」という意味に決まるわけです。I am wondering if ～「～かどうか不思議に思っている」が直訳です。

> ▶ **I wonder if ～**「～かしら」って熟語で暗記させられることがほとんどだと思いますが,こんなのを暗記しちゃうと,if の判別を聞かれたときにアウトなんです。

💡 こう考える！

$$
\underline{\text{I}}_{\text{S}} \underline{\text{am wondering}}_{\text{V}} \langle \text{if } \underline{\text{you'd look after the children}}_{\text{O}} \text{ (while I go shopping)} \rangle.
$$

if you'd look after the children は「子どもたちの世話をするかどうか」,while I go shopping は「買い物をしている間」です。ですから,「買い物の間,子どもの世話をしてくれるかどうか不思議に思っています」➡「買い物の間,子どもの世話をしていただけないでしょうか」という意味になります。ずうずうしく「面倒見て」とは言わずに,あくまで「不思議に思っています」と,ひとり言っぽく遠まわしにお願いすると,英語の世界ではとっても**丁寧な頼み方**になるんです。

🔲 チェックポイント

☐ **if** の判別も「形から」攻める！ 名詞節の **if** は「～かどうか」という意味。

解答例
私が買い物に行っている間,子どもたちの面倒を見ていただけないでしょうか。

補講　従属接続詞 if と whether のまとめ

テーマ 12 の if と whether をまとめてみましょう。

if / whether の意味

接続詞＼何節？	副詞節	名詞節
if	もし〜なら／たとえ〜でも	〜かどうか
whether	〜であろうとなかろうと	〜かどうか

if と whether は「名詞節のときだけ同じ意味」になるんです。ですから，I am wondering if 〜 ＝ I am wondering whether 〜と考えて OK なんです。ただし，名詞節を作る if にはちょっと細かい制限があります。従来の参考書にはクドクド書いてありますが，要は「**whether は万能**」，「**文頭にきた if は副詞節（If sv, S V.）になる**」ということで，それさえ覚えておけば，困ることはありません。
参考までに細かい説明を示しますが，さっと確認する程度で十分です。

参 考　名詞節を作る if と whether の違い

❶ **whether** は万能（どこでも使える）。
❷ 名詞節を作る **if** は動詞の O にしかなれない。
　・S にならない（文頭にこない）
　・C にならない，前置詞の O にならない，同格節にもならない。
　・後ろに **to** 不定詞をとらない。
　　　（○）whether to 原形　「〜するかどうか」
　　　　　例　You must decide whether to go.
　　　　　　　「行くかどうか決めなきゃいけない」
　　　（×）if to 原形

❸ **or not との関係**

（○）whether S V or not

（○）if S V or not
　　　▶この形は意外と知られていませんが，正しい形です。

（○）whether or not S V

（×）if or not S V
　　　▶ if の直後に or not はダメです。

if も whether も「形から攻める」習慣をつければ，楽に英文が読めるようになるんだよ！

テーマ13

that の判別①
――意外によく出る，that が S になるパターン

Step 1

設問1 次の英文を和訳しなさい。
★ S はどこからどこまででしょうか？

That he has represented rich clients enhances his image in the court. （青山学院大／空所補充問題を改題）

語句
- represent ~ 「~を代表する／~の代理をする」
- enhance ~ 「~を高める」

解説

◉ 接続詞 that は別格

接続詞 that は，後ろに s v がきて，that s v というカタマリを作ります。このカタマリは**名詞節**か**副詞節**になります。ほかの従属接続詞と違って，**that は名詞節を作ることがほとんど**です。また（×）(That s v), S V. の形にはなりません。

このように that は使い方も頻度も別格ですので，3回に分けて説明していきます。

ポイント 接続詞 that の働き
① 後ろに S V（完全文）がきて，カタマリを作る。
② そのカタマリは，名詞節か副詞節になる。

名詞の働きは「S・O・C になる」ことですので，that が作る名詞節（名詞のカタマリ）も S か O か C になります。

● that を見たときのアタマの使い方

たとえば，That the man ... という文を見たら，どういう形を予想しないといけないでしょうか？

that は後ろに S V がきてカタマリを作るわけですから，That the man の後ろには V がくるはずです。つまり That the man V というカタマリになるはずです。しかも，これが S・O・C のどれかの働きをするんです。文頭にある名詞のカタマリですから，「S になる」と考えれば OK です。

That the man ... を見て，どんな形を予想しますか？

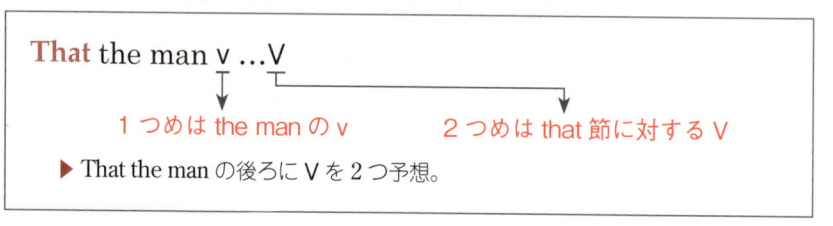

That the man v ...V

1つめは the man の v　　　2つめは that 節に対する V

▶ That the man の後ろに V を 2 つ予想。

That the man の後ろに V が 2 つ続くことになります。
次の 例 で考えてみましょう。

例　**That** the man didn't marry her was a big surprise to us.

◆ 構造解析

例　〈**That** the man didn't marry her〉 was a big surprise to us.

　　　　　　　　　1つめの v　　　　2つめの V
　　　　　　　　　(s は the man)　　(S は that 節全体)

「その男が彼女と結婚しなかったのは，われわれには大変な驚きだった」

Section 2　構文の基礎

🔴 長いSを見抜く

では，設問1の英文で考えてみましょう。
先頭の That he を見た瞬間に，今と同じ予想をすれば OK です。

▶ 予　想

> **That** he v … V　　▶2つのVがくるはず！

That he の直後に，まず1つめの v（s は he），次に2つめの V（S は that 節）を予想します。

▶ こう考える！

> 〈**That** he has represented rich clients〉 enhances
> 　　　　　　　　　S　　　　　　　　　　　　　　V
> 〈his image ～〉.
> 　　　O

That he has represented rich clients が長いSになり，意味は「彼がお金持ちの依頼人を代理していること」➡「彼がお金持ちから依頼を受けていること」となります。enhances his image in the court は「法廷での彼のイメージを高める」です。
また，全体を意訳するときは，長いSが that 節である（つまり無生物主語）ことを考慮して「～ということがイメージを高める」➡「～ということで，イメージがよくなる」とします。

　　▶無生物主語の第3文型（SVO）は「Sによって，OがVされる」と訳すと，一発でキレイな和訳になります。この方法は，テーマ 50 で詳しく説明します。

余談ですが，この英文を見たとき，多くの人が「こういう長いSの英文って仮Sを使うんじゃないの？」と思ったかもしれません。ボクも中学・高校で「長いSはバランスが悪いから嫌われる」とやたら習いました。
でも結論から言うと，こういう英文はよく見かけます。入試問題ではけっこう頻繁に目にするんです。必ずしも It is ～ that … の形になるとは限りませ

ん（that 節の内容を強調したいときに後ろへもっていくんです）。ぜひ，that の考え方をマスターしてくださいね。

チェックポイント

☑ **That he** を見た瞬間に，V を 2 つ予想する！

解答例

彼がお金持ちから依頼を受けているということで，法廷での彼のイメージがよくなっている。

Step 2

設問 2 次の英文を和訳しなさい。
★ S はどこからどこまででしょうか？

> That a man's business, be it of any kind, must be done, and done promptly, is a truth acknowledged universally.
>
> （早稲田大）

語句
- **be it of any kind** 「どんなものであれ」
- **promptly** 「すばやく」
- **acknowledge ～** 「～を認める」
- **universally** 「普遍的に」

解説

● that 節の中をチェックしながら，V を探す

文頭の That a man's business を見た瞬間に，どういう形を予想しますか？

▶予　想

```
That a man's business v …V    ▶2つのVがくるはず！
```

That a man's business の直後に，1 つめの v（S は a man's business），次に 2 つめの V（S は that 節）を予想します。
では，that 節の中を詳しく見てみましょう。

▶予　想

```
That a man's business, (be it of any kind), must be done,
that     S              M                     V
and ～
and !?
```

a man's business の直後にいきなり v はきませんでしたね。be it of any kind（＝ if it be of any kind）という副詞節（M）がきて，その後ろにやっと must be done という 1 つめの v がきています。
次に 2 つめの V を予想しようと思ったら，and がきちゃうんです。and を見たら何を予想するんでしたか？
そう，**and の直後を見て，対等なものを探す**，でしたね（➡テーマ 9）。さて，and の直後には done という p.p. がきています。

▶こう考える！

```
That a man's business, (be it of any kind),
            must be ┌ done,
                    │ and
                    └ done promptly, ～
```

そして一番大事なことは，きちんと S V を把握することです。and に気をとられてはいけません！　長い S（that 節）の V を探さないといけませんね。

テーマ 13 ▶ that の判別①　95

🔻 **構造解析**

⟨**That** a man's business, ～, must be done, and done
 ─────────────
       S

promptly⟩, is ～
            ─
            V

is という 2 つめの V が見つかります。これが長い S に対する V なんです！
is の直後には C がきます。

🔻 **構造解析**

⟨**That** a man's business, ～, must be done, and done
 ─────────────
       S

promptly⟩, is ⟨a truth [acknowledged universally]⟩.
            ─ ↑   C
            V └──────────────┘

🔴 man をすぐに「男」と訳さない

構文はとれたので，さっそく訳していきましょう。意外とミスしそうな英文なので，丁寧にチェックしてください。

まず，a man's business は「人の仕事」です。

▶ なぜか，こういう文ではやたら「男の仕事」という誤訳が多いのですが，別に「男女の仕事の違い」とかを語る文ではないので，ここでの **man** は「人」です。

be it of any kind は面倒ですね。これはもともと if it be of any kind だったものが，if が省略されて倒置が起きて，こういう形になりました。
この **if**（= **even if**）は「たとえ～でも」，**of** は所有の **of** で「～をもって」，**kind** は「種類」という意味です。「たとえそれがどんな種類（の仕事）をもっていたとしても」➡「たとえそれがどんな仕事でも」という意味です。
must be done, and {must be} done promptly は，「なされなければならないし，すぐになされなければならない」です。さらに，**must be done** は能動態に直して訳すとキレイになります。つまり，「しなければならないし，すぐにしなければならない」です。

▶ "助動詞 + be p.p." は，そのまま受動態で訳すと，ほぼ間違いなくガチガチの訳になります。全部，能動態に直してみてください。

最後の a truth acknowledged universally は単純なつくりで，「普遍的に認められた真実」という意味です。acknowledged universally が後ろから a truth を修飾しています。

チェックポイント

☐ **That a man's business** を見た瞬間に V を 2 つ予想！
  ➡ **that** の中が複雑なので，「2 つの V 探し」をうっかり忘れないように！

解答例

どんなものであれ自分の仕事はしなければならない，かつ迅速にしなければならない，ということは，普遍的に認められた事実である。

テーマ 14

that の判別②
——C になる that を完全理解！

Step 1

> **設問 1** 次の英文を和訳しなさい。
> ★ that の品詞は何でしょう？
>
> His suggestion was that we should start our project as soon as possible.
>
> （立命館大／空所補充問題を改題）

語句
- **suggestion** 「提案」

解説

🔴 **be 動詞の後ろにきた that は，接続詞・名詞節・C になる**

設問 1 の英文を見てみましょう。

be 動詞 was の後ろですから，that ～ は C になるはずです。さらに **that** は接続詞で，その直後には s v が続くはずです。

▶ **予　想**

⟨His suggestion⟩　was　**that** …
　　　　S　　　　　V　　C　　that ➡ s v を予想

Section 2　構文の基礎

こう考える！

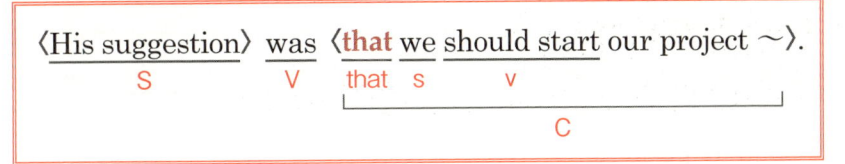

⟨His suggestion⟩ was ⟨that we should start our project 〜⟩.
　　　S　　　　　V　　that　s　　　v
　　　　　　　　　　　　　　　　C

His suggestion was that 〜 は「彼の提案は〜ということだった」，we should start our project は「私たちの計画をはじめる」，as soon as possible は「できるだけ早く」です。カンタンですね。

🔴 that の必殺技

ここからは，余裕がある人向けに，便利なワザをお教えします。
接続詞 that には「**従属節**」っていう弱々しい名前がついています。たしかに構文面ではオマケなんですが，実は，**内容面ではメイン**なんです。

ポイント　接続詞 that の 2 面性

● **構 文 面**

I think that he is rich.　「彼はお金持ちだと，<u>**私は思う**</u>」
　主節　　従属節

▶ この訳だと，「私は思う」に重点がきてしまう。

● **内 容 面**

I think that he is rich.　「私の考えでは，<u>**彼はお金持ちだ**</u>」
　オマケ　　メイン

▶ この訳なら「彼は金持ちだ」に重点がくる！

しっかり構文がとれたら（接続詞の that だとわかったら），今度は接続詞 that の直前までの意味をサーッととって，that の後ろに筆者の主張がくることを意識してみてください。筆者の意図がリアルに伝わり，左から右に読めるので，読むスピードが上がるはずです。

　　▶ 本書はあくまで，「確実に英文の構造をつかむ」ことが目標ですが，今回の **Step 1** は少し易しいので，こういう便利なワザも入れてみました。

この接続詞 **that** の流し読みを使って，もう一度，設問1の英文を訳してみましょう。

His suggestion was that we should start our project as
オマケ「彼の提案では」　メイン「計画をできるだけ早くはじめるべき」
soon as possible.

英文の意味をとるだけなら，このワザを使うと断然速く英文が読めるようになります。また，このワザは，接続詞の that であれば，that 節が S でも，O でも，C でも，同格でも OK なので，次の **Step 2** でも使いますよ。

チェックポイント

☑ S **is that** 〜の形を見たら，**that** は「接続詞・名詞節・C になる」と考える！

【解答例】
彼の提案は，私たちの計画をできるだけ早くはじめる，というものであった。

Step 2

【設問2】 次の英文を和訳しなさい。
　★ that を見た瞬間，どんな形を予想すればいいでしょうか？

One hopeful sign is that despite the popularity of audio books, sales of hardbacks and paperbacks in the U.S. have not fallen.
（早稲田大）

> **語　句**
> - **sign**　　　「兆候」
>   ▶重要単語。「証拠／兆候／目印」と覚えてください。
> - **audio book**　「オーディオブック」
>   ▶本を朗読して CD に吹きこんだもの。
> - **hardback**　「ハードカバーの本」
> - **paperback**　「ペーパーバックの本」

解説

● that despite を見て，どういう形を予想する？

設問２の英文では，that を見た瞬間にどんな形を予想すればいいでしょうか？

▶予　想

> 〈One hopeful sign〉 is 〈**that** s v〉
> 　　　　S　　　　　V　　　C

接続詞 that の後ろには s v がくることが予想されますね。ところが実際には，despite という前置詞がきています。
どう予想修正すればいいでしょうか？

こう考える！（予想修正）

> 〈One hopeful sign〉 is 〈**that** (despite + 名詞) s v〉
> 　　　　　　　　　　　　　　　　　　　M

(despite + 名詞) の後ろに，s v を予想すればバッチリです。
despite の後ろの長い名詞に気をとられず，「s v はどこだ？」という姿勢で読んでください。

🔻 構造解析

⟨One 〜 sign⟩ is ⟨that (despite the popularity of audio
　　S　　　　V　C　　　　　　　　M
books), ⟨sales of hardbacks and paperbacks in the U.S.⟩
　　　　　　　　　　　　　　s
have not fallen⟩.
　　v

despite the popularity of audio books のカタマリの後ろに，長い s の sales of hardbacks and paperbacks in the U.S. が出てきましたね。
訳は難しくないので，自力で考えて，最後の 解答例 で確認しましょう。

🔴 「接続詞 that の流し読み」を使って，すばやく読んでみる

▶ 予　想

One hopeful sign is **that** despite 〜
　　　オマケ　　　　　　メイン？

接続詞 that の直前までがオマケ，that からメインと考えますが，今回は that の後ろが despite ですね。**despite** 〜は「〜にもかかわらず」という意味の前置詞なので，この直後にメインがくるはずがありませんよね。ですから，ここもオマケと考えましょう。

🔺 こう考える！（予想修正）

One hopeful sign is that despite 〜 books,
　　　　オマケ　　　　　　　オマケ
　　「1つの望ましい兆候は」　　「〜にもかかわらず」

sales of hardbacks 〜
　　　メイン
「本の売り上げは落ちていない」

この長い文の一番の主張は「本の売り上げが落ちていない」だとわかりますね。

チェックポイント

☐ **that** を見たら，ｓｖを予想！　**despite** を読みながら，後ろにくるｓｖを探す！

解答例

望ましい兆候が１つあるのだが，それはオーディオブックがはやっているのに，アメリカではハードカバーやペーパーバックの本の売れ行きは落ちていないということだ。

> 「予想修正」という考え方で，英語の読み方が変わるはずだよ！

テーマ14 ▶ that の判別②

テーマ 15
that の判別③
——「同格の that」は前の名詞を説明する！

Step 1

設問 1 次の英文を和訳しなさい。
★ that はどんな役割をしているのでしょう？

We were all overjoyed at the news that the whole family had been rescued from the fire by firefighters.
（東邦大／整序問題を改題）

語句
- **overjoy** ～ 「～を大喜びさせる」
- **firefighter** 「消防士」

解説

● 「同格」という考え方

接続詞 that には「同格」という用法があります。直前の名詞を詳しく説明する用法です。
次の例を見てください。

例　〈the fact〉〈that he passed the examination〉
　　　　「事実」　　「彼が試験に通ったということ」
　　➡「彼が試験に通ったという事実」

たとえば，the fact だけなら，ただ「事実」という意味ですが，その直後に that he passed the examination という that のカタマリを並べて，直前の the fact を説明するんです。

訳すときは，前から「事実，その事実とは彼が試験に通ったということだが」とするか，あるいは後ろから「彼が試験に通ったという事実」とします。

▶ 少し細かいことを言うと，この同格の that は名詞節を作ります。前の名詞を修飾するように見えるので形容詞節のようですが，実は名詞節です。名詞が2個ボンボンと並んでいるので「同格」という名前がついているんです。

🔴 同格 that をとる名詞は「事実・認識系」

同格 that をとる名詞は，ある程度決まっています。おもに「事実・認識系」です。

ポイント 　同格の that をとるおもな名詞

- **事 実 系**
  evidence［証拠］/ **fact**［事実］/ **knowledge**［知識］
  news［知らせ］/ **result**［結果］/ **rumor**［うわさ］
  sign［証拠／兆候／目印］/ **truth**［真実］
- **認 識 系**
  assumption［仮定］/ **belief**［信念］/ **conclusion**［結論］
  fear［心配］/ **hope**［希望］/ **idea**［考え］/ **thought**［考え］

▶ ムリに覚える必要はありません。さ〜っと眺めて「事実・認識系だな」と思っておくと，英文を読んでいるときに気づきやすくなります。

🔴 「事実・認識系」の名詞の後ろにくる that は「同格」

では，設問1の英文を見てみましょう。

▶ **予　想**

We were (all) overjoyed at the news that 〜
S 　　　　V　　　　　　　　　　　O　　　??

テーマ 15 ▶ that の判別③

overjoy ～は「～を大喜びさせる」という意味です。英語では感情系のVは「～させる」になります（たとえば **surprise** ～は「～を驚かせる」）。ですから We were overjoyed は"**be** + p.p."という受動態で,「私たちは大喜びさせられた」→「大喜びした」になります。さらに,**be overjoyed at** ～「～に大喜びする」と,1つのVとして考えたほうがラクに構文がとれます。

▶ **be surprised at** ～「～に驚く」を1つのVと考えるのと同じ考え方です。

次に,the news that ～ですが,ここで,「あ,news は事実系,おまけにすぐ後ろに that もあるし……」と考えて,「同格の that だ！」と予想してください。

こう考える！

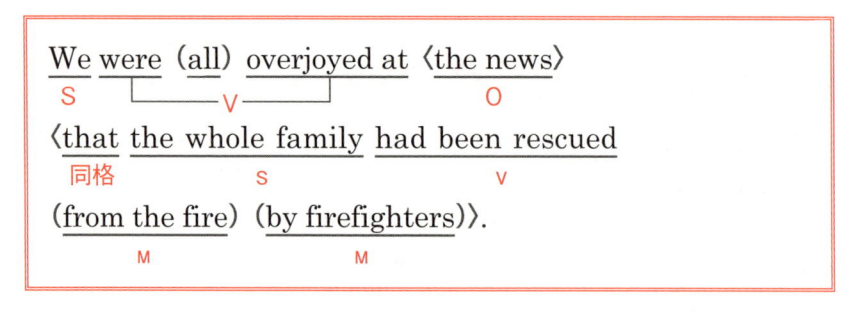

> We were (all) overjoyed at 〈the news〉
> S   V   O
> 〈that the whole family had been rescued
> 同格   S   V
> (from the fire) (by firefighters)〉.
>   M   M

少しだけ細かい補足をします（読み飛ばしても OK）。**that** の後ろが完全な文（sやoが欠けてない）なので,**that** は「接続詞で同格」だと断定できます。もし不完全な文（sやoが欠けている）の場合,**that** は「関係代名詞」ということになります（➡テーマ42）。ただし,実際の英文では「事実・認識系」の名詞の直後に that がきたら,かなりの確率で「同格」です。こういうことを書いて,もし違う場合に批判されるのがイヤで従来の問題集はあいまいにぼかしますが,みなさんはまず同格を考えてみてください！

ここまでくれば,和訳は楽勝です。the news that ～は「～という知らせ」と,後ろから説明するように訳してみましょう。We were all overjoyed at the news that ～は「私たちはみんな,～という知らせに大喜びした」,the whole family had been rescued from the fire by firefighters は「その家族全員が消防士によって火災から救出された」です。

「接続詞 that の流し読み」で主張をつかむ

では，テーマ14の Step2 に続いて，「接続詞 that の流し読み」を使ってみましょう。

> We were all overjoiced at the news
>   オマケ「みんなが大喜びした知らせは」
> that the whole family had ～
>   メイン「家族全員が救われた」

「私たちが大喜びした」というところをサーッと流して，「家族全員が救出された！」に重点がある英文なんです。

チェックポイント

☐ **the news that**（事実・認識系の名詞 + **that**）～を見たら，すぐに「同格 **that**」を考える！

解答例
その家族全員が消防士によって火災から救出されたという知らせに，私たちはみんな大喜びした。

Step 2

設問2 次の英文の下線部を和訳しなさい。

★ the sign that ～を見て，どういう形を予想すればいいでしょうか？

In a society where slavery in the strict sense has been abolished, <u>the sign that what a man does is of social value is that he is paid money to do it.</u> （名古屋大）

テーマ15 ▶ that の判別③

> 語　句
> - **slavery**　　　　　「奴隷制度(どれい)」
> - **in the strict sense**　「厳密な意味において」
> - **abolish** ～　　　　「～を廃止する」
> - **of social value**　　「社会的に価値がある」

解説

🔴 関係副詞は「直前の名詞を修飾するだけ」

今回の英文はかなり難しいです。じっくり考えていきましょう。この英文が理解できれば，確実に1段階レベルアップできますよ。
まず，下線部の前の部分から見ていきましょう。

▶ 予　想

> (In a society [where s v]), S V
> 　　　　M　　　　　　　S V

In a society where ～ 「～という社会では」の **where** は関係副詞で，直前の **society** を説明しています。where の直後に s と v を確認しながら，メインのSとVを探します。

✨ こう考える！

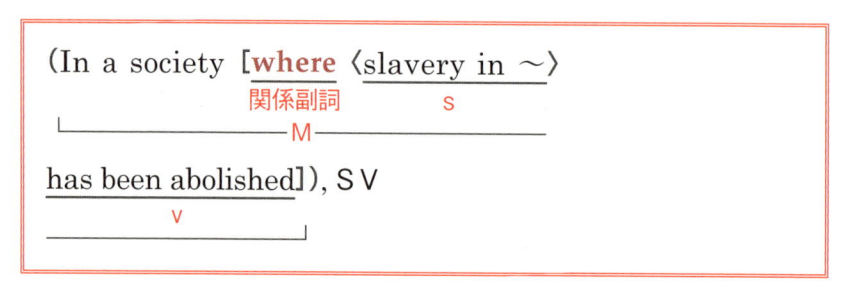

> (In a society [where ⟨slavery in ～⟩
> 　　　　　　　　関係副詞　　　 S
> 　　　　　　└──────M──────
> has been abolished]), S V
> 　　　　v

まず，where の後ろにくる s v をチェックしましょう。slavery in the strict sense has been abolished がきていますね。その後ろ（問題文の下線部訳のところ）に，メインの S V がくるはずです。

ここまでを訳すと，In a society where slavery in the strict sense has been abolished「厳密な意味で奴隷制度が廃止された社会では」になります。

● the sign that ～を見た瞬間，どういう形を予想する？

では，下線部を見てみましょう。

▶ 予　想

⟨the sign⟩ ⟨that s v⟩ V
　　S　　　　同格　　 Vを予想

つまり，the sign that ～を見た瞬間に，"the sign that s v V" という形を予想すればカンペキです。sign「証拠」は「事実系」の名詞ですね。
ただ，今回難しいのは，that の直後に what がきているからなんです。
関係代名詞 what は，必ずその中に V を 1 つ含み，名詞節になります。つまり ⟨what s v⟩ や ⟨what v⟩ という名詞のカタマリになるんです。
that の直後の what a man does が 1 つのカタマリになっています。
　▶従来の参考書では「what は先行詞を含む関係代名詞」なんて説明されていますが，「先行詞を含む」ということはつまり「名詞のカタマリになる」ってことで，こう考えたほうがラクですよ。

▶ こう考える！

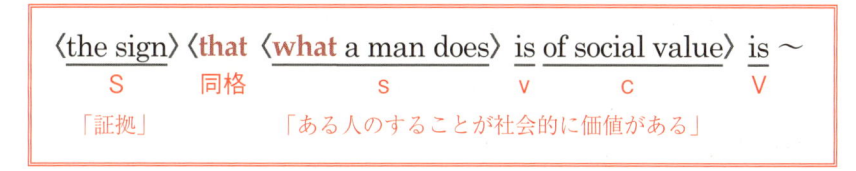

⟨the sign⟩ ⟨that ⟨what a man does⟩ is of social value⟩ is ～
　　S　　　　同格　　　　s　　　　　v　　　c　　　　V
　「証拠」　　　　「ある人のすることが社会的に価値がある」

is という V の後ろに，また接続詞 that がきています（C になっている）。

🔻 **構造解析**

⟨the sign⟩ ⟨that what a man does is 〜⟩ is ⟨that 〜⟩
　　S　　　　　　　同格　　　　　　　　V　　　C

ここまで訳すと、「ある人の行うことが社会的に価値があるという、その証拠は〜だ」となります。

次に、C になる that 以下を見ていきましょう。当然この that の後ろにも s v がくるはずですね。

🔻 **構造解析**

⟨the sign⟩ ⟨that 〜⟩ is ⟨that he is paid money (to do it)⟩.
　　S　　　　　　　　　V　　　　s　　v　　　o　　　　M

he is paid money は「お金が払われる」、また、to do it は「それをするために」という不定詞の副詞的用法です。

🔴 「that の流し読み」で主張も一発でわかる

では最後に、「**接続詞 that の流し読み**」を使ってみましょう。

> the sign that what a man does is of social value is
> オマケ「行為が社会的価値があるかの証拠は」
>
> **that** he is paid money to do it.
> 　　　メイン「お金が払われる」

the sign that 〜の that も接続詞ですが、この英文ではさらに後ろにも接続詞 that があるので、こういうときは、そこまで一気にオマケと考えます。メインは「お金が払われる！」ってところなんです。

チェックポイント

☐ **the sign that**（事実・認識系の名詞 + **that**）〜を見たら，すぐに「同格 **that**」を考える！

解答例

厳密な意味で奴隷制度が廃止された社会では，ある人の行うことが社会的に価値があるというその証拠は，その人がそれをするのに給料が支払われているということである。

> きちんと構文がとれるようになったら，「that の流し読み」を使って主張を見抜こう！

テーマ 15 ▶ that の判別③

Chapter 2
新しい構文の考え方

Section 3

新しい強調構文と倒置の考え方

> 従来、強調構文の説明といえば、「It is と that を隠して文が成立すれば強調構文」なんていう「後づけ」の解説ばかりでした。
> 倒置といえば、「ここで倒置が起きてるね」だけでした。
> こういう、教師に都合よくて受験生には使いにくい説明ではなく、英文の筆者が「どういうキモチで強調構文を使っているのか？」「なぜこういう倒置の形になるのか？」を真正面から解説します！

テーマ 16

強調構文①
── 絶対に教わらない「強調構文の即断法」！

Step 1

設問1 次の英文を和訳しなさい。
★ヒントなしでチャレンジしてみましょう！

It is not what you have, but what you are that matters.
（明治学院大／空所補充問題を改題）

語句
- **matter**「重要だ」
  ▶ 動詞です。

解説

● 「It is と that を隠して」はズルイ教え方

強調構文といえば，従来は「It is と that を指で隠して，文が成立すれば強調構文」としか教えられませんでした。これって「後づけ」の説明ですよね。「この文，強調構文っぽいぞ」って思えたときに，確認のために使う方法ですよね。教師に都合よくて，受験生には使いにくい方法だと思います。
今回は，今までまったく語られなかった「強調構文の見抜き方」をお話しいたします。
強調構文で大事なのは，**基本形**と**頻出**パターンの2つです。

● まったく知られていない「強調構文の基本形」

まずは，強調構文の基本形をしっかり覚えてください。

> **ポイント** 強調構文の基本形
>
> It is not A but B that 〜
> 「〜なのは A ではなくて B なんだ」

これが基本形です。強調構文は「強調したいものを It is と that ではさむ」というのは有名ですね。実際，はさまれて強調されるものは，**not A but B** のように「**対比**」が前提となるんです。これ，超重要です。

▶ そもそも強調するときは「対比」を前提にするものです。いきなり「オレ，かに座！」って言われても，「え？　あぁ，はぁ……」みたいになりますよね。「プロフィールにはさそり座って書いてあるけど，さそり座じゃなくて，かに座なんだ」という，"not さそり座 but かに座" の関係が前提になるはずです。

● what は関係代名詞，matters は動詞

では，設問 1 の英文を見てください。
思いっきり基本形になっていますよね。

🔽 構造解析

```
It is not 〈what you have〉, but 〈what you are〉
It is not      A              but       B
that matters.
   that 〜
```

この **It is 〜 that** は「強調構文の It is 〜 that」ということになります。**what** は関係代名詞で，名詞のカタマリを作ります。what you have は「人が持っているもの」→「財産」，what you are は「人が今あるところのもの」→「今の姿／人となり／人柄」です。**what I am**「今の私」という言い方が有名ですね。

▶ what を疑問詞と考えても OK です。**what you have**「人が何を持っているか」，**what you are**「何者であるか」という意味になります。

that の後ろにある matters が V です（3 単現の -s がついている）。
matters から訳してみましょう。「重要なのは，財産ではなく人柄だ」です。

テーマ 16 ▶ 強調構文①

🔴 you には「人は誰でも」って意味がある！

ここで少しだけ本線から離れて、意外と知られていない you の使い方について説明します。

受験生だけじゃなく、ほとんどの日本人が勘違いしているんですが、you は「あなた」のほかに、「**あなたも私もみな／人は誰でも**」という**総称用法**があるんです。

> ▶ぜひ辞書で you をチェックしてみてください。「**総称の you**」という見出しがあるはずです。長文でも英作文でも重宝しますから、ぜひチェックしておいてください。

ですから、ボクは what you have を「**人**が持っているもの」、what you are を「**人**となり／**人**柄」って訳したんです。

> ▶今回、「あなた」という訳は消してください。大学生でもほぼ全員、同じようなミスをします。

次に、強調構文の2つの「頻出パターン」を解説します。

🔴 強調構文の頻出パターン❶："not A" を強調する場合

まず、「基本形」が少しだけ変形したものです。

not A だけを強調したい場合（「絶対に A じゃないんだよ」って言いたい場合）は、not A を残して but B を後ろへ回します。

ポイント 頻出パターン❶："not A" を強調する場合

- 基 本 形 ➡ It is not A but B that ～
- not A を強調 ➡ It is 　not A 　 ~~but B~~ that ～

　　　　　　　　　　　　　　↓ but B を後ろへ移動

- 頻出パターン ➡ It is not A that ～ , but B.

この **It is not A that ～ , but B.** の形もよく見かけますが、さらにここからちょっとだけアレンジします。

- 頻出パターン ➡ It is not *A* that ~ , but *B*.
- 超頻出パターン ➡ It is not *A* that ~ . ~~but~~ *B*.

実際の英文では、コンマがピリオドになって文を切ることがほとんどです。文が切れたわけですから、もはや接続詞 but は必要ありませんね。

▶ピリオドがあれば、文が切れていることが誰にでもわかるからです。
つまり **but が消える**んです！　まず It is not *A* that ~ で、*A*（一般論）を強く否定するんです。
英文の筆者が否定するのは「一般の人の思いこみ」ですよね。ですから A には「一般論」がくるわけです。

その *A* の後ろにきた *B*（肯定文）が主張なんです！
とかく強調構文の話になると、英語教師はとりつかれたように、「It is と that を隠して」しかいいませんが、この頻出パターンのほうがはるかに大事です。

強調構文の頻出パターン❷：" but *B* " を強調する場合

ポイント　頻出パターン❷：" but *B* " を強調する場合

- 基 本 形 ➡ It is not *A* but *B* that ~
- but *B* を強調 ➡ It is ~~not *A*~~ but *B* that ~
　　　　　　　　　　　　　　　　　　　not *A* を後ろへ移動
- 頻出パターン ➡ It is ~~but~~ *B* that ~ , not *A*.

but *B* を強調したいので、not *A* を後まわしにします。訳し方としては「that ~ なのは B です！　A ではないですよ」という感じです。
（△）It is but *B* that ~ なんて、いきなり but が出てきても意味不明なので（not とのからみがなくなったので）、この場合の but は消え、It is *B* that ~ という形になるわけです。

▶高校ではじめて強調構文を習うときは、この形から教えられますよね。基本形も頻出パターン❶（It is not *A* that ~）もすっ飛ばして、いきなりこれを教えることがいかにメチャクチャか、ここまでの説明でおわかりになったと思います。

テーマ 16 ▶ 強調構文①

🔴 強調構文即断法（その1）

頻出パターン❶の It is not *A* that ～ から，ある必殺技が導き出せます。
強調構文は，否定文の **It is not *A* that** ～の形になりやすいんです。**It is not を見たら，that を探してください。that があれば強調構文**です。

▶ いきなりこれを言うと，ウサンくさいと思われます。でも，今回のテーマを最初から読んでくれたみなさんには，納得してもらえるはずです。ただし！ **It is not 形容詞 that** ～のように， 形容詞 がはさまれたときは，**It**（仮 S）・**that**（真 S）**の構文**になります（➡ p.125）。強調構文で形容詞を強調することはないからです。

設問1の英文だって，It is not を見た瞬間に that を探せば，カンタンに気づくはずです。で，「あ～，基本どおりだなあ」って思えばバッチリです。それでも不安な人がいたら，ここで「It is と that を隠して文が成立すれば強調構文」を使えばいいわけです。学校で習ったあの方法は，確認のために使えばいいんですね。

🔴 強調構文即断法（その2）

頻出パターン❷ It is *B* that ～ で，英文の書き手は B に気合を入れたくて（つまり強調したくて），強調する単語を入れちゃうことが多いんです。**only**「これだけ！」，**really**「ホントに！」などです。つまり，この心理を裏返せば，**It is only ～を見たら，that を探してください。ほぼ間違いなく強調構文**です。It is only *B* that ～ の形はホントによく見かけますよ。

It is only with the heart **that** one can see rightly; what is essential is invisible to the eye.

Antoine de Saint-Exupéry

「人が正しく物を見ることができるのは，心によってだけである。本質的なものは目に見えない」
サンテグジュペリ

【出典】「音読したい英語名言300選」田中安行監修（中経出版）

『星の王子さま』を書いたサンテグジュペリの言葉です。It is only *B* that ～ の形になっていますね。この本を読んでいるみなさんなら，一瞬で強調構文だと気づけるはずです。

強調構文のまとめ

では、今回出てきた「基本形」「頻出パターン」「即断法」をまとめてみましょう。

> **ポイント** 強調構文のまとめ
>
> ❶ 基本形
>   It is not A but B that 〜.
>
> ❷ 頻出パターン
>   ❶ It is not A that 〜. B (肯定文).
>   ★Bは「筆者の主張」になる。
>   ❷ It is B that 〜, not A.　　★not が後ろにくる。
>   not A (否定文). It is B that 〜.　★not が前にくる。
>
> ❸ 強調構文即断法
>   ❶ not 系
>   It is not A that 〜.
>   It is not only A that 〜.
>   It is not so much A that 〜, as B.
>   ❷ 強調系
>   It is only A that 〜.
>   It is really A that 〜.
>   It is indeed A that 〜.
>   It is the very A that 〜.

チェックポイント

☐ 強調構文の「基本形」「頻出パターン」「即断法」をマスターすれば、強調構文を一瞬で見抜ける！

[解答例]
大切なのは、決して財産ではなく、実は人柄なのです。

Step 2

> **設問2** 次の英文の下線部を和訳しなさい。
> ★ it is not を見た瞬間，何を考えればいいでしょうか？
>
> It is important to remember here that <u>it is not just the American press that has been called unfair</u>. The same thing has been said about Japanese newspaper reporting.
>
> （津田塾大）

語　句
- **unfair**「偏った報道をする」
  ▶出題された長文の内容は「報道の中に潜む偏見の話」について。

解説

● it is not を見た瞬間，強調構文を予想する

こう考える！

> **it is** not just the American press **that** has been called unfair.
> it is not just を発見 → that を探す → that があるので強調構文！

下線部の it is not just（＝ it is not only）を見た瞬間に，強調構文を予想しましょう。

後ろに that があるので，バッチリ強調構文ですね。

構造解析

> it is not just ⟨the American press⟩ that has been called unfair.
>   　　　　　　　　 S　　　　　　　　　　　　 V
>   C

Section 3　新しい強調構文と倒置の考え方

call O C「OをCとよぶ」が受動態になって，S is called C の形になっています。
「unfair とよばれているのは American press だけじゃないんだよ」という意味です。

🫧 勘違いが多い「強調構文の訳し方」

訳すときはオーバーにしてください。「強調」する構文なわけですから。よく「that 以下から訳せばいい」と教えられますが，それだけじゃダメです。採点官に「強調構文わかってるアピール」をしないといけません。実際は that 以下から訳そうが前から訳そうが，「強調して訳せば OK」なんです。たとえば，「**決して**」「**実は**」「**なんと**」などを入れて訳します。
「偏った報道をするとよばれてきたのは，決してアメリカの報道陣だけではない」って訳せばカンペキです。

🫧「筆者の主張」までわかっちゃう

Step 1 に「頻出パターン❶：It is not A that ~ . B (肯定文).」というパターンがありました。It is not A that ~という強調構文の後ろに，B (肯定文) という「主張」がくる形です。

▶「決してアメリカの報道陣だけじゃないんだ」と言われたら，「じゃ，ほかはどこなんだよ」ってツッコミますよね。

ということで，**設問 2 の下線部に続く次の文を見てください。**

⬇ 構造解析

The same thing has been said (about Japanese newspaper reporting).
　　　S　　　　　V　　　　　　　　M

「同じことが日本の新聞報道にも言われている」

つまり，この英文は「アメリカだけじゃなく日本も偏っている」っていう内容なんです。

Chapter 2 ▼ 新しい構文の考え方

テーマ 16 ▶ 強調構文①

正しく強調構文をマスターすると，普通の受験生が気づかない「筆者の主張」までわかっちゃうんです。

チェックポイント

☑ **it is not just** を見た瞬間，強調構文を予想する！
☑ 強調構文はオーバーに訳す！

解答例

偏った報道をすると言われてきたのは，アメリカの報道陣だけだと思われているが，決してアメリカの報道陣だけではない，ということをここで覚えておくのは大切なことである。同じことが日本の新聞報道にも言われてきたのである。

> 今まで一切語られなかった強調構文の「即断法」！強力な武器になるはずだよ！

テーマ 17

強調構文②
—— It is 副詞 that ... は「強調構文」と即断OK！

Step 1

> **設問 1** 次の英文を和訳しなさい。
> ★ヒントなしでチャレンジしてみましょう！
>
> It was in 1912 that the *Titanic* sank during her first voyage.
> （センター追試験／空所補充問題を改題）

語　句
- the *Titanic*　「タイタニック号」
- voyage　「航海」

解　説

● It is ～ that ... の識別方法

テーマ16の **Step 2** では，強調構文の即断パターンを説明しました。今回は，それ以外にもある即断パターンをやっていきましょう。

> **ポイント**　It is ～ that ... の識別
> ❶ It is 副詞 that ...　→ 強調構文
> 　★副詞には副詞句・副詞節も含まれる。
> ❷ It is 形容詞 that ...　→ 仮S・真S構文
> ❸ It is p.p. that ...　→ 仮S・真S構文

❹ It is 名詞 that …
　★ that … が完全文 ➡ 仮S・真S構文
　★ that … が不完全文 ➡ 強調構文

❶の場合，100％確実に強調構文です。メチャクチャ使える方法ですので，ぜひ覚えてください。

▶実はサンテグジュペリの言葉（➡ p.120）も，It is only with the heart that one can see rightly で，with the heart という副詞句が It is と that にはさまれているので，そこからも**強調構文**だと判断できるんです。

❷と❸の場合は，どちらも**仮S・真S構文**になります。
ここまではとってもオイシイ技です。
❹の場合は，that 以下の文が**完全文か不完全文か**で，判別が変わってきます。この説明は従来の参考書にも書いてあります。でも実際，ほとんどの英文で，強調構文即断法（**not** や **only** があれば強調構文を予想する）（➡ p.121）が使えるので，心配は無用です。

▶英文を書いている人が「強調構文に気づいてね」という目印をつけてくれている……そんなふうに考えましょう。

◯ It is 副詞 that … は絶対「強調構文」

設問1の英文を見てみましょう。in 1912 は前置詞のカタマリ（＝副詞句）になりますね。

⬇ 構造解析

> It was (in 1912) that the *Titanic* sank (during her first voyage).
> It　is　　副詞　　that …

It is 副詞 that … の形ですから，これは一発で強調構文だとわかりますね。in 1912 が強調されているわけです。和訳するときは「**実は**」「**なんと**」などを入れて，「強調構文わかってますよアピール」をすればOKでしたね。

チェックポイント

☑ **It is** 副詞 **that** ... を見たら,「強調構文」と即断!

解答例
タイタニック号が処女航海で沈没したのは,実は 1912 年のことであった。

Step 2

設問2 次の英文を和訳しなさい。
★ヒントなしでチャレンジしてみましょう!

It is indeed because we do not understand our deeper emotional problems that we have to work them out by analogy, by myth, and by fable.
（お茶の水女子大）

語句
- **emotional**　「感情の」
- **work 〜 out**　「〜を解決する」
- **analogy**　「類推」
- **myth**　「神話」
- **fable**　「寓話」

解説

🔴 強調構文の目印が2つ!

設問2の英文を見て,何に気づけばいいのでしょうか?

🔽 **構造解析**

> <u>It is</u> (indeed) (because we do not ～) <u>that</u> we have to ～
> It is   副詞   that ...

because は従属接続詞ですから，副詞節を作ります。この英文は，**It is** 副詞 **that** ... の形なので，一発で強調構文だとわかりますね。

> ▶indeed も副詞ですが，この indeed を見て何か思い出せますか？　そう，indeed は強調の副詞で，It is indeed *A* that ... の形で使われると，強調構文の即断パターンでした（➡ p.121）。
> つまり，この英文は，It is 副詞 that ... からも，It is indeed *A* that ... からも，「強調構文だ！」と即断できるんです！

設問 2 の強調構文はもともとは，(Because s v), S V. という英文で (Because s v) の部分が強調されたわけです。「**It is** と **that** がなくても強調構文は成立する**」という方法で確認してもいいでしょう。

🔽 **構造解析**

> ~~It is~~ (indeed) (because we do not ～) ~~that~~ we have to ～
>   (Because s v)   S V

「that ... なのは，実は because ～だからだ」と訳せば OK です。

🔴 that 以下を訳してみよう

先に that 以下を見ていきましょう。

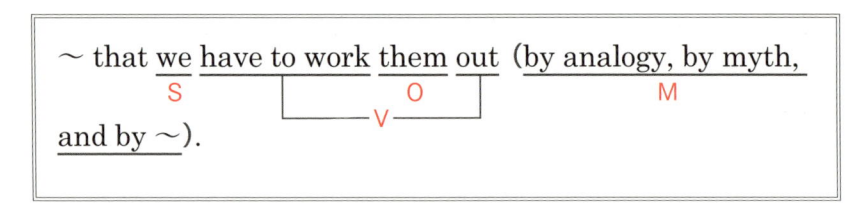

🔽 **構造解析**

> ～ that <u>we</u> <u>have to work</u> <u>them out</u> (by analogy, by myth, and by ～).
>   S   V   O   M

them = our deeper emotional problems です。「私たちの奥深い感情の問題」→「私たちが無意識のうちに抱えている心の悩み」という意味です。
deeper「より深い」とは，「心の奥底にある」つまり「**無意識**」ということです。
work ～ out は「～を解決する」ですから，work them out で「私たちが無意識のうちに抱えている心の悩みを解決する」になります。
by analogy, by myth, and by fable は「類推や神話や寓話によって」ですね。これで that 以下は訳せるはずです。we have to work them out by analogy, by myth, and by fable は「類推してみたり，神話を使ったり，寓話を用いて，無意識のうちに抱えている心の悩みを解決しないといけないのです」という意味になりますね。
では，前半の because ～ を訳してみましょう。

🔽 構造解析

```
because we  do not understand  ⟨our deeper emotional
        S        V                        O
problems⟩
```

our deeper emotional problems はさっき them のところで訳しているので，今度は「それ」でもいいですし，もうちょっと丁寧に「そういった心の問題」と訳せば OK です。
そして最後に，**because 節を強調する**のを忘れないようにしてください。「実は～だからだ」でバッチリですね。

チェックポイント

☑ **It is because ～ that ...** を見たら，強調構文と即断する！

解答例

私たちが類推や神話や寓話を利用して無意識のうちに抱える心の問題を解決しなければならないその理由は，なんと私たち自身が，そういった心の問題をわかっていないからなのである。

▶延▶長▶講▶義 ▶▶▶▶▶▶▶▶

「大人こそ『物語』を読もう！」

　ボクが高2のとき，バイト先の高1の女の子から「関さん，文系で将来仕事あるんですか？」と言われて，ヒザから崩れそうになるくらい衝撃を受けたことがあります。
　「いやいや，政治も経済も法律も文学も文系じゃん。そもそも将来，文系とか理系とか分けること自体，意味があるのかビミョーだし……っていうか，キミ，文学とか無意味だと思ってるタイプ？」と言いたかったのですが，まったくコトバになりませんでした，あ然として。

　また，以前ある有名企業の社長さんは雑誌のインタビューで，「小説は時間のムダ」と言っていました。
　こういう頭・思考・発想がカタくなってしまった人に，今回の英文は言っているわけです。もう1回それを踏まえて読んでみてください。

It is indeed because we do not understand our deeper emotional problems that we have to work them out by analogy, by myth, and by fable.
私たち人間は，無意識のうちに悩みを抱えていて，それを寓話などを使って解決しなきゃいけない。
　寓話など物語の役割を考えてみよう。実は私たちは，自分の心の中に抱えた問題を自覚してない，自覚できないから，この世に物語が必要なんですよ，ということなんです。

　受験生のみなさん，大学に入ったら「物語」を読んでください。
　それによって，自分の抱えている問題を自覚できたり，解決できたりするんです。
　そういうことをこの英文は教えてくれているんですね。

テーマ 18

強調構文③
── 重要構文を暗記せずに「理解」する！

Step 1

> **設問 1** 次の英文を和訳しなさい。
> ★ヒントなしでチャレンジしてみましょう！
>
> It was not until I climbed that mountain that I knew the pleasure of mountain-climbing.
>
> （日本大／整序問題を改題）

語　句
- pleasure 「楽しみ」

解説

● It was not until ～ that ... の成り立ち

設問 1 の英文は，**It was not until ～ that ...**「～してはじめて…した」という，受験生なら必ず教えられる，というより暗記させられる頻出構文です。この構文の成り立ちが説明されることはあまりないので，今回はしっかり「理解」しましょう。
英文の見え方がかなり変わってくるはずですよ。

では，**It was not until ～ that ...** の成り立ちを見てみましょう。

🔽 **構造解析**

> (Until I climbed that mountain) I didn't know the pleasure ～
>
> ⬇ （Until I climbed ～）を強調構文 It was と that ではさむ
>
> It was (until I climbed that mountain) that
> I didn't know the pleasure ～
>
> ▶これは，It is 副詞 that ... の強調構文。
>
> not を前へ（「not はできるだけ前へ」が英語の原則）
>
> It was **not** (until I climbed that mountain) that
> I **did** know the pleasure ～
>
> did + know = knew なので
>
> It was not (until I climbed that mountain) that I knew
> the pleasure ～

こういう流れで，**It was not until ～ that ...** という構文が生まれました。直訳は「～まで，…しない」➡「～してはじめて…する」になります。

▶たとえば，「高校生になるまでそれを知らない」➡「高校生になってはじめてそれを知る」ですよね。

🔴 構文の成り立ちを理解しよう

では，設問 1 の英文を見てみましょう。

🔽 **構造解析**

> **It was** not (until I climbed that mountain) **that** I knew the pleasure of mountain-climbing.

直訳すれば「あの山に登るまで，山登りの楽しみを知らなかった」ですが，強調構文で「あの山に**登ってはじめて**，私は山登りの**楽しみを知った**」と訳せばカンペキです。こうやって構文の成り立ちを理解していけば忘れにくくなり，仮に忘れても，自力で直訳から正しい訳を導けるはずです。

チェックポイント

☑ **It was not until ~ that ...**「~してはじめて…した」の成り立ちを理解する！

解答例
あの山に登ってはじめて，私は山登りの楽しみを知った。

Step 2

設問2 次の英文の下線部を和訳しなさい。
★強調構文および when をできるだけ自然和訳しましょう！

Japan first showed interest in English in 1809, when the Tokugawa shogunate ordered Dutch-language interpreters in Nagasaki to study the language. But <u>it was not until 1854, when Japan opened itself up to the world, that the study of the English language began to be taken seriously by a large number of people.</u>

（学習院大）

語句
- **Tokugawa shogunate** 「徳川幕府」
   ▶ shogunate は「将軍」からできた単語です。
- **Dutch-language interpreter** 「オランダ語の通訳」
- **open** *oneself* **up** 「自分自身を公開する」
- **take ~ seriously** 「真剣に~を考える」

> 解説

● order 人 to ～ の３通りの訳し方

下線部の前の英文から見ていきましょう。**when** は関係副詞で，直前の in 1809 を説明しています。

> ▶接続詞 when のように「～するとき」なんて訳さないでください。あくまで in 1809 がどういう年かを説明しているだけです。

▼ 構造解析

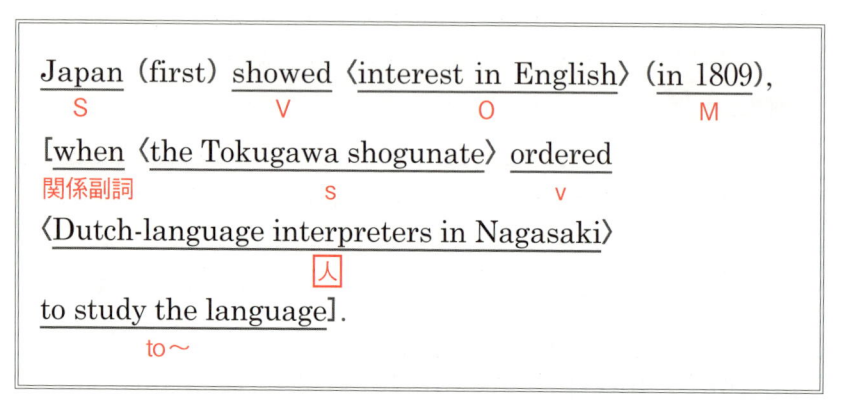

```
Japan (first) showed ⟨interest in English⟩ (in 1809),
  S     首       V         O                   M
[when ⟨the Tokugawa shogunate⟩ ordered
 関係副詞      s                    v
⟨Dutch-language interpreters in Nagasaki⟩
                   人
to study the language].
    to～
```

when 以下は "S V 人 to ～" の形になっています。**order** 人 to ～は「人に～するように命令する」です。the language = English です。
S V 人 to ～のパターンの訳し方は，テーマ５でやりましたね。今回は直訳でも自然ですが，一応３通りの訳し方を示しておきます。

- **直訳** ➡「徳川幕府が通訳に英語を学ぶように命令した」
- **order を無視した和訳** ➡「徳川幕府によって，通訳が英語を学んだ」
- **理想の和訳** ➡「徳川幕府の命令により，通訳は英語を学んだ」

下線部の前の部分を訳すと，「日本がはじめて英語に関心を示した 1809 年，その年に徳川幕府の命令により，長崎にいるオランダ語の通訳が英語を学んだ」になります。

🔴 キレイに和訳するコツ

少し細かい説明をします。この項目は「わかる範囲で OK」くらいの気持ちでいいです。

関係副詞 when の直前に，コンマがありますね。文法用語を使うと「非制限用法」ということになりますが，昔から「コンマを見たら文を切って訳せ」と教えられます。でもちょっと訳文を考えてほしいんですが，なんか不自然ですよね。語り口調みたいで。

- 切って訳した場合 ➡「1809 年，その年に徳川幕府が〜した」
- 後ろから説明した場合 ➡「徳川幕府が〜した 1809 年」

サーっと意味をとるときは前から訳したほうが速いのですが，自然な日本語にするときは，コンマがあっても後ろから説明したほうが断然キレイです。

▶この後ろの下線部にも，until 1854, when Japan opened 〜っていう同じパターンが出てくるんです。そこでこの訳し方のよさが実感できると思います。

🔴 かなり後ろにある that を見逃さない！

それでは下線部を見ていきましょう。さっそく，**It was not until 〜 that ...** の強調構文ですが，that が後ろにあるので見逃さないように。

🔽 構造解析

it was not (until 1854), [when Japan opened 〜], **that** 〜
it was not until 〜　　　　関係副詞　　　　　　　　that ...

前の文と同様，年号 1854 の直後に**関係副詞 when** があります。
until 1854, when Japan opened itself up to the world は「1854 年まで，その 1854 年は日本が自身を世界に対して開いた（＝開国した）年」 ➡「日本が開国した 1854 年になってはじめて」と訳せば OK です。
では，次に that 以下を見てみましょう。

🔽 構造解析

```
⟨the study of the English language⟩ began to be taken
         S                              V
seriously (by a large number of people).
    M          M
```

take ~ seriously「真剣に~を考える」が受動態になっています。**take** は「とる」➡「受け入れる／考える」という意味です。「多くの人によって，英語の勉強が真剣に受け入れられはじめた」という意味になりますね。

とくにこのままでも問題はありませんが，もっと自然な和訳にするために，下の 解答例 では，模範解答として，この受動態の文を**能動っぽく**訳してみました。

　　▶受動態の文は，能動っぽく訳したほうが自然な感じになることがよくあるんです。

チェックポイント

☐ **It was not until ~ that ...** を見抜く！　かなり後ろにある **that** を見逃さない！

解答例

徳川幕府の命令により，長崎にいるオランダ語の通訳が英語を学び出した 1809 年，日本ははじめて英語に関心を示した。しかし，日本が開国をした 1854 年になってはじめて，たくさんの人が英語を学ぶということを真剣に考えはじめたのだ。

テーマ 19

強調構文④
——「疑問詞が入った強調構文」をマスターする！

Step 1

設問 1 次の英文を和訳しなさい。
★ Who was it that の部分をじっくり考えてください！

Who was it that said, "To be, or not to be; that is question"?
（上智大）

語　句
- "To be, or not to be; that is question"　「生か死か，それが問題だ」
  ▶シェイクスピアが書いた『ハムレット』の中の有名なセリフ。

解説

🔴 疑問詞 is it that ～？の形は強調構文

強調構文の最後は，「疑問詞の強調構文」です。

ポイント　強調構文で「疑問詞を強調する」
❶ 基 本 形 ➡ 疑問詞 is it that ～？
　　　　　　★疑問詞は what / who など，何でも OK。
❷ 注　　意 ➡ 間接疑問文の場合は普通の語順（it is）になる。
　　　　　　I know 疑問詞 it is that ～．

疑問詞 is it that ～？の形を見たら「あ，強調構文！」って反応できるようにしておきましょう。これは大学の先生のツボらしく，入試問題でやたらねらわれます。

🔴 どうして 疑問詞 is it that ～？の形になるのか？

疑問詞 is it that ～？の成り立ちを見てみましょう。

🔽 構造解析

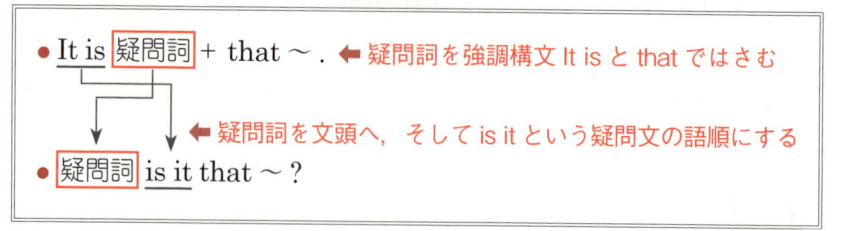

- It is 疑問詞 + that ～ .　← 疑問詞を強調構文 It is と that ではさむ
  　　　　　　　　　　　← 疑問詞を文頭へ，そして is it という疑問文の語順にする
- 疑問詞 is it that ～？

疑問詞は文頭に出るというルールは中学のときに習っていますよね。このようにして，疑問詞 is it that ～？ができあがるわけです。

▶こうやって，ひとつひとつ理解していけば，丸暗記したときより記憶の定着度が格段に違いますよ。

では，設問1の英文を見てみましょう。

🔽 構造解析

Who was it that said, "To be, or not to be; that is question"?
疑問詞 is it that ～？ ➡ 強調構文 ！

もともとは，Who said, "To be, ～"？の Who を，it was と that ではさんで強調したわけです。

確認するときは，次のように it was と that を隠せば，もとの文が見えてきます。

🔽 構造解析

Who ~~was it that~~ said, "To be, or not to be; that is question"?
「『生か死か，それが問題だ』と言ったのは，~~一体全体~~誰ですか？」

Who を強調しているわけですから，単に「誰が」と訳すのではなく，「<u>一体全体誰が</u>」とか「<u>果たして誰が</u>」と訳せばカンペキです。

チェックポイント

☑ **Who was it that ～?** を見たら強調構文！

【解答例】
「生か死か，それが問題だ」と言ったのは，一体全体誰ですか？

Step 2

設問2 次の英文を和訳しなさい。
★ what it is that に注意して訳してください！

I wonder what it is that is making the noise upstairs.
（センター本試験／整序問題を改題）

語句
● **upstairs** 「2階で／上の階で」

解説

● 疑問詞 **is it that ～？は強調構文**

先頭の **I wonder ～** は「～を不思議に思う」➡「～かなあ」という意味です。
▶「～かしら」と教えられると思いますが，実際は男女問わず使うので，「～かしら」はあまりよくありません。

🔻 **構造解析**

> I wonder 〈**what it is that** is making the noise upstairs〉.
> 　　　　　疑問詞 it is that 〜 ➡ 強調構文！

疑問詞 **is it that**〜？の強調構文ですが，ここでは**間接疑問文**（I wonder ではじまって，文の途中から疑問文になっている）なので，**普通の語順**（**it is**）になっています。

確認のため，次のように it is と that を隠せば，もとの文が見えてきますね。

🔻 **構造解析**

> what ~~it is that~~ is making the noise upstairs
> 「~~一体全体~~何が2階で騒音をたてているんだろう？」

🔴 無生物主語となる what は，「何が」ではなく「何で」と訳す

what からはじまるもとの文はＳＶＯの第3文型です。

🔻 **構造解析**

> what ~~it is that~~ is making 〈the noise〉 (upstairs)
> 　Ｓ　　　　　　　　Ｖ　　　　Ｏ　　　　　Ｍ

Ｓは what で，無生物主語ですね。**無生物主語は因果を表す**というのが英語のルールです。因果は「Ｓによって」と訳せばキレイになります（詳しくは ➡ テーマ50）。

> **ポイント**　無生物主語である what の訳し方
> ● 直　　訳　　　：「何が」
> ●「因果」で訳す：「何によって」➡「何で」

140　Section3　新しい強調構文と倒置の考え方

この「何で」を強調して「一体全体何で」と訳します。
もう一度，全体の英文を確認してみましょう。

🔽 構造解析

```
I wonder ⟨what it is that is making the noise upstairs⟩.
S  V      S   強調構文      V      O        M
                           O
```

wonder は他動詞で，what 以下が O になっています。
訳すときは，that ～「2 階が騒がしい」を先に訳し，what を因果で訳し「何で」，強調構文なので「一体全体」をつければカンペキです。

チェックポイント

☑ **what it is that** ～を見たら強調構文！

解答例
2 階が騒がしいのは，一体全体何でなんだろう。

テーマ 19 ▶強調構文④

参 考　強調構文の諸注意

❶　何を強調するのか
- Sを強調
- Oを強調
- 副詞を強調

➡ 要は，名詞・副詞を強調。

❷　注意点
- V・形容詞・Cになる名詞は強調できない。
- バリエーション
  - It is 人 who ～．　▶ that ➡ who になることもある。
  - It is 物 which ～．　▶ that ➡ which になることもある。
  - It was A that ～．　▶ is ➡ was になることもある。
- 重要構文は，It was not until ～ that …
　　　　　「～してはじめて…した」。
- 疑問詞を強調する場合（詳しくは ➡ p.140）。
  　疑問詞 is it that ～？
- **that** が省略されることがある。
  - ▶めったに見かけないので，気にしなくて大丈夫。

テーマ 20
任意倒置①
── なぜか語られない「倒置の全パターン」!

Step 1

設問 1 次の英文の下線部を和訳しなさい。
★ S と V はどれでしょうか？

<u>In the heart of New York City lies a narrow street enclosed by high office buildings.</u> Its name is Wall Street.

（専修大）

語　句
- **narrow** 「狭い」
- **enclose ～** 「～を囲む」
- **Wall Street** 「ウォール街」 ▶米国の金融市場。

解説

🔴 倒置には 2 種類ある

従来の問題集では，倒置の解説は解析結果をのせるだけで，**「倒置には 2 種類ある」「なぜ倒置が起きるのか？」**といったことが説明されることはほとんどありませんでした。

今回は，下線部和訳で異常なほどねらわれる「倒置」に関して徹底的に解説します。

まず倒置とは，**英文の語順が変わる現象**です。英語のセンセーというのは「倒置，倒置」と連呼するだけなんですが，そもそも倒置には 2 種類あり，これを明確に分けないと絶対に混乱します。

> **ポイント** 2種類の「倒置」
> ❶ **任意倒置** ➡ 順番が入れかわるだけ（文型ごとにパターンが決まっている）。
> ❷ **強制倒置** ➡ 文頭に否定語がきたら倒置（疑問文の語順）になる。

❶の任意倒置はカードをシャッフルするイメージです。英単語の順番が入れかわるだけですし，おまけに文型ごとにパターンが決まっているんです。

▶ もしパターンが決まっていなければ，それこそグチャグチャの順番になって，ネイティブだって理解不能になってしまいます。きちんと英語のルールがあるから，お互い「伝えたいこと」を理解し合えるわけなんです。

❷の強制倒置は文頭に否定語がきたら倒置になるパターンで，この強制倒置の場合は英単語を入れかえるのではなく「疑問文の語順」にします（突然 do が出てくる可能性もあるわけです）。

▶ テーマ20～22の3回で❶の任意倒置を，テーマ23～25の3回で❷の強制倒置を扱っていきます。

● 任意倒置のパターン

任意倒置のパターンを文型ごとに確認しましょう。

▶ 予備校で以下の表を見せると，最初受験生は涙目になります。「覚えなきゃいけないんですかぁ？」と訴えてきますが，安心してください。きちんと理屈を考えるとカンタンなんです。

> **ポイント** 任意倒置のパターン
> ● 第1文型：S V M ➡ M V S ★ M が前に出て，S と V が入れかわる。
> ● 第2文型：S V C ➡ C V S ★ S と C が入れかわる。
> ● 第3文型：S V O ➡ O S V ★ O が文頭に出るだけ。
> ● 第4文型：S V O_1 O_2 ➡ O_2 S V O_1 ★ O_2 が文頭に出るだけ。
> ● 第5文型：S V O C ➡ S V C O ★ O と C が入れかわるだけ。

第1文型の倒置の形を説明しましょう。
　▶第2文型以降は，テーマ21，22で説明します。
ここでは，M が文頭に出て，S と V が入れかわります。

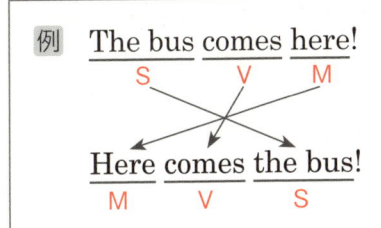

```
例  The bus comes here!
    S    V    M

    Here comes the bus!
    M    V    S
```

🔴 「前に出たものが強調される」はウソ

では，この倒置された英文で，強調されているのはどこでしょうか？
実は the bus なんです！
おそらくほとんどの受験生は「倒置は前に出して強調」と習ったと思いますが，これは正しくありません！
英語の世界には専門用語で「end-focus（文末焦点）」というルールがあり，それは，「文の後ろ（**end**）に焦点があたる（**focus**）大切な情報がくる」という意味なんです。
実際，今回の Here comes the bus! だって，「バス！」が強調されるはずですよね。「ほら来たよ，バスが！」って感じです。
　▶実は日本語でも同じなんです。「食べちゃったよ，お前のプリン」「ちゃんとメール返したよ，たった今ね」……すべて後ろが強調されていますよね。

🔴 S は前になければ後ろにある

では，設問1の英文を見ていきましょう。S と V を発見するのがポイントです。

▶ 予　想

(In the heart of New York City) lies ⟨a narrow street 〜⟩
　前置詞のカタマリ ➡ M になる　　　V　　　　S??

テーマ20 ▶任意倒置① 145

最初にMがきて，次にいきなりliesというVなので，MVSの倒置を予想すればいいわけです。liesの後ろにくる名詞がSになるはずですね。

> **こう考える！**

> (In the heart of ～) lies 〈a narrow street [enclosed by ～]〉.
>   M   V   S

● 倒置の2つの訳し方

倒置の文を訳すときは，2つの方法があります。

> **ポイント** 倒置の訳し方（設問1を例に説明します）
>
> ❶ もとの文型に戻して訳す。
>   「高層ビルに囲まれた細い通りが ニューヨークの中心に ある」
>   S   M   V
>
> ❷ 英文と同じ語順で訳す（助詞の活用）。
>   「ニューヨークの中心に あるのは，高層ビルに囲まれた細い通りだ」
>   M   V   S

どちらでもOKですが，最初のうちは，❶「倒置をもとの英文に戻して訳す」ほうがカンタンだと思います。
慣れてきたら，❷「英文と同じ語順」にトライしてみましょう。
lie はやたら「横たわる」と教わると思いますが，十中八九，不自然な日本語になります。「ネコがそばに横たわる」なんてあまり言いませんよね。「ネコがそばにいる」です。**lie** は「いる／ある」と覚えたほうが役立ちますよ。

> **チェックポイント**
>
> ☑ MVの語順を見たら，MVSの倒置を予想する！

解答例
ニューヨークの中心部に，高層のオフィスビルに囲まれた細い通りがある。それはウォール街という名がつけられている。

Step 2

設問 2 英文は幼児の言語習得に関する論文の冒頭部分である。下線部を和訳しなさい。
★ S と V はどれでしょうか？

Learning words increases the size of a child's vocabulary. <u>Behind this obvious truth lies a set of complex issues concerning the wide range of information that children employ in learning new words.</u>

（名古屋大）

語句
- **obvious** 「明らかな」
- **a set of ～** 「一連の～／たくさんの～」
- **complex** 「複雑な」
- **issue** 「問題」
- **concerning ～** 「～に関して」
- **the wide range of ～** 「広範囲の～／たくさんの～」
- **employ ～** 「～を用いる」
- **in ～ing** 「～するときに」

解説

● behind の品詞は？

最初の文から確認しましょう。

▼ 構造解析

> ⟨Learning words⟩ increases ⟨the size of a child's vocabulary⟩.
>   S   V   O

S は Learning words「単語を習得すること」になります。直訳すると，「単語を習得することは，子どもの語彙の容量を増やす」になります。

次は下線部です。

まずは先頭の Behind に注目です。behind の品詞はなんでしょうか？　そう，前置詞ですね。よって**副詞句** M を作りますね。

▶ 予想

> (Behind this obvious truth) lies ～
>   M   V → 次にくる 名詞 が S になるはず

これで，M V S の倒置が予想できますね。

実際，このあとに a set of complex issues という名詞がきているので，予想はバッチリです。

↘ こう考える！

> (Behind this obvious truth) lies ⟨a set of complex issues ～⟩.
>   M   V   S

先頭から訳したほうが楽ですから，前から訳していきましょう。

Behind this obvious truth は「この明らかな真実の後ろに」，lies は「ある」ですね。

🔴 "a 数量表現 of ～" は，a lot of ～と考える

a set of ～「ワンセットの～」➡「一連の～／たくさんの～」です。基本的に "a 数量表現 of ～" は，**a lot of** ～と同じような意味になることが多いんです。
覚えておくと，けっこう便利ですよ。

ポイント　a 数量表現 of ～

　a 数量表現 of ～ ≒ a lot of ～
　　例　**a set of ～** / **a series of ～** / **a range of ～**

ここでちょっと，of の話をします。
普通，*A* of *B* は「*B* の *A*」と訳しますよね。ところが，**a lot of** ～の場合だけは前から訳します。

▶よく目にするので，「ま，言われてみれば」って思うでしょうが，意外と盲点です。

ポイント　*A* of *B* の訳し方

❶　原　　則 ➡ 後ろから修飾　　*A* of *B*「*B* の *A*」
❷　例　　外 ➡ 前から訳す　　　*A* of *B*「*A* の *B*」
　● **a lot of** ～型
　　　例　a lot of money　「たくさんのお金」

設問 2 に戻りましょう。
今回の a set of ～は a lot of ～型なので，前から訳します。a set of complex issues「たくさんの複雑な問題」です。
the wide range of information は「とてもたくさんの情報」です。これ，けっこうミスが多いんです。

テーマ 20 ▶任意倒置①

```
（×）the wide range of information
            ↑_____|
         「情報の広範囲」

（◎）the wide range of information
       |_____↑
          「とてもたくさんの情報」
```

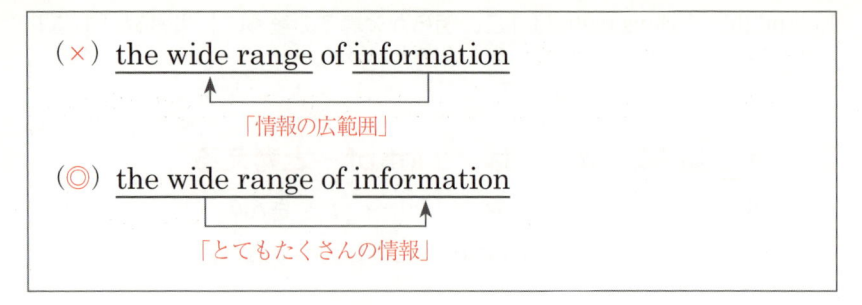

ここでのポイントは **range** です。
前のページで **a range of** 〜 ≒ **a lot of** 〜が出てきました。a lot of 〜型ですから，前から訳さないといけないんです。

> ▶ the wide range of information は，that children employ 〜という関係代名詞で後ろから修飾されているので，a が the になっているというちょっと細かい事情もあります。しかし，**a range of** 〜 ≒ **a lot of** 〜さえ頭に入っていれば，すぐに気づくようになりますよ。

構造解析

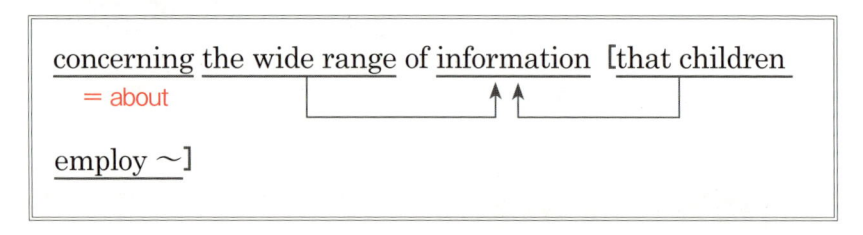

```
concerning the wide range of information [that children
  = about                  |    ↑↑_____|
                           |____|
employ 〜]
```

● 2通りの訳し方

the wide range of information that children employ は「子どもが用いるとてもたくさんの情報」，in learning new words は「新しい単語を覚えるときに」です。この concerning the wide range of information 〜以下すべてが，concerning の直前にある a set of complex issues「たくさんの複雑な問題」にかかります。
ちょっと長い文になりますが，和訳してみましょう。

- **concerning ～を後ろからかけた場合**

  〈a set of complex issues [concerning the wide range of ～]〉.

  「この明らかな真実の後ろにあるのは，新しい単語を覚えるときに子どもが用いる，とてもたくさんの情報に関しての，たくさんの複雑な問題である」

- **concerning の直前で切った場合**

  〈a set of complex issues [concerning the wide range of ～]〉.
  ───ココで切る

  「この明らかな真実の後ろにあるのは，たくさんの複雑な問題である。それは新しい単語を覚えるときに子どもが用いるとてもたくさんの情報に関しての問題だ」

どちらの訳し方でも OK ですが，今回は concerning の直前で一度切ったほうが，前からサクサク訳せますね。

▶今回の内容は抽象的でピンとこないかもしれませんが，実際にこの英文に下線を引いた名古屋大もそこまでは求めてはいないでしょうから，きちんと倒置だとわかれば十分です。

チェックポイント

☐ 文頭の **Behind** を見て M を考え，**lies** を見た瞬間に M V S の倒置を予想する！

☐ "**a** 数量表現 **of** ～" は **a lot of** ～と考える！

解答例
いろいろな単語を覚えることで，子どもの語彙の容量が増す。この明白な事実の裏には，一連の複雑な問題が隠れており，その問題は，子どもが新しい言葉を覚える際に用いる広範囲に及ぶ情報に関するものである。

Chapter 2 ▼ 新しい構文の考え方

テーマ 20 ▶ 任意倒置① 151

テーマ 21

任意倒置②
―― 第2文型と第3文型の倒置も「理由」がわかればカンタン！

Step 1

設問1 次の英文を和訳しなさい。
★「第？文型」になるでしょう？

So beautiful was the sunset that I just stood there and could not move.
（清泉女子大／空所補充問題を改題）

語句
- **sunset**「夕焼け」

解説

🔴 **第2文型（SVC）の倒置は，SとCを入れかえるだけ**

今回は第2文型（SVC）の倒置について説明しますが，SVCの倒置はものすごくカンタンです。

SVCの特徴はS＝Cですね。たとえば Tom is happy. なら，Tom＝happy が成立します。SとCを入れかえる，つまりCVSの形が倒置になります。S＝CがC＝Sになるだけです。

ポイント 第2文型（SVC）の倒置

例　<u>Tom</u> <u>is</u> <u>happy</u>. ➡ <u>Happy</u> <u>is</u> <u>Tom</u>.
　　 S　V　C　　　　　 C　　V　S

設問1の英文を見てみましょう。先頭に So beautiful という形容詞のカタマリがきています（So は副詞で、beautiful を修飾）。形容詞は C にはなれますが、絶対 S にはなれません。S になれるのは名詞だけです。

▶ 予　想

[So beautiful]　was　〈the sunset〉
　形容詞　　　　V　　　　S??　──→ CVS という倒置!?

The sunset was so beautiful ➡ So beautiful was the sunset という倒置になっているわけです。さらに、**so ~ that ...** 構文「とても~なので…だ」で、先頭の So と後ろの that がつながるわけです。

　▶ちなみに、so ~ that ... 構文の that 節は「なくても OK な要素」なので副詞節 M になります。

🔖 こう考える!

[So beautiful]　was　〈the sunset〉　(that I just stood there
　　C　　　　　V　　　　S　　　　　　　　　M
and ~).

この英文は、もとの SVC (The sunset was so beautiful that ~) に戻してから訳したほうがキレイです。「夕焼けがとてもキレイだったので、私はそこに立ちつくして動けなかった」になります。

✔ チェックポイント

☐ **So beautiful was** を見た瞬間、CVS という倒置を予想する!

【解答例】
夕焼けがとてもキレイだったので、私はそこに立ちつくして動けなかった。

テーマ21 ▶任意倒置② 　Chapter 2 ▼ 新しい構文の考え方

Step 2

設問2 次の英文を和訳しなさい。
★「第?文型」になるでしょう?

The current debate about animals was opened by an Australian professor of philosophy, Peter Singer. Experiments using animals, he believes, we are morally obliged to stop.
(東大)

語句
- current 「現在の」
- morally 「道徳的に／道徳的に考えると」
- oblige 人 to ～ 「人に～することを強制する」

解説

● 第3文型（SVO）の倒置は「Oが前に出る」だけ

今回は第3文型（SVO）の倒置について説明します。SVOの倒置はOがポ～ンと前に出るだけです。

ポイント 第3文型（SVO）の倒置

例 We stopped experiments.
　　S　　V　　　O
　→ Experiments we stopped.
　　　　O　　　S　　V

Step 1 では，第2文型の倒置（SVC → CVS）をやりましたね。今回は第3文型の倒置で，SVO → OSVです。こうやって文字だけで示すとややこしいようですが，実はカンタンです。
SVCはS＝Cなので，SとCを入れかえるだけ。
SVOはOが前に出るだけです。

Section 3　新しい強調構文と倒置の考え方

▶ ＳＶＯではＳ≠Ｏなので，「入れかえ」なんて起こりません。Tom killed the bear.「トムがクマを殺した」のＳ（Tom）とＯ（the bear）を入れかえたら，The bear killed Tom.「クマがトムを殺した」という，まったく違う意味の文になってしまいます。

● "名詞 ＳＶ" を見て，２通りの反応ができれば最高

このように，第３文型（ＳＶＯ）の倒置自体はすごく単純なんですが，実際の英文では「関係代名詞の省略」と区別しなくてはいけません。

ポイント "名詞 ＳＶ" を見たら……

❶ 名詞 [ｓｖ] Ｖ ➡ 関係代名詞の省略で，Ｓが長いパターン（➡テーマ６）
　例　The book I bought is interesting.
　　　「私が買った本はおもしろい」

❷ 名詞 ＳＶ ➡ ＳＶＯの倒置（つまり，ＯＳＶの形）
　例　The book I bought.　「その本を私は買った」

---

❶と❷のパターンを解析してみましょう。

構造解析

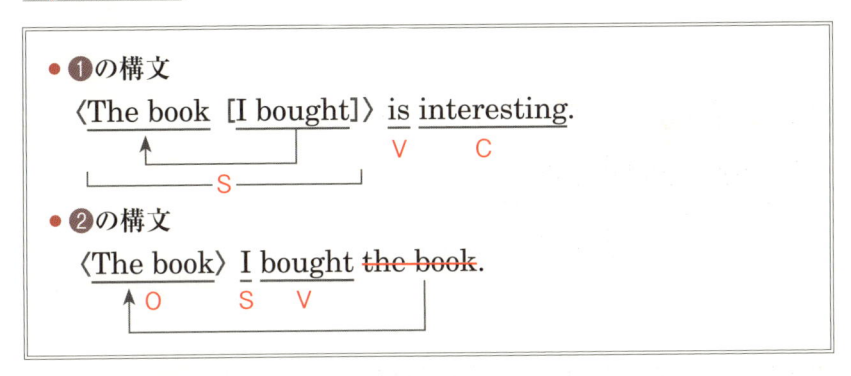

- ❶の構文
  〈The book [I bought]〉 is interesting.
  　　　　　　　　　　　　 Ｖ　　　Ｃ
  　　　　Ｓ

- ❷の構文
  〈The book〉 I bought ~~the book~~.
  　　Ｏ　　　Ｓ　　Ｖ

---

❶は，"名詞 ＳＶ" を見たら，まずは関係代名詞の省略を考えて，この 名詞 ＳＶ が「長いＳ」なのでは？　と予想するのが，一番確率の高い読み方です。

❷は，The book I bought をＳと予想して，次にＶを探しますが，そこで

文は終わっています。ですから，予想修正して「これはＯＳＶという倒置なんだ」って判断すればカンペキです。

> ▶英文では圧倒的に，❶の「関係代名詞の省略」が多いんです。だからこそ，たまにＯＳＶという倒置が出ると，受験生のほとんどは手も足も出なくなってしまいます。❶と❷のパターンを知っておいてくださいね。

🔴 まずは「関係代名詞の省略」，次に「倒置」を予想してみる

では，設問２の英文を見ていきましょう。
最初の英文は普通の受動態ですね。

⬇ 構造解析

$$\underset{S}{\langle\text{The current debate [about animals]}\rangle} \ \underset{V}{\text{was opened}} \ \underset{M}{(\text{by} \sim)}.$$

では，下線部にいきましょう。
先頭の Experiments using animals「動物を使う実験」は，名詞のカタマリになっています。

▶ 予想

$$\underset{\text{名詞 のカタマリ}}{\langle\text{Experiments [using animals]}\rangle}, \ \underset{\text{挿入}}{(\text{he believes})}, \ \underset{S}{\text{we}} \ \underset{V}{\text{are}} \sim$$

"名詞 ＳＶ"の形になっていますね。

> ▶ he believes はコンマではさまれている挿入節です。無視して OK です。

"名詞 ＳＶ"なので，次にＶを予想して，名詞 [ｓｖ] Ｖ ➡ 関係代名詞の省略（Ｓが長いパターン）だと考えてみます。
ところが，we are morally obliged to stop で文が終わっているわけです。ここで，予想修正してみましょう。

Section3　新しい強調構文と倒置の考え方

こう考える！（予想修正）

⟨Experiments [using animals]⟩, (he believes), we are ～．
　　　　　　O　　　　　　　　　　　　　　　　　S　　V

OSVという倒置だったということがわかりました！
それでは，倒置する前のもともとの英文を考えてみましょう。

構造解析

We are (morally) obliged to stop ⟨experiments using animals⟩．
S　　　　　　　　V　　　　　　　　　O

倒置の文は，もとの文の experiments using animals が文頭にピョンと出ただけなんです。
Vの部分は **oblige** 人 **to** ～「人に～することを強制する」の受動態で，人 **be obliged to** ～「人が～することを強制される」 ➡ 「人は～せざるをえない」です。

● 倒置の文を訳す

では，倒置の英文を訳してみましょう。

> **ポイント**　倒置の英文の訳し方
>
> ● レベル❶　もとの語順に戻して訳す。
>
> 　(He believes) We are (morally) obliged to stop experiments using animals.
> 　「私たちは動物を使った実験をやめなくてはならない」
>
> ● レベル❷　倒置の語順で訳す。
>
> 　Experiments using animals, (he believes,) we are (morally) obliged to stop.
> 　「動物を使った実験を，私たちはやめなくてはならない」

テーマ 21 ▶ 任意倒置②

どちらでも OK です。余裕があればレベル❷をめざしてください。
この訳に，**he believes**「彼の信じるところでは」，**morally**「道徳的に考えると」を加えれば完成です。

チェックポイント

☑ "名詞 S V" を見たら，まずは「関係代名詞の省略」，そうでなければ「O S V という倒置」を考える！

解答例
動物に関する現在の論争は，オーストラリアの哲学者ピーター＝シンガーによってはじまった。彼の主張では，動物を用いた実験は道徳上の理由からやめなくてはならない。

> ＳＶＣの倒置（ＣＶＳ），ＳＶＯの倒置（ＯＳＶ）は，理屈がわかればカンタンだよね！

テーマ 22

任意倒置③
—— 第4文型と第5文型の倒置もアタマを使って「理解」する！

Step 1

設問1 次の英文を和訳しなさい。
★「第？文型」になるでしょう？

> This simple lesson the moon landing should have taught us.
> （慶應大）

語句
- **the moon landing** 「月面着陸」
  ▶ land は動詞「着陸する」

解説

🔴 **第4文型（S V O_1 O_2）の倒置は「O_2 が前に出る」だけ**

今回は第4文型（S V O_1 O_2）の倒置です。S V O_1 O_2 には O が2つありますが、最後の O が文頭に飛び出るだけです。

▶ S と V はそのままです。第3文型の場合の S V O ➡ O S V と似ていますね。

設問1の英文で確認してみましょう。
まず、"名詞 S V" を見て「関係代名詞の省略」を予想してみます。

▶ 予　想

〈This simple lesson [the moon landing should 〜]〉
　　　　　　　名詞　　　　　　　　　　　　S　　　　　　　　V
　　　　　　　　　　　　　　　S
　　　　　　　　　　　　　→ V を予想

This simple lesson 〜 us までが大きな名詞のカタマリで S になるって予想したら，その後ろに V がくるはず……。でもピリオドがあるだけで，V はないですね。
ここで発想を変えます。
　"teach 人 物" は S V O₁ O₂ になりますね。「もともとの teach us this simple lesson の形から倒置が起きたのでは？」という予想に切りかえるわけです。

▶ こう考える！（予想修正）

〈This simple lesson〉〈the moon landing〉 should have
　　　　O₂　　　　　　　　　　　S　　　　　　　　　　V
taught 〈us〉．
　　　　O₁

実は，O₂ S V O₁ という形の倒置だったんですね！　つまり，S V O₁ O₂ の O₂ である this simple lesson が文頭に出ただけなんです。
もともとの英文で考えてみましょう。

▼ 構造解析

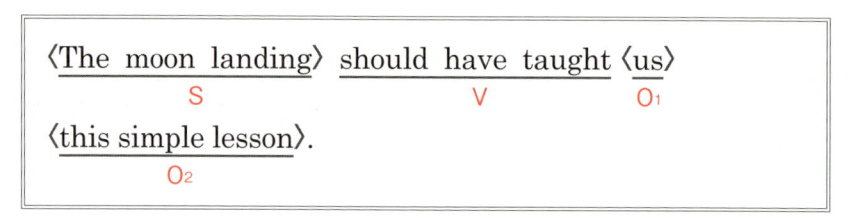

〈The moon landing〉 should have taught 〈us〉
　　　　S　　　　　　　　　　　V　　　　　　　　O₁
〈this simple lesson〉．
　　　　O₂

Section 3　新しい強調構文と倒置の考え方

🔴 倒置の文を訳す

では，設問1の英文を訳していきましょう。

The moon landing は「月面着陸」です。

> ▶ landing は land「着陸する」という動詞が動名詞になっているだけです。飛行機で客室乗務員さんが「ランディングが遅れています」と言うことがありますが，なんのことかわからない人も多いと思います。「ランディング」はつまり，landing のことなんですね。

should have taught は「教えるべきだったのに」という「後悔・イヤミ」で訳しますね。

和訳は3つのレベルに分けて説明します。

ポイント　倒置の英文の訳し方

● **レベル❶　もとの語順に戻して直訳する。**

　The moon landing should have taught us this simple ～ .

　「月面着陸は，この単純な教訓を，われわれに教えるべきだったのに」

● **レベル❷　意訳して，無生物主語 The moon landing を副詞的に訳す。**

　「月面着陸によって，われわれはこの単純な教訓を学ぶべきだったのに」

● **レベル❸　倒置の文の語順で訳す。**

　「この単純な教訓を，月面着陸によって，われわれは学ぶべきだったのに」

どれでも OK ですが，慶應の英文ですから，模範解答としては一番理想的な自然な日本語訳であるレベル❸をめざしましょう。

チェックポイント

☐ "**名詞** S V" を見て，まずは「関係代名詞の省略」を予想。そうでなければ「O₂ S V O₁ という倒置」を考える！

解答例

この単純な教訓を，月面着陸によって，われわれは学ぶべきだったのに。

テーマ 22 ▶ 任意倒置③

Step 2

> 設問2　次の英文を和訳しなさい
> ★「第?文型」になるでしょう？
>
> Intellectual property rights make possible the private provision of knowledge.　　（早稲田大）

語　句
- **intellectual property rights**　「知的財産権」
- **private**　「私的な／個人的な」
- **provision**　「供給」

解説

● 第5文型（SVOC）の倒置は，OとCが入れかわるだけ

最後は，第5文型（SVOC）の倒置です。SVOCの倒置はOとCが入れかわるだけです。「またややこしい……」と思うかもしれませんが，これもカンタンなんです。

SVOCの特徴は，O＝Cという点ですね。ってことは，OとCを入れかえてもOKなわけです。だから，SVOC ➡ SVCOになるわけです。

設問2の英文のVは **make** です。そこで，まずは普通に，**make** OCという第5文型（SVOC）を予想してみます。

予　想

⟨Intellectual property rights⟩　**make** possible
　　　　　S　　　　　　　　　　　V　　形容詞 ??

make を見たら，OCを予想して探してみます。Oになるのは当然，名詞ですね。つまり "**make** OC" = "**make** 名詞 形容詞" の形が典型的なパターンなわけです。

Section3　新しい強調構文と倒置の考え方

ところが今回，**make** の直後には **possible** がきています。**possible** は形容詞です。**make** の直後に形容詞がくるわけがない……。そこで，ＳＶＯＣの倒置のパターンを思い出せればカンペキです！

> 🚩 こう考える！

$$\underline{\langle \text{Intellectual property rights} \rangle}_S \ \underline{\textbf{make}}_V \ \underline{\text{possible}}_C$$
$$\underline{\langle \text{the private provision of knowledge} \rangle}_O.$$

make possible の後ろには，the private provision of knowledge という名詞（Ｏになる）がきていますね。

🔴 make を「させる」なんて訳さない

"S make O C" を「ＳはＯにＣさせる」と直訳すると不自然な日本語になるので，「ＳによってＯがＣになる」と訳してください。

> **ポイント** 第５文型の訳し方
> - 直　訳 ➡ (△)「Ｓは，ＯにＣさせる」
> - 意　訳 ➡ (○)「Ｓによって，ＯがＣになる」
> - 倒置の語順に訳す
>   ➡ (◎)「ＳによってＣになるのは，Ｏだ」

さて，Ｏの the private provision of knowledge を訳すのが異常に難しいです。

普通，受験生は直訳して「知識の私的な供給」とやりますが，カタすぎて不自然ですね。日本語がカタいときは，「**名詞を動詞っぽく訳す**」というワザが使えます（➡テーマ45）。**provision** は，**provide** という動詞からできていますので，「供給すること／与えること」とします。**provision of knowledge** で「知識を与えること」と訳します。

Chapter 2 ▼ 新しい構文の考え方

テーマ 22 ▶ 任意倒置③　163

🔴 訳しにくい単語は，逆の意味から攻めてみる

さあ，ここで一番やっかいなのは **private** です。これ，昔のエライ学者さんでもうまく訳せないもんだから，そのまま「プライベート」って使っちゃったんですもんね。

でも今回，「プライベートに知識を与えること」では完全に意味不明です。一応「私的に」という訳を使って「私的に知識を与えること」までできれば受験生としては合格だと思いますが，もう少しじっくりと考えてみましょう。**訳しにくい単語は，逆の意味から攻める**とうまくいくことが多いんです。「私的」の反対は「公的」（official / public）で，役所の許可を得るということです。つまり，その逆を考えると，「私的に」とは「許可を得ないで自由に」ってことですよね。

ですから，この the private provision of knowledge は「個人が自由に知識を与えること」という意味なんです。

ポイント　倒置の英文の訳し方（設問2を例に説明します）

- レベル❶　直訳する。
　「知的財産権は，私的に知識を与えることを可能にする」
- レベル❷　もとの語順に戻して訳す。
　「知的財産権のおかげで，個人が自由に知識を与えることが可能になる」
- レベル❸　倒置の語順にしたがって訳す。
　「知的財産権のおかげで可能になるのは，個人が自由に知識を与えることだ」
　★レベル❸ができれば最高です。

チェックポイント

☐ **make possible** を見た瞬間に，「SVCOという倒置」を考える！

【解答例】
知的財産権のおかげで可能になるのは，個人が自由に知識を与えることだ。

テーマ 23

強制倒置①
──「文頭の否定語 ➡ 倒置」の，実際の出題パターンを徹底分析！

Step 1

> **設問1** 次の英文を和訳しなさい。
> ★ **have I met** という語順になっているのはなぜでしょうか？
>
> Rarely have I met such a wonderful boy.
>
> （津田塾大／空所補充問題を改題）

語句
- **rarely** 「めったに～しない」

解説

● 任意倒置と強制倒置？

「文頭に否定語がきたら倒置が起きる」というルールは有名で，どの本にも書いてありますが，きちんとポイント・頻出パターンまで説明したものをボクは見たことがありません。この本では，3回も使ってじっくり解説していきます。まずは復習から。

ポイント 復習！ 2種類の「倒置」
1. **任意倒置** ➡ 順番が入れかわるだけ。
   ★文型ごとにパターンが決まっている。
2. **強制倒置** ➡ 文頭に否定語がきたら倒置になるパターン。
   ★疑問文の語順になる。

今回説明する❷の強制倒置は，語順の入れかえではなく「**疑問文の形**」にします。

強制倒置＝疑問文の語順と考えてください。

▶英語のセンセーが「倒置」としか説明せず，2種類の倒置を区別しないので，それを聞いている受験生が混乱しちゃうんです。

● rarely や only などの否定語に注意

それでは，強制倒置のポイントを解説していきます。

次に示すのが強制倒置の全体像です。この ポイント を3回かけてじっくり攻略していきましょう。

ポイント 強制倒置（文頭の否定語 ➡ 倒置）のチェックポイント

❶ 否定語をチェック
- 否定語の代表格 ➡ **not / never**
- 準否定語 ➡ **little** 「ほとんど〜ない」
  hardly / scarcely 「ほとんど〜ない」
  rarely / seldom 「めったに〜ない」
- 注　意 ➡ **only**
  ▶ only は「〜しかない」という否定語。

❷ 心　構　え ➡「文頭の否定語」を見たら「倒置」を探す！
❸ 頻出パターン ➡ 否定語 (M) V S.
❹ 否定語を含んだ前置詞のカタマリ ➡ 1つの否定語と考える。

ポイントの❶を見てみましょう。

not や never は有名ですが，準否定語（rarely など）や only になると，かなりミスが目立ちます。要するに試験では，「**否定語っぽくない否定語**」がねらわれるわけです。

では，設問1の英文を見てください。

文頭に **Rarely**「めったに〜ない」がありますね。Rarely の後ろに V S という倒置を予想できれば OK です。

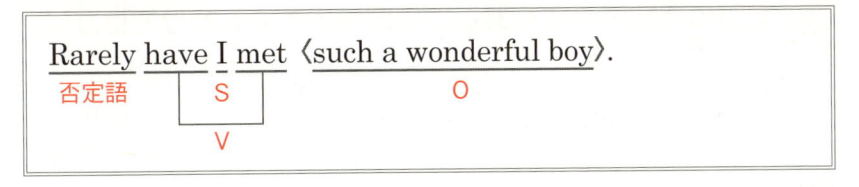

構造解析

```
Rarely have I met ⟨such a wonderful boy⟩.
否定語    S         O
         V
```

I have met ~ という**現在完了が疑問文の形**(have I met)になっていますね。訳すときは，もとの形に戻して日本語にすれば OK です。Rarely have I met は「めったに会ったことがない」，such a wonderful boy は「そんなに素晴らしい少年」ですね。

チェックポイント

☐ **rarely** を見た瞬間に，強制倒置（疑問文の語順）を予想する！

解答例

私はそんなに素晴らしい少年に会ったことはほとんどない。

Step 2

設問2 次の英文を和訳しなさい。
★ S と V をしっかりとりましょう！

Not until 1945 were women allowed to attend four-year colleges in that country.

（立命館大／空所補充問題を改題）

語句

- **allow** 人 **to** ~　「人に~するのを許可する」
- **attend** ~　「~に通う」

テーマ23 ▶ 強制倒置①

> 解説

🔴 文頭の否定語のすぐあとに倒置が出てくるわけではない

文頭の **Not** に注目してください。そして，「**文頭の否定語 ➡ 倒置**」のパターンを予想します。ところが，Not の直後には until がきています。**until** は前置詞と接続詞の両方の働きをしますが，どっちにしても**副詞のカタマリを作る**ことには変わりありません（ちなみに今回は前置詞です）。

> 予　想

```
 Not （until 1945）…
 否定語      M  →  倒置がくるはず
```

until のカタマリの後ろに倒置がくることを予想します。
until 1945 の後ろに，were women allowed という変な形（倒置）が見つかりますね。

> こう考える！

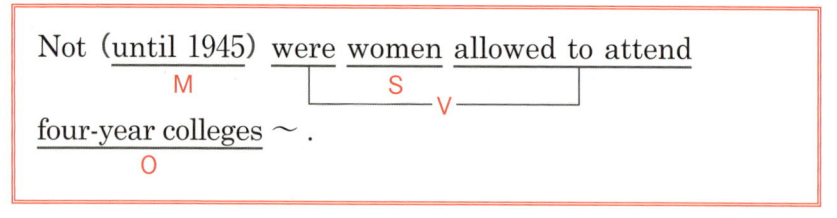

```
Not （until 1945） were women allowed to attend
        M            S     V
four-year colleges ～ .
        O
```

つまり，were allowed の were が S の前に出た倒置です。

🔴 not until ～「～してはじめて…する」と訳す

not until ～は直訳すると，「～するまで…しない」です。この直訳でも OK ですが，慣れた感じで「**～してはじめて…する**」と訳すほうが，左から右に返り読みせずに意味がとれるので，読むスピードが速くなってオススメです。

　　▶ p.131 の It was not until ～ that …「～してはじめて…した」と同じ訳し方です。

設問 2 の訳し方を見てみましょう。

- 直訳 ➡「1945年まで，女性が4年制大学へ通うことは許可されなかった」
- 意訳 ➡「1945年になって**はじめて**，女性が4年制大学へ通うことが許可<u>された</u>」

allow 人 **to** ～「人に～するのを許可する」の受動態 ***be* allowed to** ～「～するのが許可される」が使われていますね。

🔴 頻出の「否定語 ➡ 副詞 ➡ 倒置」のパターン

最後に大事な補足を少し。

この **not until** ～の構文，ただ「～してはじめて」という意味だけを暗記させられちゃうことも多いのですが，その後ろに倒置がくるのがポイントです。さらに！ この「**文頭の否定語 ➡ 副詞（M）が割りこみ**（今回は until ～）**➡ 倒置**」というパターンは，実際の英文では異常によく出てきます。

⬇ 構造解析

<u>Not（until 1945）</u> <u>were women allowed to attend</u> ～ .
否定語　M が割りこみ　　　　　　　倒置

ほとんどの参考書・問題集で無視されていますが，これは本当に頻出 & 重要パターンなので，**テーマ24** でもじっくりそのパターンを解説します。

チェックポイント
☐「文頭の否定語（**not**）➡ 副詞の割りこみ ➡ 倒置」のパターンは頻出！

解答例
1945年になってはじめて，その国では，女性が4年制大学へ通うことが許可された。

Chapter 2 ▼ 新しい構文の考え方

テーマ23 ▶強制倒置① 169

テーマ 24

強制倒置②
―― 超頻出「文頭の否定語 ➡ M がジャマして ➡ 倒置」のパターン！

Step 1

> **設問 1** 次の英文の下線部を和訳しなさい。
> ★なぜ did I understand の形になっているのでしょうか？
>
> Mary suddenly burst out crying and explained the details of the accident. <u>Only then did I understand what she had been through.</u>
> （慶應大／空所補充問題を改題）

語　句
- **burst out ～ing**　「突然～しはじめる」
- **detail**　「詳細」
- *be* **through ～**　「～を経験する」

解説

● 「文頭の否定語 ➡ 倒置」の一歩先を行こう！

下線部の文頭 Only に注目です。**only** は重要な「否定語」でしたね。ここで普通の受験生は「文頭の否定語 ➡ 倒置」を考えるわけですが，みなさんはもう一歩先を行って「**文頭の否定語 ➡ 副詞（M）が割りこみ ➡ 倒置**」のパターンまで予想してください。

▶ 予　想

```
Only (then) ...
否定語    M  → 倒置がくるはず
```

テーマ23の Step2 でお話ししたように，実際の英文はこのパターンが圧倒的に多いんです。

▶ こう考える！

```
Only (then) did I understand ⟨what she had been
否定語   M    S     V           O
              └─倒置！─┘
through⟩.
```

Only then did I understand は「そのときだけ理解した」➡「そのときになってはじめて理解した」です。

what she had been through の what は，疑問詞「何を」としても，関係代名詞「こと」としても，どっちでも OK です。疑問詞だと「彼女が何を経験したか」，関係代名詞だと「彼女が経験したこと」と訳せます。

ちなみに，この「**文頭の否定語 ➡ M がジャマして ➡ 倒置**」は『星の王子さま』でも使われています。
いろんなところで目にするパターンなんですよ。

> 　Grown-ups like numbers. When you tell them about a new friend, they never ask questions about what really matters. 〜中略〜 They ask: "How much money does his father make?" 〜中略〜 **Only then do they think they know him.**
>
> 　　　　　　　　　　　　　　　　　　　　　　　"The Little Prince"

テーマ 24 ▶ 強制倒置②

> 「大人は数字が大好きです。新しくできた友達の話をすると，ホントに大切なことは聞きません。〜中略〜 大人が聞くのは『お父さんはどれくらい稼ぐのかしら？』ってことばかりです。〜中略〜 <u>そういったことを聞いてはじめて，その子をわかった気になるんです</u>」
>
> 「星の王子さま」
>
> 【出典】Antoine de Saint-Exupéry "*The Little Prince*" A Harvest Book

チェックポイント

☐ **only** は「否定語」！ その後，M がジャマして「倒置」がくる。

解答例

メアリーは突然泣き出して，事故の詳細を説明した。そのときになってはじめて，私は彼女が何を経験したのかがわかった。

Step 2

設問 2 次の英文の下線部を和訳しなさい。
★ヒントなしでチャレンジしてみましょう！

Looking back, it seems most odd that <u>never once in all the years I was at school was there any general discussion about careers.</u>

（日本女子大）

語句
- **odd** 「奇妙な」
- **general** 「一般的な／包括的な」
- **career** 「仕事」

解説

後ろに隠れた「倒置」を探し出す

下線部の前の文を確認してみましょう。

構造解析

> (Looking back), ⟨it⟩ seems most odd ⟨that ～⟩.
> 分詞構文　　　仮S　 V　　 C　　　　真S

Looking back は「振り返ってみると」，it seems most odd that ～は「that ～なのは，非常に奇妙だ」になります。

では，下線部です。下線の直前にある接続詞 that から，また新たに S V がはじまるわけですから，**下線部先頭の never は「文頭の否定語」**と考えられます（that 節の中で，「文頭の否定語」ですね）。
当然予想するのは「**文頭の否定語 ➡ M がジャマして ➡ 倒置**」のパターンです。

予　想

> never (once) (in all the years) I was at school ～
> 否定語　 M　　　　 M　　　　　 S v??

once は副詞（M）で，まずは予想どおりです。次に in all the years も当然 M になるはずですね。M が連続しています。その後ろにみなさんが予想しているのは「**倒置**」ですよね。倒置は v s の形になるはずです。……ところが，I was というのは s v ですから，ここを主節の s v と考えたらアウトです。
v s という，言ってみれば気持ち悪い変な形を探すわけです。つまり，I was はスルーして，さらに「倒置」を探してみましょう。

　　▶一気に説明しましたが，ここは大事なところです。倒置の探し方をじっくり理
　　　解してくださいね。

Chapter 2 ▼ 新しい構文の考え方

テーマ 24 ▶ 強制倒置②

こう考える！

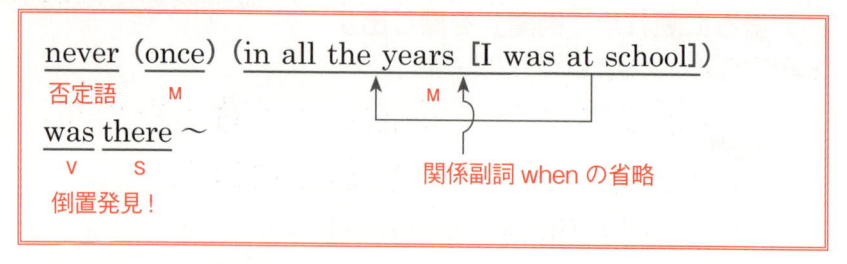

```
never (once) (in all the years [I was at school])
否定語  M        M
was there ～                    ↑
 V    S                  関係副詞 when の省略
倒置発見！
```

was there という倒置がありますね。**There is 構文**が倒置されているわけです。文頭の never を見つけてから，長〜い M に耐えて，was there を見つければカンペキです。school までが，すべて M だったのです。

▶ ボクはこれまで，たくさんの入試の英文を目にしてきましたが，ここまで長い M がジャマしている英文はありませんでした。ですから，この文さえマスターすれば，「文頭の否定語 ➡ M がジャマして ➡ 倒置」のパターンはカンペキです。

🔴 強制倒置をもとに戻して訳せば OK

訳すときは，強制倒置をやめて，普通の英文に戻してみましょう。
設問 2 の英文は，there was never any ～ と考えればいいわけです。
never ～ any = not ～ any = no なので，「**1 つもなかった**」となります。
once は「一度」，in all the years I was at school は「私が学校にいたすべての年の間」，つまり，「学生時代には一度も（なかった）」ということです。
general discussion about careers は「仕事に関しての一般的な議論」です。
career は「仕事」という意味です。

チェックポイント

☐ **never** を見て，長〜い M に耐えながら，**was there** を発見する！

解答例
振り返ってみると，私が学校に通っていたときには一度も，仕事に関して幅広く議論されることはなかったのはあまりにも奇妙なことだ。

テーマ 25

強制倒置③
――「文頭の否定語 ➡ 倒置」って習ったはず。
でも，現実はそんなに甘くない！

Step 1

設問 1 次の英文を和訳しなさい。
★ can の S は何でしょう？

In no other way can the matter be explained.

（玉川大／整序問題を改題）

語　句
- **matter**　「問題」

解説

● 前置詞のカタマリが文頭の否定語

「文頭の否定語 ➡ 倒置」の最後の解説です。
設問 1 の英文を見てみましょう。

▶ 予　想

（In no other way）…
　　文頭の否定語 ➡ 倒置を予想

in other way なら「ほかの方法で」という意味です。これに no がくっついた **in no other way** は「ほかのどの方法でも～ない」という意味になります。

▶ **no = not ~ any** ですので，no は not ~ any に分解して「どんな（any）…も～でない」って訳すと，キレイな日本語になります。

今回，ぜひおさえてほしいポイントはここです。
In no other way というカタマリは，「**文頭の否定語**」なんです。
　　▶「文頭は In じゃん」ってツッコミはナシで。あくまで no は直後の other way を修飾しています。まさか no が前置詞 in の前に出るわけにはいきませんよね。

このように**前置詞のカタマリ**が「**文頭の否定語**」というパターンはよくあるんです。当然，この後ろに倒置を予想すれば OK です。

こう考える！

$$\underline{\text{(In no other way)}}_{\text{M}} \;\; \underline{\text{can}\;\; \underline{\langle\text{the matter}\rangle}_{\text{S}} \;\; \text{be explained}}_{\text{V}}.$$

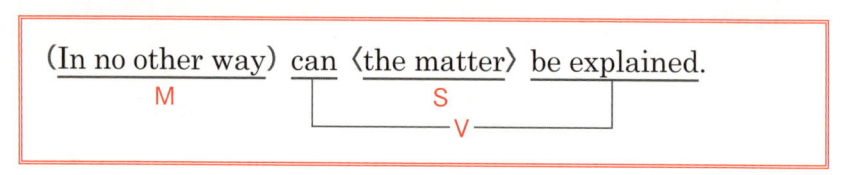

文頭の否定語の後ろに can the matter be explained という倒置がきていますよね。
では，訳してみましょう。
In no other way は「ほかのどの方法でも～ない」です。
can the matter be explained をもとの文にしてみましょう。the matter can be explained になりますね。意味は「その問題を説明できる」ですね。

チェックポイント

☑ **In no other way** というカタマリで「文頭の否定語」！

|解答例|
ほかのどんな方法であっても，その問題を説明することはできません。

Step 2

> **設問2** 次の英文の下線部を和訳しなさい。
> ★ has の S は何でしょう？
>
> Some leading thinkers are saying that <u>at no stage in history has the threat of war been as strong as it is now</u>.
>
> (津田塾大／正誤問題を改題)

語句

- **leading thinker** 「一流の思想家」
  ▶ leading は「(まわりを)リードするような」➡「一流の」という意味です。プロ野球では首位打者を「リーディングヒッター」といいます。
- **stage** 「段階／場面」
- **threat** 「脅威」

解説

🔴 Some 〜 は「〜な人もいる」

先頭の文から確認していきましょう。

🔽 構造解析

```
⟨Some leading thinkers⟩  are saying  ⟨that 〜⟩.
         S                   V            O
```

Some 〜 は「〜な人もいる」という意味ですから、Some leading thinkers are saying that 〜 で「〜と言っている一流の思想家もいる」と訳すといいですね。

🔴 at no stage in history で「文頭の否定語」

では、that 以下の下線部を見ていきましょう。

テーマ 25 ▶ 強制倒置③

▶予想

```
(at no stage in history) ...
    文頭の否定語 ──→ 倒置を予想
```

まず，that 以下から構文を取り直します。
先頭の **at no stage in history** というカタマリが文頭の否定語になりますね。

▶こう考える！

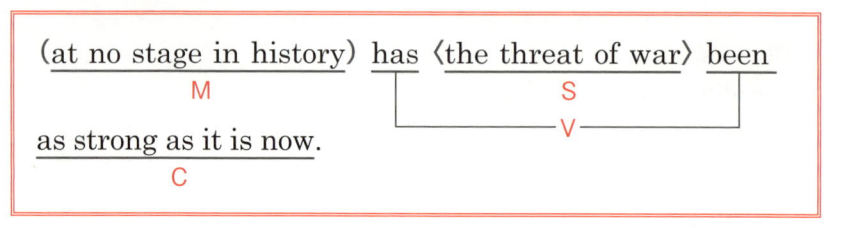

```
(at no stage in history) has ⟨the threat of war⟩ been
         M                          S
                                    V
as strong as it is now.
         C
```

倒置の has the threat of war been をもとの文に戻すと，the threat of war has been となります。これなら，文構造はカンタンですね。
では，訳してみましょう。
at no stage in history は「歴史上のどの場面においても〜でない」，the threat of war は「戦争の脅威」という意味です。
as strong as it is now は「今と同じくらい強い」ですが，実際は **no 〜 as strong as it is now** ですから，「今ほど強く**ない**」になります。

▶ **not[no] 〜 as ... as** A は，「A <u>ほど</u>...じゃない」って訳しますね。

さて，3回かけて強制倒置を解説してきましたが，いろんなパターンをやってみて，従来の「文頭に否定がきたら倒置」ってルールだけじゃ全然足りないんだと実感してもらえたと思います。
この本を読んでいるみなさん！
ここで学んだことをしっかり復習すれば，倒置はカンペキになって，ほかの受験生と大きく差がつきます。
がんばってくださいね。

チェックポイント

☑ **at no stage in history** というカタマリが「文頭の否定語」！

解答例
歴史上のどの場面においても，今現在ほど戦争の脅威が強かったことはない，と言っている一流の思想家もいる。

> 「倒置」はこんなに奥が深いんだ。この本で倒置の本質を知ってもらえれば，それは強力な武器になるよ！

Section 4

特殊な第 1 文型

今までまったく語られなかった「第1文型の変形パターン」や「本当の There is 構文の使い方」を紹介します。「There is 構文なんて，中学レベルじゃん」なんて言わないでください。
大学入試で出る There is 構文をきちんと理解している受験生はほとんどいないんです。
難関大学ほど出題する「特殊な第1文型」をぜひマスターしてください！

テーマ 26

特殊な第1文型①
―― 今まで無視されてきた重要構文

Step 1

設問1 次の英文の下線部を和訳しなさい。
★下線部の that の役割は何？

"Heaven helps those who help themselves," said Benjamin Franklin. Although we are familiar with the message contained in this old saying, <u>the fact remains that we have to help each other</u>.

（センター本試験）

語 句
- **Heaven helps those who help themselves.**
　　　　「天は自ら助くる者を助く」　▶ことわざ。
- *be* **familiar with** 〜　「〜をよく知っている」
- **saying**　「ことわざ」

解説

● although は従属接続詞

今回は，実際の英文でよく見かけるのに，なぜかきちんと取り上げられることがない「第1文型の変形パターン」を紹介します。

下線を含む文の最初（Although 〜）から構文を確認していきましょう。
although は従属接続詞なので，"**Although** s v, S V." の形を作りますね。

182　Section4　特殊な第1文型

🔻 **構造解析**

> (Although we are familiar with the ～), the fact remains ～.
> 　接続詞　　S　　V　　　　　　　　　　　　S　　　V

the fact remains ～が主節になるわけですが，とりあえず先に，従属節の中を確認しましょう。

🔻 **構造解析**

> Although we are familiar with 〈the message [contained
> 　　　　　S　　V　　　　　　　　　　　　　　O
> in this old saying]〉

Although we are familiar with the message contained in this old saying は「われわれはこの古いことわざに含まれたメッセージをよく知っているが」になります。

🔴 remain は自動詞

次に下線部を見てみましょう。

🔻 **構造解析**

> 〈the fact〉 remains that we have to help each other.
> 　　S　　　　　V　　　　　　　??

that we have to ～のカタマリが何なのか，よくわかりませんね。
ちなみに **remain** は自動詞です。これは意外に大事なことです。

ポイント　remain の重要語法

① 第1文型（SV）で使われる ➡「～が残っている」
② 第2文型（SVC）で使われる ➡「～のままでいる」

テーマ 26 ▶ 特殊な第1文型①

remain はよく，❷の第2文型（SVC）で使われます。その場合，直後にはCになる形容詞がくるはずです。今回は **that** 節（名詞節）がきていますから，第2文型ではないですね。ということは，第1文型（SV）で，「〜が残っている」という意味になるはずです。

では，that は一体何なんでしょう？

実はこの that は「**同格の that**」で，**the fact** の説明をしているんです。もとは次のような形でした。

🔻 **構造解析**

⟨the fact⟩ ⟨that we have to help each other⟩ remains.
  S   同格   V

ただ，これだとあまりにSが頭でっかちで，しかもVが短すぎる……，バランスが悪いですよね。そこでSの説明をしている that we have to help each other だけを後ろにすっ飛ばしちゃったんです。さらに，後ろへ移動することで，that 節の内容を強調することもできます。

🔻 **構造解析**

⟨the fact⟩ that we have to help each other remains.
            ↓ 後ろに移動
⟨the fact⟩ remains that we have to help each other.
  S   V   Sの説明

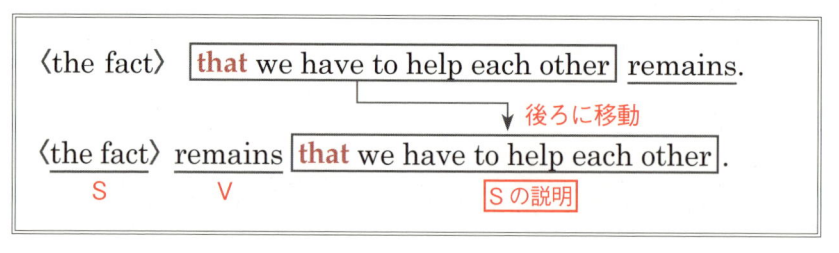

ですから，これはもともとの英文 the fact that we have to help each other remains のつもりで訳せば OK なんです。「お互いに助け合わなければならないという事実が残っている」になります。

🔴 よく出る第1文型の変形パターン

「that は同格で後ろに移動した」という，ここまでの説明で「そうなん？」なんて言いながら納得しないでください。ここからが世の受験生と大きく差

Section 4 特殊な第1文型

がつくポイントです。

まず最初に言ったとおり，この第1文型の変形パターン（ＳＶ＋ Ｓの説明 ）はよく見かけます。ぜひここで意識して覚えてください。

実はみなさんも，このパターンの英文を学校で教わってるはずなんです。

> 例　The time will come when you will travel to the moon.
> 「月へ旅行するときがくるでしょう」

この英文の **when** は，文法の時間に関係副詞として習うものです。
関係副詞は **形容詞節を作ります**。「**時・条件の副詞節では未来形の代わりに現在形を使いますが，形容詞節では未来のことは未来のままでOK**」という説明の例文として，上の英文はよく使われます。つまり，when you will travel の形で OK，ということですね。

この英文が出てくると，英語のセンセーは必ず言うんです，「when は関係副詞で，The time を修飾している」って……。

もうみなさんならわかりますよね？　これ，**第1文型の変形パターン**だったんです。

🔻 **構造解析**

The time [when you will travel to the moon] will come.
　　　　　　　　　　　　↓ 後ろに移動
The time will come [when you will travel to the moon].
　Ｓ　　　　Ｖ　　　　　　　　　Ｓの説明

Ｓの説明 は，同格の **that** でも関係副詞でも関係代名詞でも何でも OK ですから，そこはこだわらなくて大丈夫です。

"ＳＶ＋ Ｓの説明 " というパターンがある，ということを頭に入れておくことが大事なんです。

▶これで「実はよく見かけるパターン」という意味がおわかりいただけたと思います。**設問1**のセンター試験の英文でも，次の**設問2**の東大の英文でも出たパターンなので，しっかりマスターしてくださいね。

チェックポイント

☐ **the fact remains that** 〜は第1文型の変形パターン！

[解答例]
「天は自ら助くる者を助く」とベンジャミン=フランクリンは言った。われわれはこの古いことわざにこめられたメッセージをよく知ってはいるが，お互いに助け合わなければならないという事実は，なお残っている。

Step 2

設問2　次の英文を和訳しなさい。
★2つある that は接続詞？ 関係代名詞？

Laws may be adopted that forbid conduct that is now nearly universal.
(東大)

[語句]
- **forbid** 〜「〜を禁じる」
- **conduct**「行為」
- **universal**「普遍的な／あらゆる場所にある」

[解説]

🔴 「文中 that，直後に V」は関係代名詞

Step 1 ではSV+ S の説明 というパターンが出てきて， S の説明 の部分が同格の that でした。
今回は**関係代名詞**のパターンにトライしましょう。

> **予想**

> Laws may be adopted [**that** forbid conduct ～].
>   S   V   文中 that で，直後に V（forbid）は？

Laws may be adopted は「法律が採用されるかもしれない」です。

> ▶「be + p.p. は能動で訳して OK」なので，「法律を採用するかもしれない」としても OK ですが，法律の採用は「利害」です。つまり，一部の人には「利益」，別の人には「被害」ということです。ですから，直訳で「採用される」としても，たまたまキレイな訳になるんです。

that を見ると，直後にいきなり forbid という V がきています。「**文中 that，直後に V ➡ 関係代名詞の that**」でしたね。

> ▶ p.27 で説明しました。ちなみにそこで扱った英文も，この 設問 2 と同じ東大の長文でした。

● 離れたところにある先行詞を探す

さあ，本題です。この that は関係代名詞とわかりました。先行詞はどれでしょう？

直前には may be adopted がありますが，**先行詞は当然「名詞」**でなければなりませんよね。

> **こう考える！**

> Laws may be adopted [**that** forbid conduct ～].
>   ↑̲＿＿＿＿＿＿＿＿＿＿＿＿＿＿＿＿＿＿＿＿＿＿＿＿＿＿＿＿＿＿＿＿＿｜

先頭の Laws が先行詞ですね。

今までは「離れたところに先行詞がある」としか説明されませんでしたが，みなさんなら「S V ＋ S の説明 のパターンだ！」って自信をもって言えるはずです。

さらにこの英文は後ろにも that があるんです。

構造解析

```
Laws may be adopted [that forbid conduct [that is now ～]].
  ↑_____|              ↑_____|
                    |_____|
```

もともとの形に戻してみましょう。

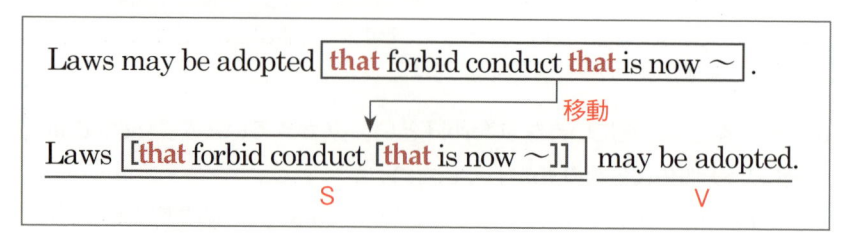

```
Laws may be adopted  [that forbid conduct  that is now ～].
                            |←――――――――――――――――|  移動
Laws [that forbid conduct [that is now ～]]  may be adopted.
              S                                       V
```

上に示したもともとの形を訳せば OK です。Laws that forbid conduct that is now nearly universal は「ほとんど世界のどこでも行われている行動を禁じる法律」になりますね。

チェックポイント

☐ **Laws may be adopted that forbid** ～は第1文型の変形パターン！

解答例

現在では世界中ほとんどの場所で行われている行為を禁止する法律が，採用されるかもしれない。

テーマ 27
特殊な第1文型②
── 学校で教わらない There is 構文の正しい使い方

Step 1

設問 1 次の英文を和訳しなさい。
★この文の「本当の S」はどれでしょう？

There used to be a castle on the hill.

(松山大／空所補充問題を改題)

解説

🔴 中学1年レベルの英作文が大事

中学の英語で，**There is** 〜「〜がある」と習いますが，悲しいことに，これだけでは何の役にも立たないんです。ここでは，英文をきちんと読めるようになるために必要なことを説明します。
まず，次の日本文を英文にしてみてください。

「そのペンは机の上にある」

みなさん，ここから先の説明を読まないで考えてみてください。
実は，ボクが大学生のときに働いていた塾で，中学1年の生徒にこんな質問をされたのです。「There is を使ったら×にされた……。なんで？」って。

「そのペンは机の上にある」の英訳
(×) There is the pen on the desk.
(◎) The pen is on the desk.

テーマ 27 ▶ 特殊な第1文型② 189

多くの人が間違えたと思います。
では，なぜ There is 構文ではダメなのか，具体的に説明します。

🔴 There is 構文は新情報の目印

次の2つは「ペンは机の上にある」を英文にしたものです。比べてみましょう。

（△）A pen is on the desk.
　　　➡ 文頭に新情報（**A pen**）は不自然。
（◎）The pen is on the desk.
　　　➡ **The pen** は旧情報なので OK。

情報というのは，旧情報（知っていること）➡ 新情報（知らないこと）という流れが自然です。逆の 新情報 ➡ 旧情報 には，違和感がありますね。たとえば，次のように考えてみましょう。

（△）「伊藤先生がね……」
　　　　新情報
　　　➡ いきなり「伊藤先生」という 新情報 は唐突。
（◎）「ボクの知り合いの伊藤先生がね……」
　　　旧情報　　　　　　新情報
　　　➡「ボク」のことを知っていれば，「ボク」は 旧情報 。

---

a pen は「（数あるペンの中からどれでもいい）1本のペン」です。どのペンを指すか特定できない 新情報 になります。
一方，**the pen** は「（お互い共通に認識できる）そのペン」ですから，旧情報 ですね。
したがって，（◎）The pen is on the desk. は OK ですが，（△）A pen is on the desk. は不自然な英文ということになります。
この不自然さを解消するために生まれたのが，**There is** 構文なんです。
ここで，There is 構文の成り立ちを考えてみましょう。

Section 4　特殊な第1文型

> A pen is on the desk.
> 　　　　↓　文頭に新情報は不自然
> ◯◯◯ is a pen on the desk.
> 　↓　先頭がぽっかり空いちゃった ➡ 空いたところを there で埋める
> There is a pen on the desk.

単に先頭が空いちゃったので，それを埋めるための there なんです。
こういう成り立ちで There is 構文は生まれたわけです。

　▶だから，この there は訳さないんです。「そこで」と訳すなと教わりましたよね。

言いかえれば，there は「これから新情報を言いますよ〜」っていう目印なんです。だから There is の後ろには必ず 新情報 がこないといけないわけです。

　▶ 新情報 は a 〜や some 〜で表します。そこに the 〜や my 〜などの 旧情報 がきたら，There is の意味がなくなっちゃいますよね。

● There is 構文はMVS（第1文型の倒置）

ここまで英作文の問題を使って説明しましたが，読解問題でもこの考え方は重要です。
There is 構文を見つけたら，「あ，新情報 がくるな」と考えるだけで，これから英文の読み方が変わってくるはずです！
では，設問1の英文でチェックしてみましょう。
さあ，S はどれですか？

▼ 構造解析

> There used to be 〈a castle〉 on the hill.
> 　M　　　V　　　　S

実は There is 構文は，M V S，つまり**第1文型が倒置になった形**だったんです。当然，S は a castle です。
もともとの形を次に示します。

テーマ27 ▶ 特殊な第1文型② 191

> (△) A castle used to be on the hill.
> ▶ be は「ある〔存在〕」という意味。

文頭に A castle という 新情報 を置くことを嫌って，There is 構文を使ったんです。さらに is の前に used to が割りこんでいるのです。

● used to ～の復習

最後に，used to ～を復習しましょう。テーマ 7 Step2 でも出てきましたね。

ポイント　used to ～の 2 つの意味

❶ **used to** + 動作動詞 ➡ 「よく～したものだ」
　例　I **used to drink** coffee in the morning.
　　　「朝はよくコーヒーを飲んだものだ」

❷ **used to** + 状態動詞 ➡ 「昔は～であった」
　例　There **used to be** a big tree here.
　　　「以前はここに，大きな木があった」

設問 1 の英文は，used to の後ろに be という状態動詞がきていますから，「昔は～であった」という意味です。

▶厳密にいうと，**used to ～**は，「昔は～であった（けど今は違う）」というニュアンスまで含んでいます。無理に和訳に明示する必要はありませんが，心の中では「今はもうないのね」と思っておいてくださいね。

チェックポイント

☐ **There used to be ～** は第 1 文型の倒置（Ｍ Ｖ Ｓ）！
☐ **There is** の後ろには必ず 新情報 がくる！

解答例

かつてその丘には城があった。

Section 4　特殊な第 1 文型

Step 2

> **設問2** 次の英文を和訳しなさい。
> ★この文の「本当のS」はどれでしょう？
>
> There appear to have been some injuries as a result of the accident.
> （山梨大）

語句
- **injury**　　「ケガ人」
- **as a result of** ～　「～の結果として」

解説

● There is 構文に appear to が割りこんだだけ

設問2の英文は，**There is 構文**なんです。There のあとに **appear to** ～「～のようだ」が入りこんでいる形です（There is の is が have been という形になっている理由は，次のページで説明します）。

▼ 構造解析

> <u>There</u> appear to **have been** 〈some injuries〉 as a result of
> M   　　V　　　　　　　S
> the accident.

There appear to have been some injuries は「ケガ人がいたようだ」，as a result of the accident は「その事故の結果」です。

さて，今回の英文には重要なポイントが3つあります。それを1つずつ説明します。

設問 2 の英文の重要ポイント

❶ There is 構文は M V S（第 1 文型の倒置）

Step 1 でも話したとおりです。There は S に見えますが，実は**見せかけの S**。本当の S は some injuries です。

▶ この「見せかけの S」がどういう働きをするのかは，次の**テーマ 28** で説明します。

❷ V は，後ろの S に合わせる

この文の S は some injuries という複数形ですから，V もそれに合わせて appear to なわけで，3 単現の -s は不要なんです。
後ろが単数名詞なら，3 単現の -s が必要です。これは意外と盲点です。

> 例 There seems to have been some misunderstanding between them. （上智大）
> 「彼らの間には何か誤解があったようだ」

S は some misunderstanding です。some がありますが，misunderstanding はどう見ても単数形です。ですから，seems と 3 単現の -s がついています。

▶ **some** + 単数形は「何かしらの〜」という意味です。

けれども，設問 2 の英文では，some injuries と明らかに複数形なので，3 単現の -s は不要です。

❸ 完了不定詞

設問 2 の英文は，There is 構文に appear to が入りこんで，さらに**完了不定詞**になっています。
appear to 〜は現在形なので「今〜のようだ」という意味。ただし，推量している内容（けが人がいた）は過去のことなので，**appear to の後ろに have been** をおいて完了不定詞の形にして，「（過去に）〜だった，と（今）推量する」という意味を表しているんです。

この There appear to have been ～ という形は，文法や英作文でもねらわれる重要構文です。**appear to** ～＝ **seem to** ～と考えれば，前のページの上智大の 例 も同じパターンです。

チェックポイント

☑ **There appear to have been** ～を見た瞬間に「**There is** 構文がちょっと変わっただけ」と考えよう！

解答例
その事故の結果，ケガ人が出たようだ。

中学1年で習ったThere is 構文をきちんと使いこなすには，こういう知識が必要なんだ！　しっかりマスターしようね！

テーマ 28

特殊な第1文型③
―― 受験生の苦手な there being ～は2つの可能性

Step 1

設問 1 次の英文を和訳しなさい。
★ being は，動名詞？　分詞構文？

There being no objection, they accepted that international student.
（松山大／空所補充問題を改題）

語　句
- **objection** 「反対」
- **international student** 「留学生」

解説

● **there being ～は「分詞構文」か「動名詞」**

there being ～は頻出パターンです。そして，**being** は分詞構文の場合と動名詞の場合があります。

ポイント　there being ～の2つのパターン
1. 分詞構文：**(There being ～), S V**
   ➡ 副詞のカタマリになる。
2. 動名詞：〈**there being ～**〉 ➡ 名詞のカタマリになる。

Step 1 では，①の分詞構文になる There being ～から確認していきます。もともと There is 構文だったものが分詞構文に変わるだけと考えて OK です。

There is 構文の分詞構文化は次のように考えましょう。

🔻 構造解析

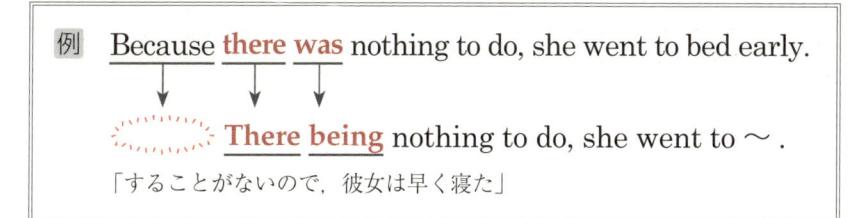

> 例　Because **there was** nothing to do, she went to bed early.
>   ↓   ↓   ↓
>   　　　　**There being** nothing to do, she went to 〜 .
> 「することがないので，彼女は早く寝た」

従属節の s と主節の S（she）は違うので，being の前に there を残します。従属節の本当の s は nothing to do ですが，There is 構文を分詞構文にする場合，「**見せかけの s（there）を残す**」というルールがあります。
こうやって There being という形が生まれたのです。

🔴 余分な -ing は分詞構文

では，設問 1 の英文を見てみましょう。

▶ 予　想

> **There being** no objection, **they** **accepted**
> There being のカタマリ　　　　　　　 S　　 V
> 〈that international student〉.
> 　　　　　　O

後半に they accepted という S と V がありますので，先頭の There being というカタマリは余分なもの（**副詞のカタマリ**）ということになります。being という -ing が副詞になる……，つまり**分詞構文**ですね。

　　▶ 少しクドい考え方ですが，この本では徹底的に「英語を読むときのアタマの使い方」を解説していきます。こうやって考えないと，この There being 〜という分詞構文は理解できても，次の **Step 2** でやるパターンでほとんどの人がひっかかるんです。がんばって「考えて」くださいね。

Chapter 2 ▼ 新しい構文の考え方

テーマ 28 ▶ 特殊な第 1 文型③

こう考える！

(**There being** no objection), **they accepted**
　　There being という分詞構文　　　S　　　V
〈that international student〉.
　　　　　　　O

There being no objection は「反対意見がないので」です。この分詞構文は「適当」に「～て／～で」と訳せばOKです（詳しくは➡テーマ41）。they accepted that international student は「彼らはその留学生を受け入れた」になります。

チェックポイント

☐ **There being no objection**, SV. の **there being** は分詞構文！

【解答例】
反対意見がなかったので，彼らはその留学生を受け入れた。

Step 2

【設問2】次の英文を和訳しなさい。
　　　★ヒントなしでチャレンジしてみましょう！

I never dreamed of there being such a quiet place in the noisy town.
　　　　　　　　　　　　　　（獨協大／整序問題を改題）

【語句】
- dream of ～　「～について夢に思う」

> **解 説**

● 前置詞 of の後ろには「名詞」がくるはず

さっそく，設問２の英文を確認していきましょう。there being がポイントです。

構造解析

> I never dreamed of 〈there being such a quiet place in the noisy town〉.
> S   V   O

前置詞 of の後ろには当然，**名詞**がくるはずです。ですから，**there being** は**名詞のカタマリ**，つまり**動名詞**になるわけです。動名詞ですから「～があること」って訳せますね。

「being に意味上の s である there がくっついてる」という説明になります。今までこの本で勉強してきたみなさんなら，この説明で十分わかると思いますが，there being を次のようなイメージで考えるともっとラクです。

> I never dreamed that **there was** such a quiet place ～ .
> I never dreamed of **there being** such a quiet place ～ .

that の後ろには SV（there was）がきますが，of に変われば SV は許されません。**of の後ろに動名詞**なら OK ですから there being という動名詞がきた，とイメージすればバッチリです。

I never dreamed of ～ は「～を夢にも思わなかった」，there being such a quiet place in the noisy town は「騒々しい街中にそんな静かな場所があることを」になります。

この英文，相当できる受験生以外はボロボロに間違えます。ですから，これがサッと読めると，大きく差がつきますよ！

テーマ 28 ▶ 特殊な第１文型③

● dream の語法は「型」で覚えるとカンタン

先ほど there being が生まれるイメージで，**dreamed of** ～と **dreamed that** ～という形が出てきたので，dream の語法も確認しておきましょう。dream は think と同じ語法なんです。

> **ポイント** think 型の動詞
>
> think 型の動詞の基本形 ➡ think $\begin{cases} \text{of[about]} + \boxed{名詞} \\ \text{that S V} \end{cases}$
>
> - **think**　　「思う／考える」
> - **dream**　　「夢に思う」
> - **complain**　「不満を言う」

think と dream は意味が似ていますよね。「考える」も「夢に思う」も，「頭の中でいろいろ思いめぐらす」ってことですね。complain は「（頭の中でいろいろ考えた不満を）口に出す」ってことなんです。

> ▶日本人の感覚では，「思っても口に出さなきゃ OK」ってところがありますが，向こうの人は「思った瞬間，神様には通じちゃう」わけです。ですから，日本人ほど「思う」と「言う」の区別がないのだと思います。それが語法にも表れていますね（p.25 で説明した発想と同じです）。

こうやって，**think / dream / complain** の語法をセットで覚えておくと，次の参考問題にも応用がきくはずです。

参考問題

> 空所に適する語句を選びなさい。
>
> She complained about (　　) in her room.
>
> ① there being few furnitures
> ② there being little furniture
> ③ there was little furniture
> ④ there were few furnitures
>
> （慶應大）

> **解説** complain の語法（think 型）といい，there being という動名詞といい，設問2の英文とそっくりですよね。
>
> ①を選んだ人は惜しかったです。世間では「furniture（家具）は『数えない』」という意味不明な説明がされますが，ホントの考え方は，**furniture** は「家具一式」という意味で，複数形にはならないんです。「いろいろな家具全部」というふうに，はじめから複数の意味がこめられているんです。
>
> 次のように考えれば，文の形がわかりますね。
>
> <u>She</u> <u>complained about</u> 〈there being little furniture in her room〉.
> S   V   O
>
> **答** ②

Chapter 2 ▼ 新しい構文の考え方

チェックポイント

☐ **dreamed of there being** ～の **there being** は動名詞！「あること」って意味になる！

☐ **think** 型の動詞（**think / dream / complain**）を覚えよう！

解答例
私は騒々しい街中にそんな静かな場所があるとは夢にも思わなかった。

テーマ28 ▶ 特殊な第1文型③

Chapter 3

「語彙・文法」から「真の読解」へ

Section 5

語彙から真の読解へ

> causeを「引き起こす」なんて考えていると，is caused byになったときに一瞬で「原因と結果」の関係がつかめませんね。読むスピードも遅くなってしまいます。ここからは，今まで「たかが単語」と言われて，スポットライトがあてられなかった，でも超重要な「長文を読むのに重宝する語彙」を学習していきましょう！

テーマ 29

因果表現
── cause を「引き起こす」なんて覚えるのは やめよう！

Step 1

設問 1 次の英文を和訳しなさい。
★「原因」と「結果」の関係を意識して訳してみましょう！

The car crash resulted in the death of three people.

（南山大／空所補充問題を改題）

語　句
- **car crash**「車の衝突事故」

解説

◯ 因果表現は"矢印"のイメージで

cause ~ / lead to ~ / result in ~ などの「因果表現」は，長文でもねらわれる超重要表現です。
それなのに今まではなぜか，文法でも長文の問題集でも，因果表現がまとめられることはほとんどありませんでした。
このテーマ29で「因果表現」をカンペキなものにしてください。読解のレベルが確実に1段階上がります。

「因果」で気をつけることは，いちいち **cause** は「引き起こす」といったように日本語で覚えるのではなく，" 原因 cause 結果 "のように， 原因 と 結果 をキッチリ把握することです。

こうやって覚えれば，英文を読んでいるときに一瞬で 原因 と 結果 を把握できるので，英文の内容がスッと頭に入ってくるんです。
▶さらに，こうやって覚えておけば， 結果 is caused by 原因 のような受動態になっても，因果関係がすぐにわかるんです。

つまり，**cause ~ / lead to ~ / result in ~**を，すべて矢印（→）で置きかえるようなイメージをもつと，英文を読むスピードも上がります！

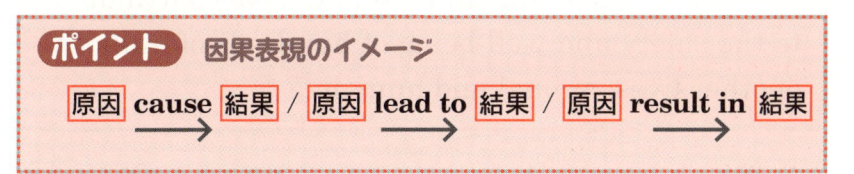

> **ポイント**　因果表現のイメージ
>
> 原因 **cause** 結果 → / 原因 **lead to** 結果 → / 原因 **result in** 結果 →

では，設問1の英文を見てみましょう。

構造解析

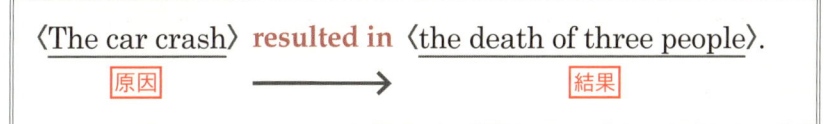

〈The car crash〉 **resulted in** 〈the death of three people〉.
　原因　　　　　　　→　　　　　　　結果

間違っても，**resulted in ~** を「~になる」なんて日本語訳で覚えないでください。
こういった因果表現の一覧をこのテーマの最後にまとめました。すべて超重要ですので，カンペキにチェックしておいてくださいね。

チェックポイント

☑ **result in** を訳さない！ 原因 ➡ 結果 のイメージで！

解答例
車の衝突事故が原因で，3人が亡くなるという結果になった。

Chapter 3 ▼「語彙・文法」から「真の読解」へ

テーマ 29 ▶因果表現

Step 2

> **設問 2** 次の英文を和訳しなさい。
> ★「因果表現」と and に注意！
>
> Such research has led to discoveries that have saved millions of human lives and have contributed to the safety and well-being of hundreds of millions of other lives, animal and human.　　　　（東大）

語　句
- **millions of** 〜　　　「何百万もの〜」
- **well-being**　　　　　「幸せ」
- **hundreds of millions** 〜　「何億もの〜」

解説

● lead to 〜は，"矢印"で考える

設問 2 の英文は，"原因 lead to 結果"の形です。

⬇ 構造解析

〈Such research〉 **has led to** 〈discoveries [that have 〜]〉.
　　　原因　　　　　⟶　　　　　　　結果

● and の直後に注目

次に，結果の discoveries that 〜以下を見ていきましょう。
and が何と何を結んでいるかがポイントです。

> 予想

```
discoveries [that have saved ～ and have contributed to ～]
                                    and   have + p.p.
                      have + p.p. を探す
```

and の直後が have contributed ですから，and の前に，同じ形（have + p.p.）を探せばいいわけです。すると，have saved が見つかります。

> こう考える！

```
〈discoveries [that { have saved millions of human lives
                     and
                     have contributed to ～]〉.
```

have saved ～ と have contributed to ～ が両方とも関係代名詞 that で discoveries を修飾しています。
have saved millions of human lives は「何百万人もの命を救った」です。

🔴 contribute to ～は「～に貢献する」だけでは足りない

次に contributed to ～ですが，これがとても大切な表現なんです。
contribute to ～は「～に貢献する」としか書いていない熟語帳も多いのですが，実はこれ，**因果表現としてもよく使われるんです！**

> **ポイント** contribute to ～の2つの意味
> - 「～に貢献する」という意味
> - 因果表現：〈 原因 contribute to 結果 〉
>   →

設問2の英文でも，因果表現として考えたほうがキレイな訳になります。

テーマ 29 ▶ 因果表現

> (△) 「何億もの動物と人間の命の安全と幸せ**に貢献した**」
> (◎) 「**結果的に**何億もの動物と人間の命の安全と幸せ**につながった**」

🔽 構造解析

> 〜 have contributed to ⟨the safety and well-being [of hundreds of millions of other lives, animal and human]⟩.
> └─ other lives の同格 ─┘

the safety and well-being「安全と幸せ」を，of hundreds of millions of other lives, animal and human「何億もの動物と人間の命の」が後ろから修飾しています。

hundreds of millions of 〜は「100 × 100万 = 億」と考えて，**hundreds of millions** で複数形なので「何億もの」という意味になるわけです。

また，other lives「他者の命」の同格が animal and human「動物と人間」です。同格ですから，other lives = animal and human と考えればOKです。

▶これを並列（*A*, *B* and *C*）と考えると「他者の命と動物と人間」になってしまい，意味が不自然になります。これはかなり難しいですから，今回は「因果表現」に集中してくれればOKです。

🔴 and をミスしやすい

今回の設問 2 には，**lead to** 〜と **contribute to** 〜，2 つも因果表現がありました。
この **and** の取り方としてミスしやすいケースを示すので，注意してください。

> (×) ⟨Such research⟩ { **has** led to discoveries [that have 〜]
> **and**
> **have** contributed to the safety and well-being 〜 .

210　Section 5　語彙から真の読解へ

lead to ~ と contribute to ~ がともに因果表現だけに，できる受験生ほど思わずこの 2 つを並列しちゃうんですが，これはミスです。**has** + p.p. と **have** + p.p. が並列されるのはおかしいですよね。

▶設問 2 は，東大生も一瞬ひっかかるような，ちょっと崩れた複雑な構文です。

チェックポイント

☑ **lead to** ~ も **contribute to** ~ も「矢印」で考えれば OK！

解答例

そういった研究のおかげで，何百万人もの人の命を救うことになり，何億人もの動物や人間の命が安全で幸せでいられるような発見がなされたのだ。

> こうやって「得点になる単語の覚え方」をしていこう！

補講 「因果表現」の一覧（超重要）

1 動詞で因果を表すもの

(1) 原因 V 結果 の形をとるもの ➡「原因 のせいで 結果 になる」

- 原因 cause 結果
- 原因 bring about 結果
- 原因 lead to 結果
- 原因 contribute to 結果
- 原因 result in 結果
- 原因 give rise to 結果
- 原因 is responsible for 結果
- 原因 trigger 結果
  ▶ trigger はもともと「（拳銃の）引き金」という意味。

次のように，受動態になることも多い（原因 と 結果 を混乱しないように注意）。

結果 is caused by 原因 / 結果 is brought about by 原因

(2) 結果 V 原因 の形をとるもの ➡「結果 は 原因 のせいだ」

- 結果 result from 原因
- 結果 come from 原因
- 結果 arise from 原因
- 結果 stem from 原因

(3) V 結果 to 原因 の形をとるもの ➡「結果 を 原因 のせいにする」

- owe 結果 to 原因
- attribute 結果 to 原因
- ascribe 結果 to 原因
- credit 結果 to 原因

2 前置詞で因果を表すもの

(1)「～が原因で」

- **because of** 原因
- **due to** 原因
- **owing to** 原因
- **on account of** 原因
  - ▶直訳「～という説明（account）に基づいて（on）」
- **as a result of** 原因
  - ▶ 原因. As a result, 結果. ➡「原因だ。その結果として結果だ」
- **through** 原因
- **what with** *A* **and** *B* = **because of** *A* **and** *B* ➡「AやらBやらで」
  - ▶マイナスの理由を述べる。

(2)「～のおかげで」

- **thanks to** 原因

3 接続詞で因果を表すもの

(1)「sv だから SV だ」➡ 従属接続詞の中が原因，主節が結果

- **because**　Because s v, S V. / S V because s v.
- **since**　　Since s v, S V. / S V since s v.
- **as**　　　As s v, S V. / S V as s v.

(2) 前の文との因果を表すもの

- 原因. **This is why** 結果. ➡「原因だ。こういうわけで結果だ」
- 結果. **This is because** 原因. ➡「結果だ。これは原因だからだ」
- 原因. **The result is that** 結果. ➡「原因だ。その結果は結果だ」
- 結果. **The reason is that** 原因. ➡「結果だ。その理由は原因だ」

▶延長講義▶▶▶▶▶▶▶▶▶

「なぜ『因果表現』が入試に出るのか？」

大学では学問をするわけです。
どんなテーマであれ，学問になるかならないかの境界線は「因果があるか？」です。
たとえば「若者はなぜタトゥーを入れるのか？」というテーマであっても，「なんかカッコイイから」では明確に因果を見つけているとは言えません。「○○という理由で□□といった心理から●%の若者がタトゥーを入れる傾向がある」という仮説・検証をすれば研究テーマになるわけです。

ということは，大学教授が，みなさん受験生に「学問をこなす素養があるかどうか？」をチェックするのに一番手っ取り早いのは，因果表現を見つけられる能力があるかどうかなんです。ですから lead to ～などの因果表現が入試に頻出するわけです。

ところが，それを教える側の英語教育が，何十年も変わらず「lead to は『～に通じる』，cause は『～を引き起こす』，contribute to は『～に貢献する』……」なんてやっているわけですから，受験生が苦労するのも当たり前ですね。

この本で勉強しているみなさんは，今回のテーマで因果表現の正しい考え方をきっちり学んでください。
英文の読み方が変わるはずです！

テーマ 30
イコール表現
——involve を「含む」と覚えていない？

Step 1

設問 1 次の英文を和訳しなさい。
★ involve をどう訳すかがポイントです！

Learning to play golf involves a mastery of the grip, the stance, the backswing and the follow-through.

(成蹊大)

語　句
- **learn to ~**　　　「~できるようになる」
- **mastery**　　　　「マスターすること」
- **grip**　　　　　　「グリップ／握り方」
- **stance**　　　　　「スタンス〔足の開き方〕」
- **backswing**　　　「バックスイング」
- **follow-through**　「フォロースルー」

解説

● involve は"イコール"で考える

involve という単語の意味を聞くと、受験生は間違いなく「~を巻きこむ／~を含む」とだけ答えて、おしまいにしてしまいます。でも、実際の英文で **involve ~** は「~を意味する」になることもすごく多いんです。
S involve O の意味は「S は O という意味だ／S とはすなわち O のことだ」という具合に、**involve** は「S の意味を定義する」便利な動詞なんです。

> **ポイント** involve の大事な意味：核心イメージ「巻きこむ」
> ❶ 「巻きこむ／含む」　★「中に (in) + 回転する (volve)」
> ❷ 「意味する」　　　　★「(意味を) 含む」➡「意味する」
> ❸ 「夢中にさせる」　　★「人の心を巻きこむ」➡「人を夢中にさせる」

S involve O はもともと「S は O を含む」でしたが，「S は O を意味する」になったんです。

たとえば，ある先生が「受験には精神力も含まれるぞ」と言ったとしたら，その先生は「受験＝精神力」と主張したいんですよね。

「含む」がオーバーになって「意味する」が生まれたということです。

では，設問 1 の英文を見てみましょう。

🔻 **構造解析**

$$\underset{S}{\underline{\langle \text{Learning to play golf} \rangle}} \; \underset{=}{\text{involves}} \; \underset{O}{\underline{\langle \text{a mastery of the grip,} \sim \rangle}}.$$

involve を見たら，まずは「**〜を意味する**」という「イコール」の意味を考えてください。

これが一番大事で，よく出てきます。「含む」よりキレイな和訳になるはずです。

設問 1 の訳を見てみましょう。

> (△)「ゴルフができるようになることは〜を**含む**」
> (◎)「ゴルフができるようになることとは，**すなわち〜ということだ**」

Learning to play golf involves で，ゴルフ上達の定義を述べているのがわかりますね。

さて，後半の構文を見ましょう。

構造解析

> a mastery [of the grip, the stance, the backswing and the follow-through].
> v' 目的格の of   O'

a mastery of the grip, the stance, the backswing and the follow-through は「グリップ，スタンス，バックスイング，フォロースルーをマスターすること」です。mastery は「マスターすること」という v'，of は「目的格の of」です（➡テーマ 45）。

▶ 後半はゴルフ用語の連発で，ゴルフに興味ない女子はいやでしょうが，そのままカタカナで訳しちゃってください。男子はゲームでゴルフ用語を知っていたりするので，このへんは楽勝な人が多いんです。

チェックポイント

☐ **involve** を見たら，まず「〜を意味する」という"イコール"を考える！

解答例

ゴルフができるようになるということはすなわち，クラブの握り方，足の開き方，バックスイングやフォロースルーをマスターすることである。

Step 2

> 設問 2   次の英文を和訳しなさい。
> ★ refer to をどう訳すかがポイントです！
>
> Weather refers to the temperature, humidity, pressure, cloudiness, and rainfall there at a certain time.
> （九州大）

> 語　句
> - **humidity**　　　「湿度」
> - **pressure**　　　「気圧」
> - **cloudiness**　　「雲の量」
> - **rainfall**　　　「降雨量」
> - **there**　　　▶この英文では「ある地域」を指します。
> - **at a certain time**　「ある期間において」

解説

◯ 単語帳の意味より"イコール"で覚えたほうが役立つ！

Step 1 で，**involve** には「〜を意味する」という訳し方があることをお話しいたしました。
重要な「イコール表現」は involve のほかにもあります。

> **ポイント**　イコール表現
> - be
> - involve
> - show
> - refer to
> - mean
> - include
> - represent

これらの単語はなぜかほかの意味で教わり，この"イコール"の意味は無視されちゃうので，ぜひここでチェックしてください。
たとえば **refer to** 〜は「〜に言及する」としか教えられないのですが，実際の英文ではこの「イコール表現」のほうが活躍するんです！

◯ refer to は「イコール表現」

設問 2 の英文には refer to 〜がありますね。
これ，「イコール表現」です！

構造解析

> ⟨Weather⟩ **refers to** ⟨the temperature, humidity, pressure, cloudiness, and rainfall 〜⟩.
>   S   =   O

ここでは，Weather refers to 〜で weather の定義を述べ，「天候とはすなわち〜のことだ」と言っているわけです。

後半の英文は，ただ単語を訳すだけです。the temperature, humidity, pressure, cloudiness, and rainfall there at a certain time は「ある期間における，ある地域での，温度，湿度，気圧，雲の量，降雨量」という意味です。

▶ **certain** は「たしかな」という意味もありますが，今回のように「名詞の前に置く用法（限定用法）」では「ある／ある一定の」という意味になります。

🔴 記述の問題で大活躍！

この「イコール表現」は記述の説明問題（たとえば，「この語句の説明を30字でしなさい」）で，大活躍します。イコール表現を見つけた瞬間に「あ，語句の説明をしている！」ってわかるからです。

実は**設問2**の英文では，「weather を説明しなさい」という問題が出ていたんです。refer to が強烈な目印になるわけです。ぜひマスターしてくださいね。

チェックポイント

☐ **refer to** 〜は「イコール表現」と考える！

解答例

天候とはすなわち，ある期間における，ある地域での，温度，湿度，気圧，雲の量，降雨量のことである。

テーマ 31
「重要な」という重要語彙
—— essential を「本質的な」と覚えていない？

Step 1

> **設問 1** 次の英文を和訳しなさい。
> ★ significant をどう訳せばいいでしょうか？
>
> The greenhouse effect is the most significant economic, environmental, and human problem facing the 21st century.
> （芝浦工業大）

語 句
- **greenhouse effect** 「(大気の) 温室効果」
- **economic** 「経済上の」
- **environmental** 「環境の」
- **human** 「人間がもっている」
- **face 〜** 「〜に直面する」　▶ここでは動詞。

解 説

🔴 **4つの形容詞が problem を修飾している**

全体の構文は単純です。ＳＶＣになっています。

構造解析

〈The greenhouse effect〉 is 〈the most significant economic, environmental, and human problem 〜〉.
　　　Ｓ　　　　　　　Ｖ　　　　　Ｃ

220　Section 5　語彙から真の読解へ

The greenhouse effect is ～は「温室効果は～だ」です。

設問 1 の後半を見てみましょう。次のように 4 つの形容詞が problem を修飾しています。

⬇ 構造解析

```
the most significant  economic,  environmental,  and human
    形容詞₁             形容詞₂        形容詞₃               形容詞₄
problem
```

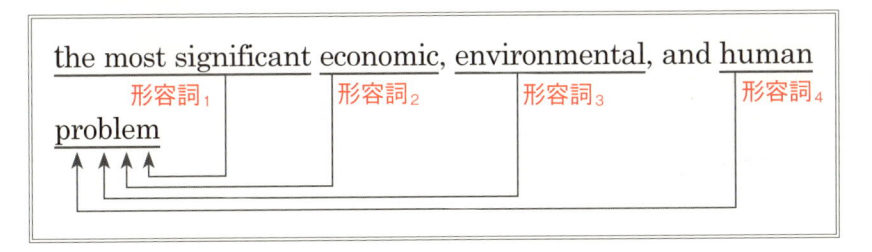

the most significant economic, environmental, and human problem は「最も重要な，経済的で，環境に関する，人類が抱えている問題」という意味になります。

▶ human「人間がもっている」という訳し方に慣れていないと思いますが，辞書にもハッキリ書いてある訳です。

後半は，facing the 21st century が problem を後ろから修飾しています。

⬇ 構造解析

```
the most significant ～ human problem [facing the 21st century]
```

さっきの訳に，facing the 21st century「21 世紀に直面する」を付け足します。最初に入れたほうがキレイになります。「21 世紀に直面する，最も重要な，経済的で，環境に関する，人類が抱えている問題」という訳になります。

🔴 significant は「意義深い」より「重要な」が頻出

あっさり説明してしまいましたが，実はここからが本題です。

significant は「重要な」と訳しましたが，「意義深い」で習った人も多いと思います。

Chapter 3 ▼「語彙・文法」から「真の読解」へ

テーマ 31 ▶「重要な」という重要語彙

設問1の英文では,「最も意義深い」より「最も重要な」のほうがずっと自然ですね。

「重要な」という意味の単語はたくさんあるので,まとめてみましょう。

> **ポイント** 「重要な」という意味の重要単語（形容詞編）
>
> - **crucial**
> - **significant**
> - **fundamental**
> - **critical**
> - **primary**
> - **invaluable**
> - **essential**
> - **principal**
> - **indispensable**
> - **vital**
> - **priceless**

これらの単語はすべて「重要な」っていう意味なんです。超頻出 & 超重要単語です。世間でよく言われる「キーセンテンス」だの「But だから主張」の前に,英文の筆者が「重要！」と言っているんですから,大事な内容がくるはずです！

単語帳をしっかりやってきた人には,1つ気になることがあるかもしれません。この「重要な」という単語は,今まで全部,ほかの日本語訳で覚えさせられたはずです。

たとえば **crucial**「決定的な」, **essential**「本質的な」, **fundamental**「根本的な」というふうに……。

たしかにそういう意味もあります。でも,辞書でチェックしてみてください。「重要な」という意味ものっているはずです。さらに英英辞典をチェックすれば,最初に "important" という説明があると思います。

ですから,「重要な」という意味から覚えたほうが,実際に英文を読むときは役立つんです。

チェックポイント

- ☐ **significant** は「重要な」という意味になる！
- ☐ 「重要な」という意味の単語をまとめて覚えよう！

| 解答例 |

温室効果は21世紀に直面する，最も重要な，経済的で，環境に関する，人類が抱えている問題である。

Step 2

| 設問 2 | 次の英文を和訳しなさい。
★ matter と count はどんな意味でしょうか？

Remember that it doesn't matter who you voted for personally. What counts is to fulfill your civic duty and right of exercising your vote.

（麻布大／空所補充問題を改題）

語　句
- **vote for ～**　　「～に投票する」
- **personally**　　「個人的に」
- **fulfill ～**　　「～を果たす」
- **civic**　　「市民の」
- **duty and right**　「義務と権利」
- **exercise ～**　　「～を行使する」

解説

● matter と count の意外な意味

matter も count も「重要な」という意味の動詞です。

> **ポイント** 「重要だ」という意味の重要単語（動詞編）
> - **matter** ➡ 核心イメージ「中身が詰まった」
>   　　　　　名詞「もの／こと」，動詞「重要だ」
> - **count** ➡ 核心イメージ「数に入れる」
>   　　　　　動詞「数える／重要だ」

まず matter から説明します。そもそも **matter** は名詞「もの／こと」が有名，というより有名すぎて，動詞として使われるのを知らない受験生も多いんですが，ホントによく見かけます。matter の核となるイメージ「中身が詰まった」➡「もの／こと」，「中身が詰まっているので大切」➡「重要だ」という意味になりました。

　▶あまり試験には出ませんが，「内容／膿（うみ）」なんて意味も，「中身が詰まった」から派生したものです。

また，**count** のほうは「数に入れる」➡「数える」➡「（数に入れるくらい）重要だ」になりました。

　▶たとえば，球技大会で「アイツは運動神経いいから１人確定！」って数に入れられる人は「重要な」人ですよね。

🔴 matter は仮 S とセットになることも多い

では，設問２の英文を見てみましょう。命令文なので，S はありませんよ。

⬇ 構造解析

Remember ⟨that it doesn't **matter** ⟨who you voted for ～⟩⟩.
　V　　　　　仮S　　v　　　　　　　真S
　　　　　　　　　　　　　O

Remember that it doesn't matter who ～は「who ～は重要じゃない，ということを覚えておきなさい」になります。
who ～をチェックしてみましょう。

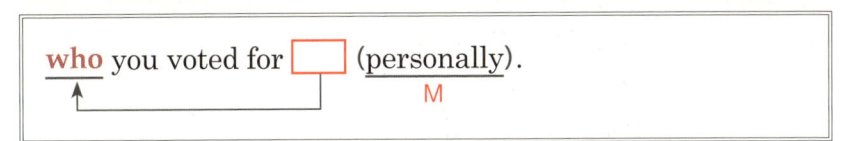

🔻 **構造解析**

```
who you voted for □ (personally).
 ↑_____|        M
```

もともと"**you voted for** + 人"だったのですが，人 が疑問詞 who になって前へ出て，who you voted for の形になったのです。その後ろにたまたま personally があるだけです。
who you voted for personally は「あなたが個人的に，誰に投票したのか」です。

● matter も count も「重要だ」

この英文，何が素晴らしいかというと，matter の直後に count が出てくるところです。

🔻 **構造解析**

```
〈What counts〉 is 〈to fulfill your civic duty and right 〜〉.
      S         V                  C
```

What counts が S になっています。**関係代名詞 what は名詞節を作ります**ね。そして，「**大事なことは〜**」という意味になります。

🔻 **構造解析**

```
〈to fulfill 〈your civic duty and right [of exercising your
                            ↑_____|
vote]〉〉.
```

fulfill 〜は「〜を果たす」です。そして，your civic duty and right「市民としての義務と権利」を of exercising your vote「投票を行使するという」が後ろから修飾しています。

設問2の英文で、「重要な」という意味を含む動詞の **matter** と **count** を一気にマスターしちゃってください。
ちなみに matter は、p.116 の強調構文でも使われていましたよ。

チェックポイント

☑動詞 **matter** / **count** は両方とも、「重要だ」という意味！

解答例

君個人が誰に投票したかは重要ではないということを覚えておきなさい。大切なのは、市民として投票する義務と権利を果たすことだ。

Section 6

まぎらわしい文法の判別

to 不定詞や -ing の判別を「訳して考える」なんて，絶対にやってはいけません。「as にはたくさん意味があって文脈から……」も時間のムダになります。
すべて「形から」判断するんです！
「正しい英語のルール」を習得すれば，驚くほどキレイに判別できるようになりますよ！

テーマ 32
不定詞：文頭の To ～の判別
── 意味ではなく「形から」攻める！

Step 1

> **設問 1** 次の英文を和訳しなさい。
> ★ To ～は不定詞の何用法でしょうか？
>
> To keep early hours is good for the health.
>
> （佛教大／整序問題を改題）

語　句
- **keep early hours**　「早寝早起きをする」

解説

🔴 **Ｓになるなら「名詞的用法」**

To ～ではじまる英文の場合，2 種類の可能性があります。不定詞の「名詞的用法」かもしれませんし，「副詞的用法」かもしれません。

ポイント　不定詞の名詞的用法と副詞的用法の判別法

- よくない考え方：訳してみて，日本語訳から用法を考える。
  - 「～すること」と訳す　➡ 名詞的用法
  - 「～するために」と訳す　➡ 副詞的用法
- 正しい考え方　：文の形から考える。
  - 文のＳになる　　　　　➡ 名詞的用法
  - 文のＳにならない　　　➡ 副詞的用法

228　Section 6　まぎらわしい文法の判別

設問 1 の英文で考えてみましょう。

> 🚩 **こう考える！**

> To keep early hours is good for the health.
> 　　何かカタマリ　　→ V 発見！
> 　　　　　　↓
> 　　To keep early hours は S になる

To keep early hours は S になるから名詞のカタマリ，つまり**名詞的用法**になります。名詞的用法ということは，To keep の部分は「**keep すること**」って訳せばいいわけです。

> ▶予備校で教えていると，和訳から考える生徒をたくさん見かけますが，絶対にやめましょう。「『〜すること』って訳すから名詞的用法」と考えてはいけません。いちいちいろんな訳をあてはめていると，英文を処理するのに時間がかかってしまいますよ。

🔴 余分なカタマリなら「副詞的用法」

次の例文を，形から考えてみましょう。

> 例　To obtain a brochure, you must call us at 555-1234.

> 🚩 **こう考える！**

> 例　To obtain a brochure, you must call us at 555-1234.
> 　　　何かカタマリ　　→ S 　 V を発見!!
> 　　　　　　　　　↓
> 　　To obtain a brochure は余分なカタマリ

To obtain a brochure は，後ろに S V があるので S にはならない余分なカタマリ，つまり**副詞的用法**になります。副詞的用法ですから，「**obtain するために**」って訳せば OK です。直訳は「パンフレットを得る**ために**，555-1234 に電話しなきゃいけない」になります。

テーマ 32 ▶ 不定詞：文頭の To 〜 の判別

もう少し自然に訳すと，「パンフレットをご希望の際は，555-1234 にお電話ください」です。

チェックポイント

☐ 文頭の **To** ～は形から攻める！　S になれば「名詞的用法」！

[解答例]
早寝早起きをすることは，健康によい。

Step 2

> 設問 2　次の英文を和訳しなさい。
> ★ To ～は不定詞の何用法でしょうか？
>
> To obtain a patent a firm must disclose a considerable amount of information.
> （早稲田大）

語　句

- **patent**　　　　　　　　「特許」
- **firm**　　　　　　　　　「企業」
- **disclose** ～　　　　　　「～を公開する」
  ▶ dis（マイナス）＋ close（隠す）＝「隠さない」
- **a considerable amount of** ～　「かなりの量の～」

[解説]

🔴 余分なカタマリなら「副詞的用法」

設問 2 の英文は，To ～ではじまっています。**Step 1** 同様，形から考えていきましょう。

こう考える！

```
To obtain a patent  a firm  must disclose a ～．
└─何かカタマリ──→  S         V を発見!!
                    ↓
         To obtain a patent は副詞になる！
```

To obtain a patent は，後ろに S V があるので S にはなりませんね。つまり，**副詞的用法**になります。「**obtain** する<u>ために</u>」って訳せば OK です。
To obtain a patent a firm must disclose ～は「特許を得る<u>ために</u>，企業は～を公開しなきゃいけない」になります。

> ▶ちなみに，To obtain a patent, a firm must ～のようにコンマが入る場合が多いのですが，今回のように「コンマなし」でも OK なんです。きちんと英文が読める人にとっては，To obtain a patent の後ろに a firm must という S V が続いていれば，「あ，副詞的用法の不定詞ね」って気づくからです。
> こういうカッコいい反応ができるようになると，英文を読んでいても楽しくなりますよ。

●「副詞的用法」の補足事項

ポイント　文頭の To ～のまとめ

- S になる　　　➡ 名詞的用法「～すること」
- S にならない ➡ 副詞的用法　● 原則的に「～するために」（目的）
　　　　　　　　　　　　　　　● 助動詞の過去形があれば「**もし～すれば**」（仮定）

副詞的用法とわかった時点で，原則的に「～するために」（目的）って意味になります。
もし助動詞の過去形（**would / could** など）があれば，次の例文のように，「もし～すれば」（仮定）と考えてください（➡テーマ 39）。

テーマ 32 ▶不定詞：文頭の To ～の判別

例 <u>To hear</u> him speak Spanish, you **would** think him a Spaniard.
「もし彼がスペイン語を話すのを**聞けば**，彼をスペイン人だと思うだろうに」
（立命館大）

チェックポイント

☐ 文頭の **To** 〜は形から攻める！　余分なカタマリなら「副詞的用法」！

解答例

特許取得のために，企業は相当な量の情報を開示しなければならない。

テーマ 33

文頭の -ing の判別
―― S になれば動名詞，それ以外は分詞構文！

Step 1

> **設問 1** 次の英文を和訳しなさい。
> ★ Learning は動名詞？　分詞構文？
>
> Learning to write means growing into a more complex, more interesting person.　　　　（熊本大）

語句
- **learn to ～**　「～できるようになる」　▶「学ぶ」と訳さないように注意。
- **write**　「ものを書く」
  ▶自動詞の場合には，「ものを」と付け加えてください。「書く」だけだと不自然ですよね。
- **complex**　「複雑な／深みがある」

解説

● -ing が S になるなら「動名詞」

-ing ではじまる英文の場合，2種類の可能性があります。「動名詞」かもしれませんし，「分詞構文」かもしれません。

ポイント　-ing が動名詞か分詞構文か？　の判別法
- よくない考え方：訳してみて，日本語訳から用法を考える。
  - 「～すること」と訳す ➡ 動名詞
  - それ以外の訳　　　　 ➡ 分詞構文

テーマ 33 ▶ 文頭の -ing の判別　　233

> ● 正しい考え方：文の形から考える。
> 　　　　　　文のSになる　　➡ 動名詞
> 　　　　　　文のSにならない ➡ 分詞構文

設問1の英文で考えてみましょう。

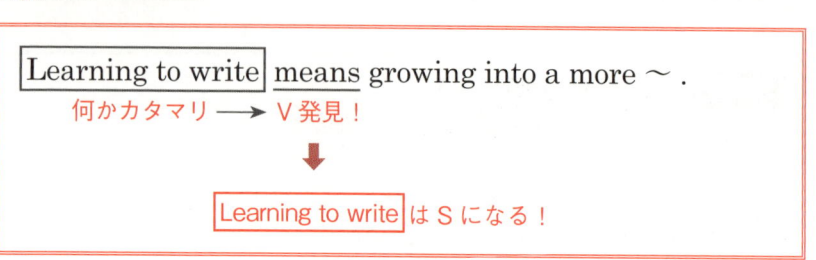

🔖 こう考える！

> | Learning to write | means growing into a more ～．
> 　　何かカタマリ ⟶ Ｖ発見！
> 　　　　　　　⬇
> 　　　　| Learning to write | はＳになる！

Learning to write がＳになるということは，Learning が名詞の働き（＝動名詞）だということです。当然「〜すること」って訳せばOKですね。

● into は「矢印（→）」で置きかえる

🔻 構造解析

> 〈Learning to write〉 means 〈growing into a more complex,
> 　　　　Ｓ　　　　　　　Ｖ　　　　　　　　Ｏ
> more interesting person〉．

Learning to write「ものが書けるようになるということ」，grow into 〜「成長して〜になる」です。into は「矢印（→）」で置きかえてみましょう。

🔻 構造解析

> growing into a [more complex], [more interesting] person
> 　　　　→

Section 6　まぎらわしい文法の判別

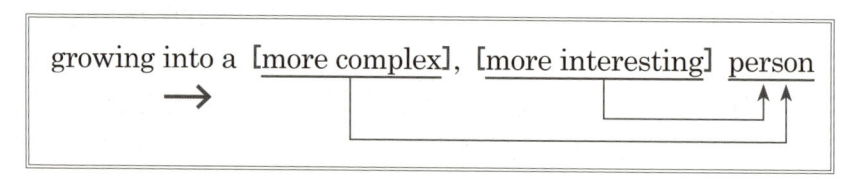

more complex も more interesting も，person を修飾しています。間違っても complex で一度文を切って，（×）「コンプレックスをもって」なんてやらないでください。**complex** は形容詞で「複雑な」という意味です。「成長して，もっと複雑で，もっと興味深い人間になるということ」になります。

▶ ここでの **complex**「複雑な」は，後ろにある interesting と並んでいるのでプラスの意味です。「よい意味で複雑」ということで，ボクは「深みがある」と訳してみました。

余分な -ing は分詞構文

文頭の -ing の例をもう１つ考えてみましょう。

参考問題

次の英文を和訳しなさい。
Being a milkman, he has to get up early every morning.
（鹿児島大）

解説

Being a milkman , he has to get up early every morning.
何かカタマリ ──→ S　　V を発見‼

Being a milkman は余分なカタマリ！

Being a milkman の後ろに Ｓ Ｖ があるので，Ｓ にはならない余分な要素，つまり「副詞」になります。
「**動詞**が**名詞**になる ➡ **動名詞**」に対して，「**動詞**が**副詞**になる ➡ **動副詞**」って考えれば筋が通るのですが，困ったことに「動副詞」という言葉は存在せず，なぜか学者さんはカッコつけて「**分詞構文**」などと命名してしまったのです。
つまり「分詞構文」＝「動副詞（-ing が副詞になる）」って考えればバッチリです。カンタンに言えば「**余分な -ing は分詞構文**」なんです！

テーマ 33 ▶ 文頭の -ing の判別

次に，和訳してみましょう。
分詞構文は「適当」に訳すのが本質です！ 適当に前後の文をつなぐのが分詞構文の役目なんですから！

Being a milkman　「牛乳屋さん（　　）」
　　　　＋
he has to get up early every morning
「毎朝，早起きしなきゃいけない」

（　　）の中に「適当」に言葉を入れて，後半の he has to get up につなげれば OK です。「牛乳屋さん（**なので**）」「牛乳屋さん（**だから**）」などが入りますよね。

答　彼は牛乳屋さんなので，毎朝早く起きないといけない。

チェックポイント

☑ 文頭の **-ing** も「形から」攻める！　S になれば「動名詞」！

解答例
ものが書けるようになるということは，もっと深みがあって，もっと人を引きつける人間になるということである。

Step 2

> **設問2** 次の英文を和訳しなさい。
> ★ Offering は動名詞？ 分詞構文？
>
> Offering various new business models, the city attracts a number of young investors who run small and medium-sized businesses. （明治大／正誤問題を改題）

語 句

- **business model** 「ビジネスモデル」
  ▶ 利益を生み出す戦略・仕組みのこと。
- **attract ～** 「～を引きつける／～を魅了する」
- **investor** 「投資家」
- **run ～** 「～を経営する」
- **small and medium-sized businesses** 「中小企業」
  ▶ business には「会社」って意味があり，実際によく使われます。

解説

🔴 余分な -ing は「分詞構文」

設問2の英文は，Offering という -ing ではじまっていますので，**Step 1** と同様，形から考えていきましょう。

🚩 こう考える！

```
Offering various new business models , the city attracts
         何かカタマリ　　　　　　　　 →　　S        V を発見‼
                                         ↓
                                 Offering ～ は余分なカタマリ！
```
a number of ～ .

テーマ33 ▶ 文頭の -ing の判別

Offering various new business models は余分なカタマリ（＝**分詞構文**）ですから，主節 (the city attracts ～) に自然につながるように「適当に訳せばOK」です。とりあえず「さまざまな新しいビジネスモデルを提供して」ぐらいに訳しておきます。

🔴 主節の意味を考えて，分詞構文の意味を調整する

主節の構文はカンタンです。単語がちょっと難しいだけですね。

▼ 構造解析

(Offering various new business models), the city attracts
　　　　　　　　分詞構文　　　　　　　　　　　　　　S　　　V
〈a number of young investors [who run small and medium-sized businesses]〉.
　　　　　　　O

a number of young investors「たくさんの若い投資家」です。
who ～ が，この young investors を修飾しています。**run a business** は「会社を経営する」，business の前に **small and medium-sized**「小規模と中規模の」という形容詞が入ってます。
主節は「中小企業を経営している多くの若い投資家を，その都市は引きつけている」ですので，それに合わせて，前半の分詞構文を修正してみましょう。

Offering various new business models,
● 暫定的な訳 ➡「さまざまな新しいビジネスモデルを提供<u>して</u>」
● 修正した訳 ➡「さまざまな新しいビジネスモデルを提供<u>している</u><u>ので</u>」

「新しいビジネスモデルを提供」➡「だから」➡「若い投資家を魅了」という流れです。
分詞構文の基本は，この「適当」という考え方です。さらに発展事項はテーマ41でやりますから，今はこの「適当」って知識だけで十分ですよ。

チェックポイント

☐ 文頭の **-ing** も「形から」攻める！　余分な **-ing** は「分詞構文」！

解答例
さまざまな新しいビジネスモデルを提供しているので，その都市は中小企業を経営している多くの若い投資家を引きつけている。

Chapter 3 ▼「語彙・文法」から「真の読解」へ

「分詞構文にはたくさんの訳し方がある」なんて習ったと思うけど，実際にそんなこと覚える必要はないんだ。詳しくは**テーマ41**で説明するよ！

テーマ33 ▶ 文頭の -ing の判別

テーマ 34
as の判別 ①
―― たくさん意味のある as もすべて「同時」から攻めればカンタン！

Step 1

設問 1 次の英文を和訳しなさい。
★ as はどういう意味になるでしょうか？

As time passed, things seemed to get worse.

（青山学院大）

語 句
- thing 「事態」　▶直訳は「（まわりの）ものごと」。

解 説

○ まずは as の品詞を判別する

as にはたくさん意味があるので，as をマスターすると読解力がグンと上がります。ただ注意してほしいのは，「as にはたくさんの"意味"がある」という前に「**as にはたくさんの"品詞"がある**」ってことです。

ポイント　as の全体像：いろいろな品詞
1. 接 続 詞 ➡ (As sv), S V. の形。　　★ as の後ろは完全文。
2. 前 置 詞 ➡ as の後ろに名詞がくる。
3. 副　　詞 ➡ いわゆる "as 〜 as ..." の前半の as。★後半の as は接続詞。
4. 関係代名詞 ➡ 先行詞に such / the same がつく。
　　　　★ as の後ろは不完全文。

Section 6　まぎらわしい文法の判別

❺　その他 ➡ 熟語の **as**。

でも安心してください。やっかいなのは「接続詞」の as だけです。今回のテーマは**接続詞 as** の判別。これは入試でも，よくねらわれます。

▶接続詞以外の as は p.265 にまとめます。後で軽くチェックしてください。ふだん，予備校で「as の区別ができないんです」って言う受験生の多くが，as の品詞を無視しているんです。品詞を判別するだけで，あっさりわかることも多いですよ。

🔴 as はすべて「同時」から攻めればカンタン！

辞書をひけば，接続詞 as には 7 つくらいの意味がのっているはずです。でも，すべて根底に「**同時に**」という意味があるんです。英米人は「えっと，この as の意味は……」なんて暗記しているわけありませんよね。彼らは「**as ＝同時**」という考えをもっているはずです。ですから，**まずは as を見たら「同時」って意味から攻めていけばウマくいく**はずです！

ポイント　接続詞の **as**　★すべて「同時」という意味が根底にある！

❶ 時「〜するとき」

　例　**As** I was going out, there was an earthquake.
　　　「出かけようとしていたときに，地震があった」
　　　　★「外出する」と「地震」が同時に発生。

❷ 比例「〜するにつれて」

　例　**As** we grow older, our strength becomes weaker.
　　　「年をとるにつれて，体力は落ちる」
　　　　★「年をとる」と「弱くなる」が同時に進行。
　　● 識別するときには，次のことがヒントになる。
　　　● **比較級**
　　　● **変化動詞**（**become / grow / turn / get / change / vary**）
　　　● **移動動詞**（**go / pass / increase / rise / climb**）

❸ 比較「〜と同じくらい」：いわゆる **as 〜 as …** の後半の **as**
　　★ちなみに前半の as は副詞。

テーマ 34 ▶ as の判別①

例 He is as old as I am. 「彼は私と同じ年齢だ」
　　★「年齢」が同じ。

❹ 理由「〜なので」
例 As he was sick, he couldn't attend the meeting.
「彼は気分が悪かったので，ミーティングに参加できなかった」
　　★「気分悪い」のと「参加できない」が同時に発生。

❺ 様態「〜するのと同じように」
例 When you are in Rome, do as the Romans do.
「郷に入っては郷に従え」
　　★直訳すると，「ローマにいるときは，ローマ人のするようにしなさい」。
- 識別するときには，次のことがヒントになる。
　　反復，代動詞（**do** / **does** / **did**），省略
- 様態の明示化には，**just** / **much** / **so** をつける。

❻ 譲歩「〜だけれども」
例 Rich as he is, he isn't happy.
「彼は金はあるが，幸せではない」
　　★「金がある」と「幸せじゃない」が同時に発生
- 識別するときには，倒置に注目。X as sv, SV.
- As 形容詞・副詞 as sv, SV. の形になることもある。
- 順接になる場合もある（文脈判断）。
　　例 Young as he is, he commits such a mistake.
　　「幼いので，そういうミスをする」

❼ 名詞限定「〜のような」
例 The word "happiness," as young people use it, has a different meaning from three decades ago.
「若い人が使う『幸せ』という言葉は，30年前の意味とは異なる」
　　★「『幸せ』という言葉」と「若者が使うときの意味」が同じ。
- 名詞を修飾するが，as 節中は完全文で，接続詞扱い。

🔴 as の意味を識別する方法！

接続詞 as で，やたらねらわれるのは「**比例・様態・譲歩**」の 3 つです。

　▶つまり，「比例・様態」など as 特有の意味ほどねらわれやすいというわけです。

もちろん，この本を読んでいるみなさんは，「これが出ますよ」という情報だけで満足してはいけません。オイシイのは「識別方法」です。
まず今回のテーマは「比例」の見分け方です。

> **ポイント** 比例の as の識別方法
> ❶ 比較級
> ❷ 変化動詞（become / grow / turn / get / change / vary）
> 　　移動動詞（go / pass / increase / rise / climb）

"As sv, S V." の中に，❶の「比較級」，もしくは❷の「変化動詞・移動動詞」のどれか 1 つでもあったら，**比例の as**「～するにつれて」を考えてみてください。99％うまくいきます。

変化動詞とは「～になる」という動詞で，**become** の仲間だと考えてください。1 つ 1 つの動詞を無理に覚える必要はありません。「～になる」「変化する」っていう動詞がきたら，**as** を「～するにつれて」って訳せば OK なんです。

移動動詞は **go** などです。「移動」＝「（場所の）変化」ですよね。
では，設問 1 の英文を見てみましょう。

🔽 構造解析

> (**As** time passed), things seemed to get worse.
> 　As　s　　v　　　　　S　　　　V　　　C

移動動詞 pass，**変化動詞 get**，**比較級 worse** がありますね。このうち 1 つでも気づいた時点で，**比例の as** と考え，「～するにつれて」と訳してみれば OK なわけです。

チェックポイント

☑ 移動動詞 **pass**，変化動詞 **get**，比較級 **worse** を見た瞬間，**as** は「比例」の意味と考える！

解答例
時間が経つにつれて，事態はさらに悪化したようだ。

Step 2

設問2 次の英文を和訳しなさい。
★ age の品詞は？

As people age they seem to need more vitamin D.

（早稲田大）

語　句
- **vitamin D**「ビタミンD」

解説

age は名詞？　動詞？

文頭に As があるので，まずは，接続詞 as と予想してみましょう。

予　想

(**As** people age) they seem to need more vitamin D.
　As 　s　　v 　　　S 　　V 　　　　O

▶本文にコンマはありませんが，これでもOKなんです。people age の後ろに they seem がきているので，age までが as 節（副詞節）になるとわかるからです。

とくに問題はなさそうですよね。

age を動詞と考えるのには抵抗がありますが，しかし，これ以外は考えられません。

念のため，前置詞の as と予想してみましょう。

▶ 予　想

(**As** people) age they seem to need more vitamin D.
（前置詞＋名詞）　名詞　名詞　　　　Ｖ
　　　　　　　　　　　　　　　　　???

名詞が2つ並んじゃっていますね。これでは，age がジャマですよね。やはり先ほどの予想どおり，**as は接続詞**で，**age は動詞**なんですね。

● as の意味を判別する

動詞 age は「年をとる」って意味になりますので，これは「変化動詞」です。

　▶ CM で「アンチ・エイジング（anti-aging）」って使われています。age を -ing 形にしていますね。つまり，「反・年をとること」って意味です。

もちろん age が変化動詞であるとわからなくても，後ろに比較級 more がありますから，これは**比例の as** だってわかりますね。「～するにつれて」という意味になるはずです。

● 早稲田の出題意図は？

この問題を見たほとんどの受験生は，age の意味から攻めようとして，「動詞の age を出すなんて難しい」と言っちゃうんです。

でもこの早稲田の英文，きちんと構文をとって，「接続詞 as」と「前置詞 as」を判別すれば，age が動詞ってわかってしまうわけです。これが，この本で身につけてほしい「構文のチカラ」なんです。

チェックポイント

☐ **as** を見て「接続詞」と予想してみる！　変化動詞 **age** か比較級 **more** を見た瞬間，「比例」の **as** だと考える！

解答例
年をとるにつれて，さらに多くのビタミンDが必要になるようだ。

> 苦手な人が多い「asの判別」も，ここで説明した識別法を知っていればこんなにカンタンなんだ！

テーマ 35

asの判別②
──「様態」のasは3つのポイントで必ず見抜ける！

Step 1

設問1 次の英文を和訳しなさい。
★最後の行の as はどういう意味になるでしょうか？

Spiders weave complex webs, bees transmit complex information about sources and quality of nectar, ants interact in complex colonies, beavers build complex dams, chimpanzees have complex problem-solving strategies, just as humans use complex language.

（東大）

語 句

- **weave ～**　　　　　　　「～を織る／（クモが巣を）作る」
- **web**　　　　　　　　　「クモの巣」
- **transmit ～**　　　　　　「～を伝える」
- **source**　　　　　　　　「源」
- **nectar**　　　　　　　　「蜜(みつ)」
- **interact**　　　　　　　「相互に作用する」
- **colony**　　　　　　　　「ハチやアリの巣」
- **dam**　　　　　　　　　「ダム」
- **problem-solving strategy**　「問題解決の戦略」

> 解説

○「様態」の as の識別方法

今回は，様態の **as** をマスターしましょう。

"As sv, SV."で「sv と同じように，SV だ」って意味になるのが，様態の as です。識別の方法は以下のとおりです。

> **ポイント** 様態の as の識別方法
> ❶ 反　　復（似た表現の繰り返し）
> ❷ 代 動 詞（**do / does / did**）
> ❸ 省　　略

「sv と同じように，SV だ」ってことは，"sv ≒ SV"になるはずですね。つまり，"sv"の部分と"SV"の部分で，❶「反復（似た表現の繰り返し）」があれば，当然，様態の as になるわけです。
ただ，実際の英文では，「反復（似た表現の繰り返し）」がきたら，❷「代動詞（**do / does / did**）」や❸「省略」が起きます。
こういうときは，**as** を「同じように」って考えれば OK なんです。

▶このルールを知らない多くの受験生は，「いきなり do が出てきたり，省略が起きていたら，訳せない。だから as の意味もわからない」と思っちゃうんです。これ，発想が逆ですよね。do や省略があるってことは，裏を返せば「内容がカブってる」わけです。だから **as** を「同じように」と訳せば OK なんです！

○ just / much / so がついたら，様態の as

様態の **as** の識別方法❶〜❸の中で，❷「代動詞」と❸「省略」はよく見かけますが，これはすぐに気づきます。一番面倒なのは，❶「反復（似た表現の繰り返し）」なんです。内容を考えて，「あ，同じ内容が繰り返されているな」って気づかないといけないからです。
でも安心してください。面倒なのはネイティブも同じみたいで，「これは様態の as ですよ〜。気づいてくださいね」って合図を送ってくれることが多いんです！　具体的には，**just / much / so** を使って，様態を明示化しているのです。

> **ポイント**　様態の明示化
>
> ❶ **Just as** s v, S V.
> 　➡「s v するのと**ちょうど同じように**，S V だ」
> ❷ **Much as** s v, S V.
> 　➡「s v するのと**ほとんど同じように**，S V だ」
> ❸ **As** s v, **so** S V.
> 　➡「s v するのと**同じように**，S V だ」

この **just** / **much** / **so** を見たら，即，様態を考えてみてください。とくに，圧倒的に多く使われるのが **just** です。

🔴 "just as s v" を意訳するコツ

では，設問 1 の英文を見てみましょう。
短い S V が連発して，最後に接続詞 just as がありますね。just as の副詞節が後ろにきて，S V, **just as** s v. の形になっています。

⬇ 構造解析

```
Spiders  weave  ⟨complex webs⟩,
   S       V          O
bees  transmit  ⟨complex information [about ～ of nectar]⟩,
  S      V                          O
ants  interact  (in complex colonies),
  S       V              M
beavers  build  ⟨complex dams⟩,
   S       V          O
chimpanzees  have  ⟨complex problem-solving strategies⟩,
     S        V                   O
(just as  humans  use  ⟨complex language⟩).
 just as     s      v          o
```

S V, S V, … S V, **just as** s v. の形になっています。

前半に S V が 5 ペアあり，それぞれの単語は難しいですが，構文は単純です。前半が長いのですが，次のようなコツを知っていると，訳すときにとても便利です。

> **ポイント** S V just as s v. を訳すコツ
>
> ❶ 普通の訳し方 ➡ just as s v という副詞節から先に訳す。
>   S V just as s v.「ちょうどsvと同じように，SVだ」
> ❷ 粋(いき)な訳し方 ➡ 前から訳していって，just as s v を補足的に訳す。
>   S V just as s v.
>   「SVだ。それはちょうどsvと同じようなことだ」

ですから，設問 1 の英文は，「SVで，SVで……SVだ。それはちょうどsvと同じようなことだ」と訳すと，前からキレイに訳せます。

　　▶前から順に訳していくので，英文を読むスピードも上がります。

どちらの訳であっても，次のように，意味的には「主節がメイン」で，「just as の中身がサブ」になります。

```
S V (just as s v).
メイン    サブ
```

設問 1 を，まずは❶の普通の訳し方，つまり just as s v の節から先に訳してみましょう。

「ちょうどヒトが複雑な言語を使いこなすのと同じように，クモは……，ミツバチは……，アリは……，ビーバーは……，チンパンジーは……する」となりますね。

それでは次に，❷の粋な訳し方をしてみましょう。

前から訳し，just as s v を補足的に訳します。「クモは……，ミツバチは……，アリは……，ビーバーは……，チンパンジーは……する。それはちょうど，ヒトが複雑な言語を使いこなすのと同じなのである」となりますね。

次に，よくやってしまうミスを説明しましょう。

> （×）（S V just as）s v. ← こういうカタマリで考えてしまう。

これを訳すと，（×）「クモは……，ミツバチは……，アリは……，ビーバーは……，チンパンジーは……するのと同じように，ヒトは複雑な言語を使いこなす」，こんなふうになってしまいます。

これでは，「ヒトは複雑な言語を使いこなす」という内容がメインになってしまいます。気をつけてくださいね。

チェックポイント

☑ **just as** を見たら，「様態」の **as** を考える！

解答例

クモは複雑な巣を作り上げ，ミツバチは蜜がどこにあるのか，どれほどのものなのかに関して複雑な情報を伝え，アリは複雑な巣の中でそれぞれが活動し，ビーバーは複雑なダムを作り，チンパンジーは何か問題を解決するのに複雑な戦略を立てる。それはちょうど，ヒトが複雑な言語を使いこなすのと同じなのである。

Step 2

設問2 次の英文の下線部を和訳しなさい。
★ as はどういう意味になるでしょうか？

Having read Shakespeare's masterpieces does not automatically make you or me an educated woman or man. They offer no solution to life's ultimate mysteries. <u>They will merely help to change your interior life into something a little more interesting, as a love affair does.</u>

（神戸女学院大）

> **語 句**
> - **masterpiece** 「名作」
> - **automatically** 「自動的に」
> - **educated** 「教養のある」
> - **solution** 「解決策」
> - **ultimate** 「最終的な」
>   ▶「究極的な」と訳されることが多いのですが,「最終的な」という訳のほうがいろんな場面で使えます。
> - **interior life** 「内面生活／心の中」
> - **love affair** 「恋愛」
>   ▶やたら「情事」と訳されることが多いのですが「情事」とは「不倫」のことです。ここはそんなドロドロした話ではありません。

解説

🔴 make を見たら,"O C" を予想

下線部の前の英文から確認していきましょう。

make を見たら,まずは "S make O C"(第5文型)を考えてください。

⬇ 構造解析

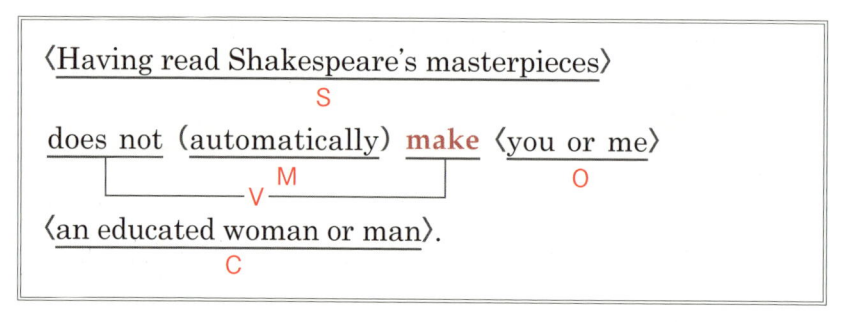

```
⟨Having read Shakespeare's masterpieces⟩
                    S
does not (automatically) make ⟨you or me⟩
────────────────────────              O
    V        M
⟨an educated woman or man⟩.
            C
```

"S make O C" は,中学校では「S は O を C にする」と習いましたね。でも,この訳はカタいので,絶対にやめましょう。正しい訳し方は「S によって,O は C になる」です！

> （×）「シェイクスピアの名作を読むことは，誰をも教養ある人間にするわけじゃない」
> （◎）シェイクスピアの名作を**読むことで**，誰しも教養ある人間**に<u>なる</u>**わけじゃない」

🔴 難しい単語に振りまわされないように！

続く英文を見てみましょう。

🔽 構造解析

> They offer ⟨no solution to life's ultimate mysteries⟩.
> S   V   O

They（= Shakespeare's masterpieces）は「シェイクスピアの名作」，solution to ~ は「~に対する解決策」，life's ultimate mysteries は「人生の最終的な謎」➡「人生の中で最後まで解けない難題」という意味です。
ultimate という難しい単語に振りまわされずに，「人生の謎には答えてくれない」って意味だとわかれば十分です。

🔴 as 節の中に does があるということは？

それでは，いよいよ下線部の英文を見てみましょう。

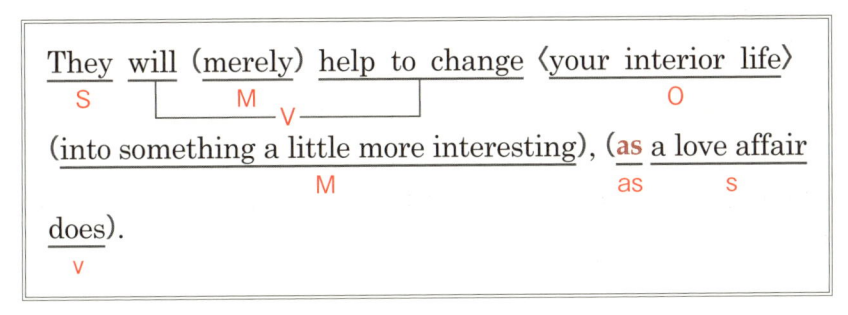

🔽 構造解析

> They will (merely) help to change ⟨your interior life⟩
> S   M   V   O
> (into something a little more interesting), (<u>as</u> a love affair
>   M   as   s
> does).
> v

テーマ35 ▶ as の判別② 253

最後に as が出てきましたね。**as 以下は副詞節**です。as の意味を識別するために，どこに注目すればいいですか？
そうです，**does** ですね。
do / does / did があるということは，これは**様態の as** です！
設問 1 と同じように，前から訳していって，最後に「それはちょうど love affair がしてくれるのと同じだ」って訳せば OK です。
ちなみに，この **does** は何を指しているのでしょうか？　主節の V は will (merely) help to change ですから，ここを全部 does に代入しちゃえばいいわけです。

🔻**構造解析**

```
     as a love affair does
                      ‖
 = as a love affair helps to change your interior life into 〜
```

では，設問 2 の下線部の英文を先頭から訳していきましょう。
They は「シェイクスピアの名作」，help to change は「変えるのに役立つ」です。**help to** V「V するのに役立つ」はよく出てきますよ。

🔻**構造解析**

```
change 〈your interior life〉 into 〈something [a little more
 change          A           into              B
 interesting]〉
```

change A **into** B は「A を B に変える」です。into はつねに「矢印（→）」に置きかえるとわかりやすいですよ。
your interior life は「内面生活（＝心の中）」，something a little more interesting は「ちょっとおもしろいもの」という意味です。

▶ a little more interesting が後ろから something を修飾しています。something hot「何か熱いもの」とか something cold「何か冷たいもの」という形を見たことがありますよね。

そして最後に，as a love affair does「それはちょうど恋愛事がしてくれる（＝内面をおもしろいものにしてくれる）のと同じだ」と訳せばOKです。

さっきの **Step 1** は **just as** という「様態の明示」がありました。今回は just がないので，様態の as に気づきにくいと思いきや，as 節の中に **does** という「様態の as に気づいてよ〜」っていう目印がちゃんとあるんですね。

チェックポイント

☐ 代動詞 **does** を見たら，「様態」の **as** を考える！

解答例

シェイクスピアの名作を読むだけで，誰しも自然と教養のある人間になれるわけではありません。シェイクスピアの名作には，人生の中で最後まで解けない難題に対する解決策が提示されているわけではありません。ただ心の中にちょっとだけ色を添えるのに役立つのです。ちょうど，恋をしたときと同じようにね。

> このシェイクスピアの話，女子大っぽい内容だね。次ページの延長講義も続けて読んでみてね。

テーマ 35 ▶ as の判別②

> ▶延 長 講 義 ▶▶▶▶▶▶▶▶▶

「正しく読めると視野が広がる！」

夏休みの読書感想文で「名作を読め」と強制された経験は誰にでもあるでしょうけど，**設問2**の英文の筆者は，ただ無理強いするのではなく「シェイクスピアを読むと，ちょっとばかしココロが磨かれるよ。しかもその輝きは誰かを好きになったときと同じだよ」と言っているんです。

強制されるより，こう言われたほうが「ちょっとこの夏，シェイクスピアに挑戦しちゃおうかな」っていう人も出てくるでしょう。

その筆者の意図を読み取れるのは，**様態の as** をきちんと解釈するチカラのおかげです。

「きちんと英文を読める」とはすなわち「相手の視点（＝自分にはない視点）」を獲得することなんですね。

テーマ 36

as の判別③
―― 変な語順なら「譲歩」と考える！

Step 1

設問 1 次の英文を和訳しなさい。
★ as はどういう意味になるでしょうか？

Young as he is, he understands what adults should do in such a case.　　　　　　　　　　　　　　　　（鹿児島大）

語　句
- case 「場合」

解説

●「譲歩」の as の識別方法

as の三大頻出パターン，最後は**譲歩の as** です。譲歩は「～だけれども」って意味になります。

譲歩の as の識別方法はカンタンです。とっても変な語順になるからです。

> **ポイント** 譲歩の as の識別方法
> ● 語順が変わる ➡ "$\boxed{X}$ as ｓｖ，ＳＶ." の順になる。
> 　　　　　　　★ $\boxed{X}$ には形容詞か副詞が入る。

$\boxed{X}$ が前に飛び出たイメージです。この語順のときは，**譲歩の as** と考えてください。

文法問題でも，よくねらわれますよ。

```
|X| as s v |X|, S V.
```
(Xに取り消し線、矢印で前のXに戻る)

例 Angry **as** he was, he managed to speak calmly.
「彼は怒っていたが，なんとか冷静に話していた」　　　（青山学院大）

さて，設問1の英文を見てみましょう。語順に注目です。

⬇構造解析

```
(Young as he is), he understands ⟨what adults should do
   |X|  as  s  v,  S      V                      O
in such a case⟩.
```

Young as he is は「彼は若いが」と訳せばバッチリです。
ちなみに **what** は名詞節を作り，次のような構造になります。

⬇構造解析

```
⟨what adults should do (in such a case)⟩
   O     S      V            M
```

do の目的語が，先頭の what です。what は疑問詞と考えても，関係代名詞と考えても，どちらでも OK ですが，今回は疑問詞で解釈したほうが，より自然な日本語になります。

ポイント　**what の2つの訳し方**（設問1の英文で説明します）

❶ **what** が疑問詞の場合
　➡「そういう場合，大人が何をすべきか（をわかっている）」
❷ **what** が関係代名詞の場合
　➡「そういう場合，大人がすべきこと（をわかっている）」

チェックポイント

☑ **Young as he is** っていう変な語順を見たら，「譲歩」の **as** を考える！

解答例

彼はまだ若いのだが，そういう場合に大人だったらどうすべきかがわかっている。

Step 2

設問 2 次の英文の下線部を和訳しなさい。

★ Self-evidently good as の as はどういう意味ですか？

It is common for Americans to offer extravagant praise both publicly (on award and recognition ceremonies) and privately (with expression like "Great!" "Good job!" and "Terrific!"). <u>Self-evidently good as this may seem to Americans, Japanese tend to regard such displays as inappropriate and embarrassing.</u>

(一橋大)

語句

- **common** 「よくある」
  ▶「共通の」って意味より「よくある」のほうが使われます。
- **extravagant** 「大げさな」
  ▶ extra「エキストラ」➡「余分な」って意味です。
- **praise** 「ほめ言葉」
- **both publicly and privately** 「公私を問わず」
- **award and recognition ceremonies** 「授賞式や表彰式」
- **terrific** 「すごくいい」

- **self-evidently** 「自明なほど／明らかに」
- **regard** *A* **as** *B* 「A を B とみなす」
- **display** 「表示／(感情を) 示すこと」
- **inappropriate** 「不適切な」
- **embarrassing** 「恥ずかしい」

解説

🔴 for Americans を「アメリカ人にとって」と訳したらアウト

設問 2 の下線部の前にある文の構文を確認していきましょう。
It is ~ to ... は仮 S・真 S 構文です。to の前に "for 人" が入って「意味上の S」になっています。

⬇ 構造解析

It is common for Americans ⟨to offer extravagant praise ~⟩.
仮 S　　　　　　　for　　人　　　　　　　　　真 S

for Americans は，意味上の S。(×)「アメリカ人<u>にとって</u>」はよく見かけるミスです。注意してください！　ここは「アメリカ人<u>が</u>」と訳します。
It is common は「よくあることだ」，for Americans to ~は「アメリカ人が~することは」，offer extravagant praise は「大げさなほめ言葉を与える」
➡「大げさにほめる」になります。

🔴 Self-evidently にまどわされない

では，設問 2 の英文の下線部です。最初の as に注目してください。
"X as sv, SV." の形になっていますね。つまり，**譲歩の as** です。

260　Section 6　まぎらわしい文法の判別

🔽 **構造解析**

> (Self-evidently good **as** this may seem ~), Japanese
>   X   as s   v   S
> tend to regard ~
>   V

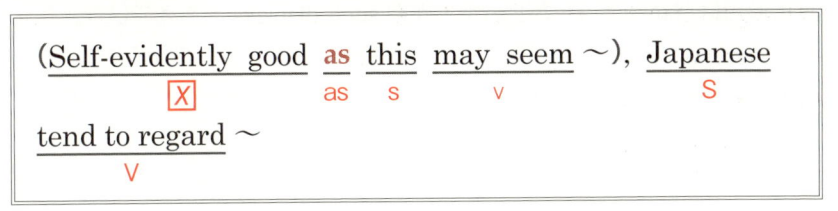

as の前のメインの単語は good です。

どうしても，Self-evidently なんていう見たこともない単語が気になってしまいますが，**-ly で終わる単語は基本的に副詞**です。副詞 Self-evidently は good を修飾しているのです。(×)「自明に思えるけれども」ではなく，「(自明なほど) よいことに思えるけれども」ですね。

▶ Self-evidently に意識がいって，good を訳し忘れるミスが意外と多いので，注意しましょう。

🔴 regard *A* as *B* の as は「前置詞」

では，最後に主節を訳してみましょう。

🔽 **構造解析**

> Japanese tend to **regard** such displays **as** inappropriate ~.
>   S   regard   A   as   B

regard *A* as *B* は「A を B とみなす」です。この as は前置詞「〜として」です。

普通，前置詞の後ろには名詞がくるはずですが，この **regard *A* as *B*** の形に限って形容詞も **OK** で，実際よく使われます。

▶ 英語教師でもきちんと意識している人は少ないですから，受験生があまりこだわる必要はありませんよ。

「日本人は such displays を inappropriate かつ embarrassing とみなす傾向がある」と考えれば OK です。

🔴 "such + 名詞" は「まとめ表現」

as の解説は終わりましたが，最後の難題 such displays を考えていきましょう。直訳して「そのような表示」では意味不明です。ここでの「表示」とは「（感情を）示すこと」ですので，「そのように感情を示すこと」と訳せば OK です。

さらにもっとよい訳を考えてみましょう。ここで such に注目します。

"**such** + 名詞" や "**this** + 名詞" は，前に出てきた内容を端的にまとめる**働き**があるんです。ということは，such displays にあたる内容が前にあるはずです。

It is common for Americans to offer extravagant praise both publicly ～ and privately ～.
　　　　　　　　　　　　　　　　　　　　　　　　　　＝
Self-evidently good as this may seem to Americans, Japanese tend to regard such displays as inappropriate and embarrassing.

「そのように感情を示すこと」をヒントに探せば，to offer extravagant praise「大げさにほめること」が見つかります。

such displays の訳し方を見てみましょう。

- 直　　訳 ➡ （×）「そのような**表示**」
- 意　　訳 ➡ （○）「そのように**感情を示すこと**」
- **such** を利用した訳 ➡ （◎）「そのように**大げさにほめること**」

---

such を利用すれば，和訳がここまでキレイになるんです！

チェックポイント

☐ **Self-evidently good as this may seem** の形から,「譲歩」の **as** を考える！ **Self-evidently** にまどわされないように！

解答例

アメリカ人が,（授賞式や表彰式といった）公の場面や,（「素晴らしい」「よくできた」「ものすごくいい」といった表現でほめるような）公的ではない場面のどちらでも，人を大げさにほめることはよくあることだ。このように公私を問わず人を大げさにほめることは，アメリカ人には自明なほどよいことに思えるかもしれないが，日本人はそのように大げさにほめることは不適切で恥ずかしいと思いがちである。

難しい単語にまどわされずに，as の訳をしっかり明示すれば，得点力が上がるよ！

▶延長講義▶▶▶▶▶▶▶▶▶

「-ly で終わる単語は"すごく"と訳せば OK！」

p.259 の設問 2 の英文に，self-evidently という単語が出てきました。self-evidently は文字どおり「自明なほど」という意味ですが，この単語の訳に自信がない場合にどうすればいいか？　をお話しします。

「実は，-ly で終わる単語は「すごく」って訳せば OK！」
こんなこと，いきなり言われても，「ホントか!?」と信じてもらえないでしょうから，ここで証明しましょう。

たとえば「異常に勉強した」＝「すごく勉強した」ってことですよね。
「異常に」は，「勉強した」という動詞を修飾しています。動詞を修飾するのは「副詞」です。このように，**副詞には直後の言葉を強調する働きがあるんです**。だから「異常に」は「強調」の働きがあるわけです。ほかにも「超勉強した」「死ぬほど勉強した」「果てしなく勉強した」など，内容はすべて同じですね。

これを英語に応用すると，「-ly で終わる副詞は『すごく』と訳せば OK」が証明されるというわけです。
たとえば，**exceptionally lucky** は「すごく運がいい」っていう意味です。**exceptionally** 以外にも，**extraordinarily / extremely / tremendously / incredibly** でも OK です。

もちろん言葉ですから多少の例外はありますが，このワザ，かなり使えます。知らない -ly を見たら，辞書を引く前に「すごく」と訳してみてください。英文を読むのがラクになりますよ。

ですから，p.259 の self-evidently good は次のように訳します。
- 単語に自信がある場合　➡「自明なほどよい」
- 裏ワザを使う場合　　　➡「すごくよい」

補講　「接続詞」以外の as 一覧

(1) 前置詞の as

- 基　本 ➡ 「～として」
- 例　外 ➡ 「～のとき」 **as** a child / **as** a young man

▶ as の直後に名詞が 1 つだけあったら，前置詞の as です。前置詞の as はすごくカンタンです。基本的に「～として」という意味しかないと思ってください（例外的に **as a child**「子どものとき」，**as a young man**「若いとき」のときだけ，「～のとき」って意味になりますが，あまり問われないので安心してください）。

(2) 副詞の as

- 「同じくらい～」

▶ 副詞の as は，**as** ～ as A「A と同じくらい～」の前の as で，「同じくらい」という意味です。有名ですよね。ちなみに後半の as は接続詞です。

(3) 関係代名詞の as

❶ 先行詞に **such** / **the same** がついているときに使う。
❷ 「主節の内容」を先行詞にするときに使う ➡ 非制限用法でのみ使う。
　　　　　　　　　　　　　　　　　　　　　　　　文頭にも使える。

As is often the case with ～ , S V. = **As** is usual with ～ , S V.
「～にはよくあることだが，S V だ」
▶ 主節の内容が先行詞。

▶ **as** is often the case with ～ / **as** is usual with ～ は，熟語として覚えても OK です。

(4) その他：熟語の as

- such A **as** B / A such **as** B「B のような A」
- the same A **as** B「B と同じ A」
- **as** it were「いわば」

Section 7

文法から真の読解へ

公式ばかりで無味乾燥な「仮定法」。
実際は，公式だけ覚えても英文が読めるようになるわけではありません。
公式がそのまま使われることはあまりないからです。
ここでは，「文法の知識をどうやって実際の英文に活かすか?」を解説します!

テーマ37

比　較
―― 丸暗記不要！　no more ～ than ... の
　　秒殺和訳法！

Step 1

設問1　次の英文を和訳しなさい。
　　★ no worse と than の訳し方がポイントです！

Your idea is no worse than mine.

（青山学院大／空所補充問題を改題）

解説

● **no more ～ than ... の裏ワザ**

次のような,「クジラの構文」といわれ, 呪文のように暗記させられる英文がありますが, 丸暗記は一切不要です。

> 例　A whale is no more a fish than a horse is.
> 「クジラが魚じゃないのは……」

カンタンに訳せるテクニックをお話しいたします。合言葉は「矢印2つ」です。

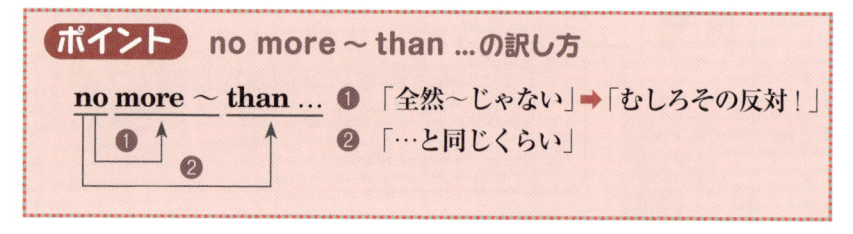

ポイント　no more ～ than ...の訳し方

no more ～ than ...　❶「全然～じゃない」➡「むしろその反対！」
　　❶↑　　❷↑　　　❷「…と同じくらい」

no から, ❶ more ～, ❷ than ... に2つの矢印を向けるんです。

❶で **no more** ～「まったくもって～じゃない！」と強く否定してから，その逆の意味にしてください。たとえば，no more intelligent なら「全然，頭よくない！」➡「超頭悪い！」って訳します。

❷では，**no ～ than** ... は「…と同じ」って訳してください。**than** ... は「…より」と「差」を表しますよね。no で「その差を否定」➡「差がない」➡「…と同じ」って意味になるんです。

次の 例 で練習してみましょう。矢印を 2 つ，向けてみてください。

> 例　He is no more intelligent than a monkey.

🔽 構造解析

> 例　He is no |more intelligent| than a monkey.
> 　　　　　　　　　　↑❶　　　　　　↑❷

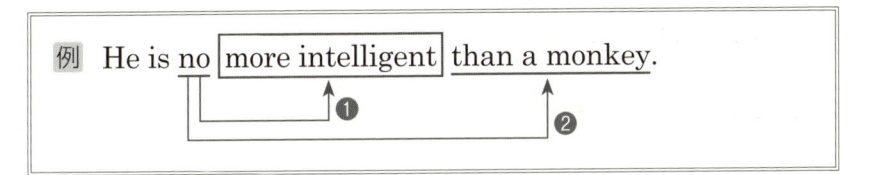

まず，❶で no more intelligent は「全然 intelligent じゃない」➡「超頭悪い」，そして，❷で no ～ than a monkey は「サルと同じくらい～」➡「彼は超頭悪い。サル並」という意味になるんです。

🔴 クジラの構文なんて覚える必要はない！

ではもう 1 つ。先ほどの「クジラの構文」にチャレンジです。やっぱり矢印 2 つを使います。

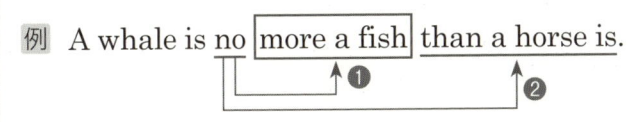

🔽 構造解析

> 例　A whale is no |more a fish| than a horse is.
> 　　　　　　　　　↑❶　　　　　　↑❷
>
> ❶「クジラは全然魚じゃない！ むしろ魚とは対極にある」
> ❷「（その魚じゃない度合いは）馬と同じくらいだ」

テーマ 37 ▶ 比　　較

「クジラは哺乳類であって魚類じゃない。どれくらい魚じゃないかっていうと，馬が魚じゃないのと同じくらい，それくらい魚じゃない。クジラと魚はそれと同じくらいかけ離れている」ってことなんです。

▶これだけです。従来の英語教育では，たったこれだけのことを説明せずに丸暗記させるんです。暗記ではなく頭を使ったほうが，絶対に英語ができるようになりますよ。

🔴 no 比較級 than ... を見たら，矢印２つ！

では，設問１の英文を見てみましょう。やっぱり矢印２つで解決します！

⬇ 構造解析

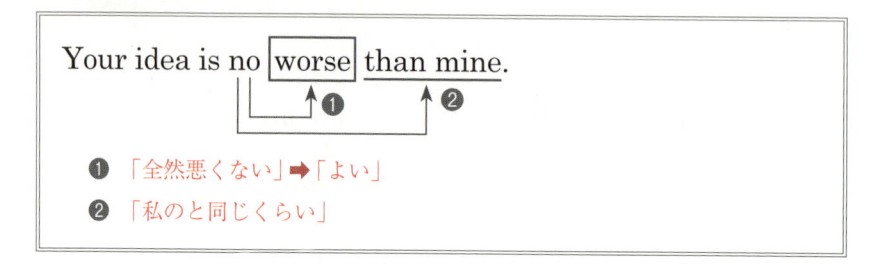

Your idea is no worse than mine.
❶ 「全然悪くない」➡「よい」
❷ 「私のと同じくらい」

チェックポイント

☐ "**no** 比較級 **than** ..." を見たら，矢印２つで解決できる！「全然〜じゃない，…と同じくらい」って意味になる！

解答例

君のアイディアは僕のと同じくらい素晴らしい。

Step 2

設問2 次の英文を和訳しなさい。

★ no longer をどう訳すかがポイントです！

An Englishman born in 1600 could have expected to live no longer – on average – than his late thirties.

(学習院大)

語句
- **expect** 「思う」
  ▶「期待する」という意味が有名ですが,「よいこと」だけでなく「わるいこと」が起こるときにも使うので,この英文では「思う」って意味になります。
- **late thirties** 「30代後半」

解説

● 助動詞の過去形で「仮定法」を予想する

では, 設問2の英文の構文を確認しましょう。

could を見て何を考えますか？

▶予 想

〈An Englishman [born in 1600]〉 could have expected ～
　　　　　　S　　　　　　　　　　　V
　　　　　　　　　　　　　　　　　　➡ could を見たら？

could を見たら, 仮定法を考えます（➡テーマ39）。しかも **could have p.p.** の形は**仮定法過去完了**です。

if は見あたりませんね。でも, 代用表現で An Englishman（A+名詞）があります（➡テーマ40）。

ここに仮定の意味をこめて訳してみましょう（なぜここに注目するかはテーマ40で説明します）。

テーマ37 ▶比　較

> (△)「1600年に生まれたイギリス人は」
> (◎)「もし1600年に生まれたイギリス人ならば」

could have expected to live は「生きると思っただろうに」です。
　▶ 語句 でも書きましたが，「期待する」ではなく，こういう「テンションの低い」expect もあるんです。

🔴 熟語を知っている人ほどひっかかる

では本題です。no longer を見たとき，**no longer**「もはや〜でない」という熟語が浮かんだ人は素晴らしいのですが，後半の than を見た瞬間に，**no more 〜 than ...** のパターンで「矢印2つ！」と修正しないといけないんです。

⬇ 構造解析

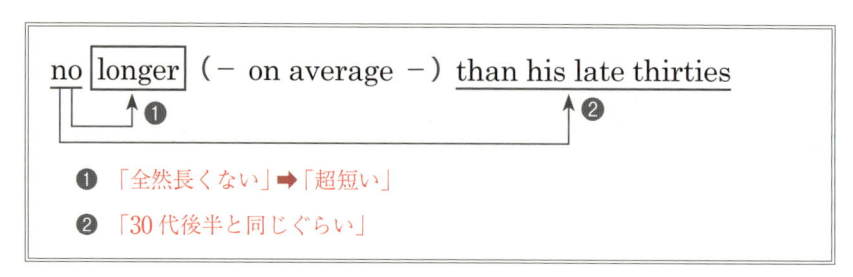

```
no longer ( - on average - ) than his late thirties
    ↑❶                           ↑❷
```

❶「全然長くない」➡「超短い」
❷「30代後半と同じぐらい」

つまりこの英文は，「超短い時間しか生きられないと思ってたんだよ。どれくらい短いかというと，30代後半ぐらい」と言いたいわけです。

🔴「内容の理解」と「日本語の訳出」は別問題

ここまで英文の内容が理解できれば，受験生としては十分合格です。
ここから先，つまり自然な日本語にするには，かなりの力が要求されます。
no longer - on average - than his late thirties の部分は「30代後半という短い人生」ということを伝えたいわけです。みなさんの訳に，❶「短い」というニュアンスと❷「30代後半」という数字がハッキリ入っていればOKなのです。

そこで，次のような訳ができれば最高です。

> (○)　「すごく短く 30 代後半まで」
> (◎)　「**たった** 30 代後半まで**しか**」　▶「超短い」➡「たった〜しか」

最後に，「30 代後半」の前に on average「平均して」を入れれば完成です。

チェックポイント

☐ **no longer than** 〜は「矢印 2 つ」で解決！

解答例
もし 1600 年に生まれたイギリス人ならば，平均してわずか 30 代後半までしか生きられないと考えただろうに。

> 「クジラの構文」は，この「矢印 2 つ」であっさり解決できるんだ！

テーマ 38

受動態
—— 受動態を「～れる／～られる」と訳しちゃいけない!?

Step 1

設問 1 次の英文を和訳しなさい。
★この英文の書き手はどこを強調したいのでしょうか？

Simple telescopes were first invented by the Dutch, and later they were developed by the Italians.

（立命館大／空所補充問題を改題）

語　句
- **simple telescope**　「単純構造の望遠鏡」
- **the Dutch**　「オランダ人」

解説

● "*be* + p.p." はガンガン能動態に戻して訳す

はじめて受動態を習ったとき，とんでもない日本語の訳を押しつけられませんでしたか？「この手紙は彼女によって<u>書かれた</u>」「豆腐は日本人によって<u>食べられる</u>」のような……。

こんな不自然な日本語は，ふだん使いません。「彼女がこの手紙を<u>書いた</u>」「日本人は豆腐を<u>食べる</u>」のはずです。

「"*be* + p.p." は受動態と呼ばれ，『～される』と訳す」としか教えられませんが，この説明は受動態の本質をまったくとらえていないのです。

日本語「～れる／～られる」と英語の受動態 "*be* + p.p." はまったく違うん

です。日本語の「～れる／～られる」という受け身はおもに「**被害・利益**」を表すときに使われます。たとえば，「**盗まれる**」（被害），「**認められる**」（利益）などです。

　　▶ だから，「勝手に<u>書かれた</u>」や，「食べたかった豆腐を<u>食べられる</u>」なら「被害」の意味を表しているので，自然な日本語になるわけです。

ところが英語の世界では，「被害・利益」以外の場合でも受動態をガンガン使うわけです。だから反対に，"*be* + p.p." を「～される」って訳してしまうと，変な日本語になることが多いんです。

つまり，「**受動態 *be* + p.p. はガンガン能動態に戻してから訳して OK**」なんです！

● 受動態を使う本当の理由

では，英語の世界では，どういうときに受動態（*be* + p.p.）になるのでしょうか？

ポイント　英語で受動態を使う理由

❶ Sを言いたくないから。
❷ SとOの位置を変えたいから。

たとえば，Some beautiful flowers **are sold** at that store.「あの店では美しい花を売っている」という場合，誰が売っているかをあえて言う必要がないので，このような場合に受動態は便利なんです。

I was born in Tokyo.「私は東京で生まれた」では，当たり前すぎて，誰が産んだのかを言う必要がありませんね。このような場合も，受動態が便利です。

上の例では，当たり前すぎて言う必要がないのですから，by them，by my mother などの by ～は省略されています。では，あえて by ～がある受動態を使うのはなぜでしょう？

今度は，❷の「SとOの位置を変えたい」という理由です。文頭にあるSを by ～にして文末にもってくることで，**by ～が強調される**んです。

テレビ番組で使われる，This program is presented by △△．「この番組の提

Chapter 3 ▼「語彙・文法」から「真の読解」へ

テーマ 38 ▶ 受動態

供は△△です」は，by ～を後ろにもってきて強調した例です。
以上から，次のようなルールができあがります。

> **ポイント** 受動態の本当の訳し方
>
> ❶ "*be* + p.p." はムリに「～れる／～られる」で訳す必要はない（能動態の訳し方で十分 OK）。
>
> ❷ by ～があったら，そこを強調して訳すと，書き手の主張がハッキリ伝わる。

🔴 受動態はここまでキレイに訳せる！

では，設問 1 の英文を見てみましょう。

構造解析

```
Simple telescopes were (first) invented by the Dutch,
     S              ─────V─────        by ～が強調される
```

この文は「～れる／～られる」で訳してもおかしくはありません。「発明された」は利益だからです。

でも，せっかく by the Dutch を書いて強調しているわけですから「あ，by the Dutch が強調されているのね」と気づいてもらえるように訳すと，英文の意図が伝わるはずです。

- 普通に「～れる；～られる」で訳す。
  - （△）「単純構造の望遠鏡がオランダ人によって最初に発明された」
- **were invented** を能動で訳す ＋ **by the Dutch** を強調して訳す。
  - （◎）「単純構造の望遠鏡を最初に<u>発明したのはオランダ人だ</u>」

文末に「オランダ人だ」をもっていくことで強調できます。さらに英文と同じ語順で訳せるんです。

次の文も同じように考えてみましょう。

構造解析

and (later) they were developed by the Italians.
　　　　　　　 S　　　　V　　　　by 〜が強調される

この英文の訳も2通り考えてみましょう。

- 普通に「〜れる／〜られる」で訳す。
  - （△）「のちにそれがイタリア人によって発達させられた」
- **were developed** を能動で訳す ＋ **by the Italians** を強調して訳す。
  - （◎）「のちにそれを**発達させたのはイタリア人だ**」

つまりこの英文は，「最初はオランダ人！　後になってイタリア人！」ってところを強調したいのです。

こうやって比べてみると，"*be* + p.p."を何も考えずに「〜れる／〜られる」で訳すと，すごく不自然な日本語になってしまうだけでなく，英文の書き手の主張が全然伝わらない，ということに気づきますね。

チェックポイント

☑ **were first invented** を能動で訳す！　**by the Dutch** を強調して訳す！

解答例

単純構造の望遠鏡を最初に発明したのはオランダ人で，のちにそれを発達させたのはイタリア人だ。

テーマ 38 ▶ 受 動 態

Step 2

> **設問2** 次の英文を和訳しなさい。
> ★訳す前に「GDPの順位」を30秒以内に言ってください！
>
> The United States has the highest GDP; then come Japan and China, followed by Germany and other Western European democracies.　　　（早稲田大）

語句
- **GDP**　「国内総生産（Gross Domestic Product）」
- **Western European democracies**　「西欧民主国家」

解説

🔴 "be followed by ～" を「追っかけられる」と訳しちゃいけない

入試（とくにセンター試験）に本当によく出る受動態といえば，**be followed by** ～という形です。
今回は，このfollowの使い方をマスターしましょう。

> **例**　Spring follows winter.
> 　　　春　　←　　　冬

この英文はわかりづらいですね。英文は左から読むのに「春 ← 冬」という方向なので。こういうときに「SとOの位置を変える」受動態が登場するわけです。

> **例**　Winter is followed by spring.
> 　　　冬　　　→　　　　春
> 　（×）「冬は春によって追っかけられる」
> 　（◎）「冬が来たら，次には春が来る」

こうすると,「冬 → 春」の順で,左から右に読みやすくなります。ただし,「SとOの位置を変えたい」から受動態にしたのであって,「～れる／～られる」で訳してほしいわけではありません。ただの矢印と考えればOKです。

▶超頻出 "S V, followed by ～"の考え方

この be followed by ～は,分詞構文の形でもよく使われます。

🔻 構造解析

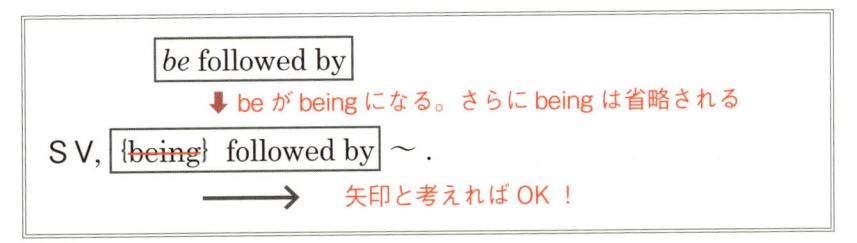

```
              be followed by
               ↓ be が being になる。さらに being は省略される
     S V, {being} followed by ～ .
                   ⟶
                  矢印と考えればOK！
```

分詞構文でも,同じように矢印と考えればOKです。あえて訳すとS V, **followed by** ～は「S Vだ。それに引き続いて～だ」になります。

　　　▶順位をいうときに便利な表現で,センター試験のグラフ問題で超頻出です。

では,設問2の英文を見ていきましょう。

最初の The United States has the highest GDP;「アメリカ合衆国は最も高いGDPを示している」はまったく問題ないですね。

では,次にいきましょう。

🔻 構造解析

```
  then  come  Japan  and  China, followed by Germany ～ .
   M     V     S₁    and   S₂    followed by ～
                                   ⟶
```

then come Japan and China は M V S の形,つまりの倒置です(→テーマ20)。「次にやってくるのは,日本と中国です」になります。そして,この英文は S V, **followed by** ～の形になっていますね。"..., **followed by** ～"の部分に矢印を書いて「それに引き続いて」と訳せばカンペキです！GDPの

順位も「アメリカ ➡ 日本 ➡ 中国 ➡ ドイツ ➡ 西欧民主国家」と，一瞬でわかりますね。

チェックポイント

☐ "..., followed by 〜" を見たら，「矢印」で置きかえる！

解答例

アメリカ合衆国は最も高い GDP を示している。次に日本と中国で，それに続くのは，ドイツや西欧民主国家だ。

> 大学入試では，受動態を「〜られる」と訳しちゃいけないケースがこんなにたくさんあるんだよ！

テーマ 39

仮定法①
── 仮定法に if は使わない!?

Step 1

設問 1　次の英文を和訳しなさい。
　　　★ were の S はどれでしょう？

It would be better were she to stay at a hotel.

（法政大）

語句
- it　▶「状況」の it で，とくに訳す必要はありません。

解説

🔴 仮定法の目印は「助動詞の過去形」

仮定法が苦手な受験生がたくさんいるのは，「仮定法＝ if」という間違った考え方が浸透しているからです。

▶いまだに，「if は仮定法の目印」なんてとんでもない教え方をされることも少なくないでしょう。事実，予備校でも，最初はみんな "if" と言ってしまいます。

仮定法の目印は，実は「**助動詞の過去形（would / could** など）」です！
これからは**助動詞の過去形を見たら**，何があってもまずは「**仮定法**」を考えてください！

🔴 would を使うと丁寧になる理由

では，なぜ「助動詞の過去形＝仮定法」なのかを説明します。
中学で習った次の文を思い出してください。「**will を過去形にすると丁寧な言い方になる**」，そう教わりませんでしたか？

> 例 **Will** you open the window? 「窓, 開けてくれる？」
> ↓
> 例 **Would** you open the window? 「よろしければ, 窓を開けてください」

実はこれ, 過去形の would ではなく, **仮定法の would** なんです。would の中に「もしよろし<u>ければ</u>」という仮定が含まれている分だけ, 丁寧になるんです。

🔴 公式を覚えただけでは仮定法を見抜けない理由

学校では公式ばかり習ったと思いますが, 仮定法の公式は, 実際の英文ではあまり見かけません。「仮定法は公式を覚えれば大丈夫」と思いこんでいると, 痛い目にあいますよ。

たしかに公式も大事ですが, 実際に公式どおりに話す人は少ないんです。たとえば, 「もしカサを持っていれば, ぬれずにすむのに」なんて話す人はいませんよね。実際は, 「ぬれるのヤダ」とか「新しいクツなのにー」ですよね。ですから, 「もし〜ならば…なのに」って, そんなに使わないんです。たしかに, 公式は覚えなければいけませんが, **公式は崩れる**と考えてください。

参考　仮定法の公式

> ❶ **仮定法過去**「もし（今）〜ならば, …だろうに」
>   If s 過去形 , S would 原形 … .
> ❷ **仮定法過去完了**「もし（あのとき）〜ならば, …だったろうに」
>   If s had p.p. , S would have p.p. … .
> ❸ **仮定法未来**「もし（これから）〜ならば, …だろうに」
>   ● If s should + 原形 , 命令文〔S will 原形 / S would 原形, など〕.
>   ● If s were to + 原形 , S would 原形 … .
>   ▶ **would** 以外に, **could / might / should** でも可。ただし, 仮定法未来の should だけは, 主節に助動詞の過去形がなくても OK。

Section 7　文法から真の読解へ

🔴 仮定法の if は省略され，省略された目印に倒置が起きる

公式が崩れるパターンとして，「**仮定法 if の省略による倒置**」があります。本当によく出ます。「たまに if が省略される」ではなく，「省略されるのが当たり前」くらいにとらえていたほうがいいでしょう。

「if が省略されたら仮定法だってわからない」なんて言ってはいけませんよ。仮定法の目印は，**if** ではなく，「**助動詞の過去形**」でしたよね。

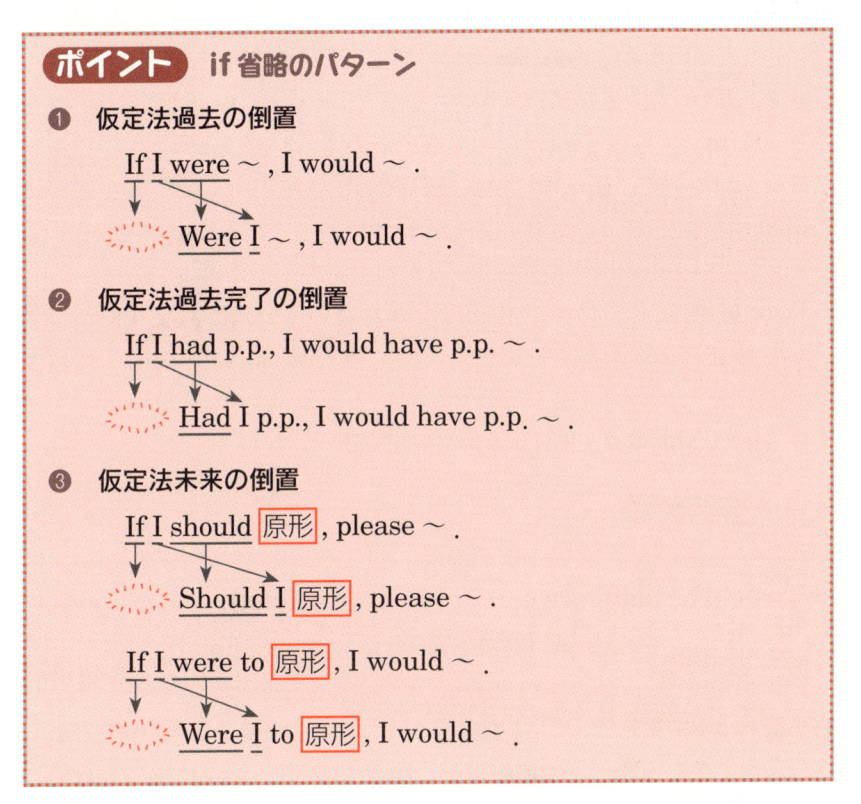

🟥 ポイント　if 省略のパターン

❶ 仮定法過去の倒置

　　　If I were ~ , I would ~ .
　　　↓
　　　Were I ~ , I would ~ .

❷ 仮定法過去完了の倒置

　　　If I had p.p., I would have p.p. ~ .
　　　↓
　　　Had I p.p., I would have p.p. ~ .

❸ 仮定法未来の倒置

　　　If I should 原形 , please ~ .
　　　↓
　　　Should I 原形 , please ~ .

　　　If I were to 原形 , I would ~ .
　　　↓
　　　Were I to 原形 , I would ~ .

「倒置なんていかにも受験英語」って批判されることがあるのですが，TOEIC テストや英字新聞でもしょっちゅう見かけます。とくに英字新聞では，if が消えた分だけスペースが有効に使えますしね。もちろん大学入試でもよく出題されますよ。

🔴 「would を見たとき」の思考パターン

では，設問 1 の英文を見てみましょう。

▶ 予　想

It **would** be better were she ～
S　　 V　　　 C　　　　??

ちなみに，文頭の It は**状況**の **it** ですから，とくに訳す必要はありません。
It would be better の時点で，ＳＶＣという英文が完成していますね。ところが，なぜかその後ろに were she という形がきています。
ここで，もう一度，この英文を最初から読んでみると，would があるのがわかりますね。
この would を見て，何を考えればいいのでしょうか？
「would を見たとき」の思考パターンは，以下のようになります。

「would ➡ 仮定法⁉ ➡ でも if はたぶんない（公式はあまり使わない）➡ if 節の変形パターンを思い出す ➡ were she は……？」

そう，**were she** は **if** 省略による**倒置**なんです。

▶ こう考える！

It would be better（**were she** to stay at a hotel）.
　　　　　　　　　＝（**if she were** to stay at a hotel）.

さらにもう１つ気をつけてほしいことがあります。今まで倒置の例文としてあげられてきたのは，ほぼ間違いなく，if 節が前半にくるパターンだけでした。

例　Had I not seen that doctor, I wouldn't probably be here like this. 　　　　　　　　　　　　　　（早稲田大）
「もしあの先生に診てもらっていなければ，おそらく私は今ここにこうしていないでしょう」

たしかにこういう英文も大事ですが，実際の英文では，設問1のようにif節が後ろにくることが多いのです。

▶とくに2008年の入試から出題が急増しました。

設問1は，It would be better (if she were to stay at a hotel). のつもりで訳せばOKです。if節の中に **were to** があるので「**仮定法未来**」です。It would be better は「もっとよかっただろうに」，if she were to stay at a hotel は「もし彼女がホテルに泊まってくれたら」です。

チェックポイント

☐ **would** を見て仮定法を予想！　**were she** の倒置に気づけばOK！

|解答例|
彼女がホテルにでも泊まってくれたほうがいいのだが。

Step 2

設問2　次の英文を和訳しなさい。
★ if節の代わりはどの語句でしょうか？

Ten years ago this style of life would have appeared extremely odd.

（愛知大）

|語　句|
- **style of life**　　　「ライフスタイル／生活様式」
- **appear** + 形容詞　　「形容詞のように見える」
- **odd**　　　「奇妙な」

テーマ39 ▶ 仮定法① 285

> **解説**

仮定法の公式が変形するパターン

Step 1 で,「if 省略 ➡ 倒置」というパターンをやりました。実は,このように「仮定法の公式が変形するパターン」はほかにもあるんです！

> **ポイント** if 節の変形パターン（if 節の代用表現）
> ❶ if 省略による倒置　　　❷ with / without
> ❸ 不定詞の副詞的用法　　　❹ 時・場所・様態などの副詞
> ❺ otherwise　　　　　　　❻ A + 名詞 would ～
> ❼ if 節そのものがなくなる

❶の倒置は **Step 1** でやりました。設問 2 の英文は, 文法の問題集では扱われないのに長文ではよく目にするパターン❹のケースです。

▼ **構造解析**

> (Ten years ago) ⟨this style of life⟩ would have appeared
>   M   S   V
>
> extremely odd.
>   C

全体はＳＶＣの構文です。this style of life は「このライフスタイル」, would have appeared extremely odd は「極端に奇妙に見えただろうに」になります。ここで **would** に注目です。would を見て仮定法を予想するわけですが, **would have p.p.** は間違いなく仮定法過去完了の形なので, 仮定法と断定できます。

設問 2 の英文で「would を見たとき」の思考パターンは,「would を見つける ➡ 仮定法？ ➡ would have p.p. は確実に仮定法 ➡ たぶん if はない ➡ if 節の変形パターンを思い出す ➡ Ten years ago は……？」です。

if 節（副詞節）が, もっとシンプルな **Ten years ago** という副詞句になったんです。ですから, この Ten years ago は「10 年前は」ではなく, **if** の意味を加えて「もし 10 年前だったら」と訳さないといけないわけです。

if 節の変形パターンを確認してみる

ポイント の内容を英文で確認してみましょう。

---

if 節の変形パターン（if 節の代用表現）

❶ **if 省略による倒置** ➡ Step 1 で確認済み

❷ **with / without**
　例 **Without** Chinese influence, Japanese culture would not be what it is today. 　　　　　　　　（鹿児島大）
　「もし中国の影響がなければ、日本の文化は今日のものではなかっただろうに」

❸ **不定詞の副詞的用法**
　例 **To see us walking together**, they would take you for my sister. 　　　　　　　　　　　　　（中央大）
　「もし私たちがいっしょに歩いているところを見たら、彼らは君を僕の妹だと思うだろうに」

❹ **時・場所・様態などの副詞** ➡ Step 2 で確認済み

❺ **otherwise**
　例 He overslept that morning; **otherwise**, he would have been involved in the accident. 　　　　（成城大）
　「その朝、彼は寝過ごしたが、そうでなかったら事故に巻きこまれていただろう」

　▶❻と❼については、テーマ40で確認します。

チェックポイント

☐ **would を見て仮定法を予想！**　　**Ten years ago が if 節の代わり！**

解答例
もし10年前だったら、この生活様式は極端に奇妙に見えただろうに。

テーマ 40
仮定法②
―― 頻出なのに教わらない if 節代用パターン！

Step 1

設問 1 次の英文を和訳しなさい。
★ A wise man の訳し方に工夫が必要です！

A wise man would not do such a thing. （倉敷芸術科学大）

解説

● A + 名詞 は if の代用

では，仮定法の「if 節代用パターン」（➡ p.286）の❻ **A + 名詞 would** 〜のパターンです。

A + 名詞 という S の中に仮定の意味を含め，「もし 名詞 ならば〜だろうに」と訳すと，キレイな日本語になります。

⬇ 構造解析

〈A wise man〉 would not do 〈such a thing〉.
　A + 名詞　　　would

A wise man would 〜の先頭の A wise man に，仮定の意味がこめられています。（△）「賢い人が」ではなく，仮定の意味をこめて，（◎）「もし賢い人なら」と訳してください。
would not do such a thing は「そんなことはしないだろうに」です。

🔴 整序問題でも役立つ！

この **A** + 名詞 **would** ～のパターンは，ボクが今までチェックした1500冊以上の参考書・問題集のどれにも書かれていませんでした。でも，実際の入試の英文ではけっこう出ているんです。テーマ37の **Step2** の英文でも出ていました。

また，次のような整序問題が出たこともあります。

参考問題

日本文と同じ意味になるように，〔 〕内の語句を正しく並べかえなさい。

A〔care / have / her / little / more / spared / would〕a great deal of trouble.

（もう少し慎重だったら，彼女はずいぶん苦労しないですんだのに）

（立命館大）

解説　「もう少し慎重<u>だったら</u>，～<u>ですんだのに</u>」という日本文から，仮定法だとわかります。

「公式どおりの問題はカンタンすぎて出ないだろうなあ」と予想して，**if節代用**パターンを思い出してください。

そこで英文を見ると，先頭はAではじまると指定されています。
ここでA+ 名詞 would ～のパターンが浮かべば楽勝ですね。
「もう少し慎重だったら」をA+ 名詞 の形にまとめると，A little more care になります。
次にVの部分は would have spared になります。
spare は，**spare** 人 物 の形で「人 から 物 を奪う」という意味になります（→テーマ4）。spared her a great deal of trouble にすればバッチリです！

答　(A) **little more care would have spared her** (a great deal of trouble.)

テーマ40 ▶ 仮定法②

チェックポイント

☐ **would** を見て仮定法を予想！　**A wise man** が **if** 節の代わり！

解答例
賢い人なら，そんなことはしないだろうに。

Step 2

設問2　次の英文を和訳しなさい。
★ 3つの助動詞のうち，どれが仮定法になるでしょうか？

'She couldn't make it. She would have loved to come but she couldn't get the time off,' I explained.

（首都大学東京）

語　句
- **make it**　　　　　「都合がつく」
- **love to ～**　　　　「～したがる」
- **get the time off**　「時間をとる」

解 説

● would have p.p. という形は絶対に仮定法

設問2の英文はちょっと難しいです。
最初の She couldn't make it. を見た瞬間，仮定法を考えます。もし，この could が**仮定法の could** なら，「仮定法過去（＝現在の話）」ということになります。

▶ 予　想

She couldn't make it. She **would have loved** to come 〜
　　　仮定法？　　　　　　　　仮定法過去完了！
　　　　↓　　　　　　　　　　　　↓
　　　現在の話？　　　　　　　　過去の話！

2つめの文の She would have loved to come は仮定法過去完了です。
　▶ would have p.p. という形は絶対に仮定法です。

仮定法過去完了ですから，話の内容は「**過去のこと**」になります。
ここで過去の話をしているので，最初の **could** は「**ただの過去形の could**」になりそうです。
試しに過去形で訳してみると，She couldn't make it. 「彼女は都合をつけることができなかった」で意味が通りますね。
　▶ もし「仮定法過去（＝現在の話）」と考えると，「（今）彼女は都合をつけることができないだろうに」となり，次の文と合わなくなります。

🔴 if 節が完全になくなる

では，本題です。She would have loved to come 〜. は完全に仮定法ですね。やはり if 節がありません。ということは if の代用表現を探さなければならないのですが，それらしいものも見つかりません。
実は，**if 節そのものがザックリ消されたパターン**なんです！　つまり，p.286の❼のパターンです。こんなパターン，教わらない人がほとんどでしょうが，現実にはよく見かけます。

ポイント　**if 節が完全にないときの訳し方**
- **if 節を補う！　前後の内容（事実）を裏返せば OK！**
　　★うまく補えないときは，「仮の話であるが」と補ってみる。

できるだけ文脈から if 節を補うのが理想ですが，わからないときは，仮定法の if 節（仮定条件）がないわけですから，手っ取り早く「**仮の話だけど**」を補っちゃえば，よりキレイな日本語になります。

テーマ 40 ▶ 仮定法②

She would have loved to come だけを訳すと「彼女は来たがっただろうに」となります。ここに if 節を補います。前の文では She couldn't make it.「彼女は都合がつかなかった」と言っているわけです。これは「事実」ですね。ということは、この事実を裏返せば「仮定」、つまり if 節ができあがるわけです。

🔻 構造解析

> She couldn't make it.　She <u>would have loved</u> to come 〜 .
> 　　直説法（過去の話）　　　　　　仮定法過去完了
> 　　　　↓　　　　　　　　　　　　　　↓
> 事実「都合がつかなかった」　　仮の話「〜したがった」

つまり、この英文は、「もし彼女の都合がつけば」を補うとカンペキな和訳になるんです！　She would have loved to come「もし彼女の都合がつけば、彼女は来たがっただろうに」となります。

🔴 couldn't get は「ただの過去形」

では、but 以下の文にいきましょう。

🔻 構造解析

> but she <u>couldn't get</u> the time off
> 　　　　直説法（過去の話）

また couldn't get という形が出てきますが、これもただの過去形です。

▶ 何度も言いますが、could / would を見たら、まずは「仮定法」を考えてください。今回は would have loved から「過去の話」とわかるので、couldn't get の部分は「ただの過去形」です。もし〈couldn't have + p.p.〉になっていたら、仮定法過去完了ですね。

そのため、普通に過去形で訳します。「彼女は休みをとることができなかった」です。

これで仮定法のパターンはおしまいです。
「公式どおりは出てこない」という，なかなか教えてもらえないけれど当たり前の事実を理解して，if 節代用のパターンを頭に入れておけば，今まで見過ごしていた仮定法に気づくようになりますよ。

チェックポイント

☑ **would have p.p.** という形は絶対に仮定法！　**if** 節を補えば OK！

解答例

「彼女は都合がつかなくてね。もし都合がつけば是が非でも来たがっただろうけど，休みがとれなかったんだ」と私は説明した。

▶ 延 長 講 義 ▶▶▶▶▶▶▶▶▶

「『人』を見るな！『英文』を見ろ！」

今回のテーマで，She would have loved to come に if 節を補って「<u>もし彼女の都合がつけば</u>，彼女は来たがっただろうに」と訳しました。たまに予備校で質問を受けます。「英文は直訳するべきで，余計なことを書くなって教わったんですけど……」

ボクは必ず，次のように言います。「学校の先生を信じるか，オレを信じるか，ほかの予備校の先生を信じるか……，そういうふうに『人』を見るのではなく，『英文』を信じること」

つまり「誰が言ったから信じる or 信じない」ではなく，「誰の話を聞いたら，英文が自然に解釈できるか，キレイな日本語になるか？」という視点で考えてほしいんです。

少なくとも今回の英文 She would have loved to come を，ただ直訳して「彼女は来たがっただろう」だけでは，非常にわかりづらい日本語訳になっちゃうはずです。

万一，「どこに『もし彼女の都合がつけば』なんて書いてあるんだ？」と言われたら，ちゃんと反論してください。

「**would** という仮定法の中に，仮定条件がこめられている！」って。

ぜひ，この解釈の方法を身につけ，圧倒的な実力をつけていってくださいね。

テーマ 41

分詞構文
―― 分詞構文の訳し方は2種類しかない!?

Step 1

設問 1 次の英文を和訳しなさい。
★ suffering from tuberculosis をどう訳せばいいでしょうか？

Roy, suffering from tuberculosis, had been assigned to a government hospital in Los Angeles. （早稲田大）

語句
- tuberculosis　　　「結核」
  ▶結核反応を調べる注射液を tuberculin「ツベルクリン」といいます。最初のスペルが同じですよね。
- assign ～　　　「～を割りあてる」
- government hospital　　　「公立病院」

解説

変なことばかり教えられる「分詞構文」

昔から，分詞構文については，「接続詞で書きかえられる」「分詞構文にはたくさんの意味があって……」などとメチャクチャな説明がされていますが，分詞構文で大事なことは次の2つだけです。

ポイント　分詞構文
1. 「副詞のカタマリ」を作る。
2. 位置によって意味が決まる（覚える意味は2つだけ）。

それぞれについて，以下で説明します。

🔴 ポイント❶：分詞構文は「副詞のカタマリ」を作る

次のような書きかえを学校でやった人は多いと思います。

> **分詞構文に書きかえる3ステップ**
> ❶ 接続詞を消す。
> ❷ Sも消す。
> ❸ Vを分詞（**-ing**）に変える。
>
> 例　When he saw a policeman, he ran away.
> 　　❶　　❷　❸
>
> 　　　　　　Seeing a policeman, he ran away.

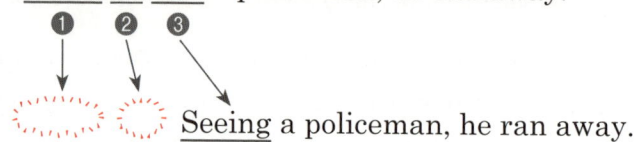

When he saw a policeman という副詞節が Seeing a policeman になるわけですから，この Seeing a policeman も副詞のカタマリになると考えます。厳密には，Seeing a policeman は「副詞節」ではなく「副詞句」になるわけですが，ここでは節と句の判別はどうでもいいので，「**分詞構文は副詞のカタマリ**」と考えてください。

▶参考までに，ＳＶ構造を含まないものを「句」といいます。

つまり，「**-ing が副詞の働きをしているときは分詞構文**」と考えればいいわけです。
副詞はいらない要素ですから，「**なくてもいい -ing は分詞構文**」ということです！

🔴 ポイント❷：分詞構文の意味は，-ing の位置によって決まる

参考書にはいろいろと意味が書いてありますが，ホントはそんなに覚える必要ないんです。
さて，分詞構文は副詞のカタマリですから，**主節の前，主節の真ん中，主節の後ろ**，どこにでも置くことができます。

> **ポイント** 分詞構文の位置（どこでもOK）
>
> ❶ 主節の前にあるとき： -ing ～ , S V.
> ❷ 主節の真ん中にあるとき：S, -ing ～ , V.
>   ➡ ❶❷では，「～して，S V だ」「～で，S V だ」などと「適当に」訳す。
> ❸ 主節の後ろにあるとき：S V, -ing ～ .
>   ➡ 「S V だ。そして～だ」か「～しながら，S V だ」と訳す。

これだけです。
誤解しないでほしいのですが，適当にやっても英文は読めると言っているわけではないんです。小手先のテクニックではありません。**分詞構文の本質が**「**適当に意味をボカす**」ことなんです。本番の試験でも，自信をもって「ボカして」訳してくださいね。

> ▶日本語の接続助詞の「て」「で」にあたる表現だと思ってください。「家に帰って，テレビ見た」「薬を飲んだので，眠い」などです。さらに「て」には，「見て見ぬふりをする」のような逆接の働きもあります。

学校では「もとの接続詞は何か？」などと言われて，when や because を使ってもとの文に戻す，というようなこともやったと思いますが，ホントはそんなことをやってはいけないんです！
そんなことにこだわらずに，「**適当にあっさり文をつなぐ**」というのが分詞構**文の特色**なんです。

> ▶もしも「～だから」という理由を強調したかったら，ネイティブは分詞構文ではなく，接続詞の **because** ～を使って表します。また，「～したその瞬間」を強調したかったら，分詞構文ではなく **as soon as** ～を使うはずなんです。

参考までに，従来の参考書の記述をのせておきます。もちろん覚える必要はありません。

> **参　考**　**分詞構文のいろいろな意味**（従来の参考書の記述より）

❶	時	「～するとき／～して」
❷	原因・理由	「～なので」
❸	条　件	「もし～すれば」
❹	譲　歩	「～だけれども」
❺	付帯状況	「そして～／～しながら」

　もし手元に参考書や問題集があれば，「分詞構文」のところを開いてみてください。分詞構文が文頭か真ん中にあるときは，とりあえず「～て」「～で」で訳せば意味が通るはずです。
　さらに，「そして～」「～しながら」と訳してある例文をチェックしてみてください。分詞構文が文の後ろにあるはずですから。
　▶この大事な法則を教えずに，「分詞構文の意味は5つ」などと，生徒に暗記を強要しているのです。

● 主節の文頭・真ん中にある分詞構文は「適当に」訳す

では，設問1の英文を見てみましょう。

⬇ 構造解析

Roy, (suffering from tuberculosis), had been assigned
　S　　　　余分な -ing ➡ 分詞構文！　　　　　　V
to a ～ .

　Roy had been という **SV** があるので，その間にある suffering from tuberculosis は**余分な -ing**，つまり**分詞構文**です。主節の文頭あるいは真ん中にある分詞構文は「適当に」訳せば OK ですね。「結核に苦しんで」くらいに考えれば OK です。
　had been assigned to a government hospital in Los Angeles は「ロサンゼルスの公立病院に割り当てられた」 ➡「ロサンゼルスの公立病院に入院させられることになった」です。

チェックポイント

☑ **suffering from tuberculosis** は余分な **-ing** なので「分詞構文」！
主節の真ん中にある分詞構文は「適当」に訳す！

解答例
ロイは結核におかされて、ロサンゼルスの公立病院に入院させられることになった。

Step 2

設問2 次の英文を和訳しなさい。

★ discouraging をどう処理するか（文法的役割と訳し方）がポイント！

Unwarranted praise can produce the opposite effect, discouraging a child from trying.
(鹿児島大)

語句
- **unwarranted** 「正当性を欠く／保証がない」
- **opposite effect** 「逆効果」
- **discourage ~** 「~を失望させる／~のやる気をそぐ」

解説

🔴 余分な -ing は「分詞構文」！

設問2の英文の前半はSVOの形になっていますが、後半はどうでしょうか。

構造解析

⟨Unwarranted praise⟩ can produce ⟨the opposite effect⟩,
　　　S　　　　　　　V　　　　　　　O
(discouraging 〜).
　余分な -ing ──→ 分詞構文！

discouraging 〜は余分なカタマリですから，**余分な -ing ➡ 分詞構文**ということになります。前半を普通に訳し，「**そして〜／〜しながら**」**でつなげればOK**です。

Unwarranted praise can produce the opposite effect は「根拠もなくほめることは逆効果を生み出す可能性がある」です。この後に「そして〜／〜しながら」を使って，discouraging a child from trying をつなげればいいのです。

● discourage の語法は prevent と同じ

discouraging について考えましょう。**discourage** は，**discourage 人 from -ing** の形で使われ，**prevent** の **prevent 人 from -ing** と同じ形です！

---

discourage 人 from -ing
- 直　訳 ➡「S は 人 が〜するやる気をそぐ」
- 意　訳 ➡「S のせいで 人 は〜しなくなる」

　例　Urgent business **discouraged** him **from attending** the meeting.
　　　「急用のせいで，彼はミーティングに出るのをあきらめた」

構造解析

〜 , discouraging a child from trying.
　　　discourage　　人　　from -ing

discouraging の S は，主節の S と同じで Unwarranted praise です。

「{Unwarranted praise のせいで} a child は trying しなくなる」と考えれば OK です。つまり，「{根拠もなくほめるせいで} 子どもは挑戦しなくなる」です。

🔴 分詞構文をつなげてみる

最後に，この discouraging a child from trying を前の文につなげてみましょう。

この分詞構文は主節の後ろにあるので，「そして〜」か「〜しながら」になるはずです。

> （◎）「そして」でつなげる（前から後ろへ訳し下す）
> ➡「根拠なくほめると逆効果になる。<u>そして</u>子どもは挑戦しなくなる」
> （×）「〜しながら」でつなげる（後ろから前へ訳し上げる）
> ➡「子どもは挑戦しなく<u>なりながら</u>，根拠なくほめると逆効果になる」

今回は絶対に「そして〜」と訳すのが自然ですね。もちろん「〜しながら」のほうが自然なときもありますし，どっちの訳でも OK ということもよくあります。

とにかくみなさんは，「**分詞構文が主節の後ろにあったら，『そして〜』か『〜しながら』で訳す**」を，ぜひマスターしてください。

チェックポイント

☐ "〜 , **discouraging a child from trying**" は後ろにきた分詞構文！「そして」でつなげれば OK！

解答例

根拠もなくほめることで逆効果になる可能性がある。そして子どもはやる気をなくして挑戦しなくなる。

テーマ 42

関係詞①
―― 関係詞が出てきたときの心がまえ

Step 1

設問1 次の英文を和訳しなさい。
★ to preserve の to 不定詞は何用法？

One positive step people may take to preserve a certain way of life is the establishment of a government.
（島根大）

語句
- **preserve** 〜　「〜を保つ」
- **a way of life**　「生活様式／ライフスタイル」
- **certain**　「ある特定の」
- **establishment**　「設立」
- **government**　「政府／統治機関」

解説

● 関係代名詞は形容詞節になる

長文を読んでいるときに関係代名詞が出てきたら、次の2点に注意しましょう。

ポイント　関係代名詞を見たら
1. 関係代名詞は形容詞を作る ➡ 前にある先行詞を修飾する。
2. 関係代名詞の後ろには「不完全な文」がくる。

関係代名詞を見たら，前の名詞を修飾する，と考えます。「**名詞を修飾する**」**ということは，形容詞節になるということです。**
関係代名詞については，「関係代名詞は接続詞と代名詞の働きを兼ね……」という説明しかされません。たしかにこの説明は正しいのですが，英文を読んでいて大事なのは「形容詞節になる（＝前の名詞を修飾する）」のほうなんです。
さらに，関係代名詞の後ろには「不完全な文」がきます。**不完全な文とは「SかOが欠けた文」**のことです。本来SやOだった名詞が関係代名詞になって前へ移動したので，関係代名詞の後ろは「SかOが欠けている」のです。

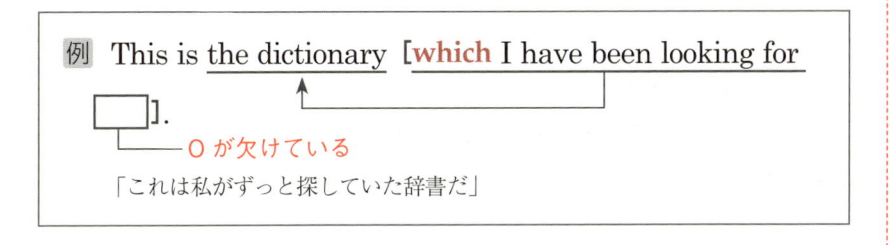

> 例　This is the dictionary [which I have been looking for ☐].
> 　　　　　　　　　　　　　　　　　　　　　Oが欠けている
> 「これは私がずっと探していた辞書だ」

● "名詞 S V" を見たら関係代名詞の省略

関係代名詞が省略されていても，考え方は同じです。"名詞 S V" の形を見たら，**関係代名詞が省略されている**（目的格の関係代名詞が省略できる）と考えましょう。この場合も，関係代名詞の後ろは不完全な形になります。

> 例　Please call the women [I met ☐ at lunch].
> 　　　　　　　　　　　　　名詞　　S V　Oが欠けている
> 「私が昼食のときに会った女性に電話してください」

文法をキッチリやった人にとっては，ここまでの内容は基本でしょう。けれど，実際の英文では，かなりの受験生がひっかかってしまうパターンがあるんです。
それをマスターしてみましょう。

「不完全な部分」を探し出す

では，設問１の英文をチェックしてみます。"名詞 Ｓ Ｖ"がありますね。

構造解析

⟨One positive step [{which} people may take to ～]⟩ is ～ .
　　　　　Ｓ　　　　　　　　　　　　　　　　　　　　　　Ｖ

長いＳがあり，is がＶになります。このＳＶの把握だけなら難しくはありません。でも，これだけで満足してはいけないんです。

名詞ＳＶ（One positive step people may take）を見たら，直前の名詞（step）を修飾すると考えるのは余裕ですよね。もう１つ気をつけなければいけないことは何でしたか？　そう，**関係代名詞の後ろが不完全になる**はずです。どこが不完全になっていますか？

▶予　想

⟨One ～ step [people may take to preserve a ～ life]⟩ ～ .
　　　　　　　　　ｓ　　　ｖ　　　　　　　　　　ｏ

people may take to preserve a certain way of life の部分は不完全になるはずなのに，これではＳＶＯという完全文になってしまいます。

そもそも（×）take to V なんて熟語は存在しないのですが，ここでは，知識ではなく頭を使って解決してみましょう。

この予想はミスですので，無理やりにでも**どこかこじ開けて「不完全」にしないといけません**。

こう考える！

⟨One ～ step [people may take ☐ (to preserve a certain way of life)]⟩ ～ .
　　　　　　　　　ｓ　　　ｖ　　　ｏが欠けている

「take の o が欠けている」って考えればバッチリです。もともと take one positive step「1つ積極的な手段を講じる」だったんです。

▶ この take は「〜を講じる／〜をとる」と訳せば OK です。

● to preserve は何用法？

さらに，もう1つ大事なことがあります。

take の o が欠けていたわけですから，その後ろにある to preserve a certain way of life はいらない要素（＝副詞）になるわけです。ですから，ここは「〜するために」（**不定詞の副詞的用法**）で訳さないといけないんです。to preserve a certain way of life は「ある生活様式を続ける**ために**」と訳してください。

▶「オレ，構文ちゃんととれてるぜ」とアピールをするためにも，ハッキリ「〜するために」と書いてくださいね。

では，ここでもう一度，全体の構文 S V C を確認しておきましょう。

構造解析

⟨One positive step [people may take (to preserve a 〜)]⟩ is
　　　　　　　　S　　　　　　　　　　　　　　　　　V
⟨the establishment of a government⟩.
　　　　　　　　C

後半の the establishment of a government は「統治機関の設立」です。**government** はほとんどの人が「政府」と訳すでしょうが，「政府の設立」では話のスケールがでかすぎますよね。ここでは「（大小，規模を問わず）**統治機関**」が自然ですね。

チェックポイント

☐ 関係代名詞の後ろには，不完全な文を探す！　なさそうでも，無理やりこじ開ける！

解答例

ある生活様式を続けるために人がとりうる前向きな手段の1つは，統治機関をつくることである。

Step 2

設問2 次の英文を和訳しなさい。
★最後の to read の to 不定詞は何用法？

　A book is small, lightweight, high-resolution, and inexpensive compared to the cost of a computer or some other information appliance you need to read a digital document.

（立命館大）

語句
- **lightweight**　　　　「軽い」
- **high-resolution**　　「解像度が高い」
- **compared to ～**　　「～と比べると」
- **information appliance**　「情報機器」
- **digital document**　　「デジタル文書」

解説

● 関係代名詞の後ろは「不完全な文」

それでは，設問2の英文を見てみましょう。

単語が難しいですが，「まずは構文をとる」という姿勢を忘れないでください。

前半の英文には問題はありませんね。and によって4つの形容詞が並んでいます。

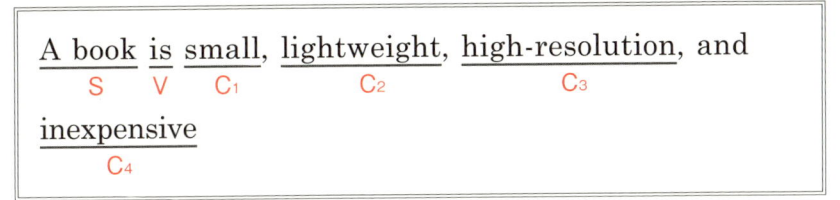

🔻 **構造解析**

> A book is small, lightweight, high-resolution, and inexpensive
> S   V   C₁   C₂   C₃
> C₄

A book is small, lightweight, high-resolution, and inexpensive は「本は小さく，軽く，解像度が高く，そして安い」です。

さあ，後半の英文にいきましょう。

🔻 **構造解析**

> (compared to the cost of a computer or some other information appliance ☐ [you need ～])
> 関係代名詞の省略

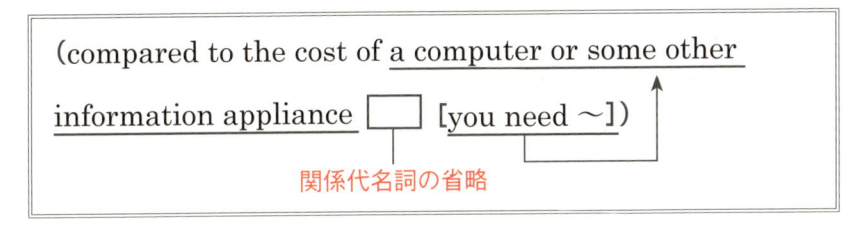

compared to ～「～と比べると」は重要熟語です。
compared to the cost of ～は「～の費用と比べると」という意味です。
a computer or some other information appliance you need ～で関係代名詞が省略されていますね。前の a computer or some other information appliance を修飾して，「人が必要とするコンピューターやほかの何らかの情報機器」という意味になります。

▶ you need の you は，**総称の you** です。「あなた」ではなく「人／誰もが」という意味です（➡ p.118）。

関係代名詞が省略されている，ということは，その後ろにはもちろん，不完全な文がくるはずです。
でも注意が必要です。ここは，ミスが激増するところです。
よくあるミスですが，完全文ととらえちゃうんです。

```
appliance [{which} you need to read a digital document].
                    S    V         O
```

you need to read a digital document の部分は不完全な文になるはずなのに，これではＳＶＯという完全文になってしまいます。

need to ~ というよく見かける形が，今回はかえってジャマなのです。

この考え方はミスですので，**Step 1** と同様に，どこかを無理やりこじ開けて「不完全」にしないといけないわけです。

🔻 構造解析

```
appliance [{which} you need ☐ (to read a digital ~)].
                    S    V    O が欠けている
```

実は，need の o が欠けているわけです！　下に示すように，a computer or some other information appliance が関係代名詞になって前へ移動しちゃったので，need と to が並んでしまったのです。

```
☐ you need  a computer or some other information
  ↑         ─────────────────────────────────────
            関係代名詞になって，前へ移動
  appliance  to read a digtal document.
```

🔴 to read は何用法？

したがって，to read a digital document はいらない要素（＝副詞）ですね。つまり，「〜するために」（**不定詞の副詞的用法**）で訳し，「デジタル文書を読む<u>ために</u>」となります。

a computer or some other information appliance you need to read a digital document は「デジタル文書を読む<u>ために</u>必要なコンピューターやほかの何らかの情報機器」になります。

最後に，設問２の英文の全体を確認しておきましょう。

構造解析

A book is small, lightweight, high-resolution, and inexpensive (compared to the cost of a computer or ~ [you need (to ~)]).

S　V　　　　　　　　　C
　　　　　　　　　　　　　　　　　　M

チェックポイント

☑ 関係代名詞の後ろに不完全な文を探す！　**need to** という見た目にダマされず無理やりこじ開ける！

解答例

本は小さく，軽く，解像度が高く，そして，デジタル文書を読むために必要なコンピューターやほかの何らかの情報機器の費用に比べると，安い。

> 今回出てきた難しい英単語は，今後入試でもよく出てくるはず。次ページの解説でしっかり覚えよう！

> ▶ 延 長 講 義 ▶▶▶▶▶▶▶▶▶

「単語にも丸暗記はいらない！」

今回の英文には単語帳にのっていない単語がたくさん出てきました。**lightweight**，**high-resolution**，**digital document** なんて，大学生だって知らない単語です。

でも，単語の意味を考えると，どれも，若者が当たり前のように使っている単語であり，おまけに今後も役立ちそうなものばかりです。

ぜひ，この機会にマスターしちゃいましょう……と言って終わらせたいところですが，これでは，「単語は覚えろ」という英語のセンセーの必殺技と同じになってしまいます。でもホントは，単語を解説することだってプロの仕事の1つなんです。

ここで単語を簡単に解説しますから，必ず覚えちゃってください。

- **lightweight**　「軽い」
  解説　ボクシングでは軽い階級を「ライト」といいますから，男子なら余裕でしょう。また，**weight**「重さ」も「ウエイト」といいますね。発展事項ですが，weight の動詞形 **weigh**「重さがある」が難関大学で出題されはじめていますので，これもチェックしておいてください。

- **high-resolution**　「解像度が高い」
  解説　resolution は普通の単語帳には「決意／解決」とのっているはずです。核となるイメージは「ハッキリさせる」で，そこから「決意／解決」，ついでに「（画面をハッキリさせる）解像度」という意味も押さえればカンペキです。

- **digital document**　「デジタル文書」
  解説　「紙の文書」に対して「データ形式の文書」のことです。これもふだん「写メ，データでちょうだい」みたいに使っていますよね。

テーマ 43
関係詞②
──返り読み禁止の「切って代入」する方法

Step 1

設問 1 次の英文を和訳しなさい。
★ which の後ろは，どこが不完全でしょうか？

Einstein has made a universe, which I suppose you want me to say will never stop, but I don't know how long it will last.
　　　　　　　　　　　　　　　　　　　　　　　　（琉球大）

語　句
- **a universe** 「宇宙／ひとつの世界観」
- **last** 「続く」
  ▶動詞です。化粧品の CM で化粧が落ちない（＝続く）ことを「ラスティング効果」といっています。これは lasting のことなんです。

解　説

🔴 ひたすら「不完全」を探しながら読む

前回のテーマ 42 で練習した「**関係代名詞の後ろは不完全**」を意識しながら読みつつ，今回はさらに「**代入法**」という訳し方をマスターしましょう。
設問 1 の英文の最初の Einstein has made a universe は「アインシュタインはひとつの世界観を構築した」です。その後ろに関係代名詞 which がきています。

▶ 予　想

~ universe, [**which** I suppose you want me to say will never stop],
　　　　　　　　　└─→ 不完全を予想する

which I suppose you want me to say will never stop の部分のどこかが不完全（SかOが欠けている）のはずですね。
どこでしょう？

▶ 予　想

[which I suppose {that} you want me to say will never stop],
　　　S　　V　　　{that}　　s　　v　　人　to v　　　??

you want me to say の部分は問題ありませんね。普通に **want** 人 **to** v の形です。
ところがその後ろに，will never stop と，いきなり v がきています。つまり，will never stop の s がないんです！

▶ こう考える！

[which I suppose {that} you want me to say {that} ▢
　　　　　　　　接続詞　　　　　　　　　　　　　　接続詞　　s
will never stop],
　　v

接続詞 that が省略されているので，補ってみましょう。
you want me to say {that} s v の s が関係代名詞になって前に移動しているわけです。
これを後ろから修飾して訳すのはかなり面倒です。しかも，和訳もグチャグチャになりそうですよね。

🔴 「代入法」という訳し方

そこで「代入法」という訳し方を説明します。返り読みせずに，左から右へ訳していく方法です。

> **ポイント　代入法の手順**
> ❶ 関係詞の直前で文を区切る。
> ❷ 先行詞を関係詞に代入する。
> ❸ 関係詞（先行詞を代入したもの）を適切な場所へ戻す。

これをマスターすると，読むスピードが上がりますよ。
では，具体的に確認していきます。

例　He is the man **whom** she loves.

❶ 関係代名詞の直前で区切る。
　He is the man / **whom** she loves.

❷ 先行詞（**the man**）を **whom** に代入する。
　He is the man / whom she loves.

❸ **whom** は目的格なので，目的語の位置へ戻す。
　He is the man / ~~the man~~ she loves the man .

　　「彼は男性です」　　「彼女はその男性が好きです」

上の文のように単純な文では多少不自然な訳に思えるかもしれませんが，この「代入法」は複雑で難しい文のときほど威力を発揮します。関係代名詞でつながった1つの文を「2文に分けて訳す」だけで，キレイな和訳になるんです。
では，この代入法で設問1の英文を訳してみましょう。

> ❶ 関係代名詞の直前で区切る
>
>   Einstein has made a universe, / **which** I suppose ～
>
> ❷ 先行詞（**a universe**）を **which** に代入する。
>
>   Einstein has made a universe, / **which** I suppose ～
>
> ❸ **which** をもとの位置へ
>
>   ~~a universe~~ I suppose you want me to say the universe
>
>   will never stop ～
>
>   「あなた方は私にその世界観は終わらないと言ってほしいのだと思う」

つまり，後半の文は，I suppose {that} you want me to say {that} the universe will never stop を訳すだけでいいんです。

> ▶最初は **a** universe でしたが，代入した文では，どの universe を指すかわかるので，**the** universe と考えたほうが自然なんです。細かいことなので気にしなくてもいいのですが。

🔴 間接疑問文は「名詞節」になる

後半の英文は問題ありませんね。
how long が名詞節を作って O になっています。これを**間接疑問文**といいます。

⬇ 構造解析

> but I don't know ⟨how long it will last⟩.
>   S V   O

but I don't know how long it will last は，「でも，それ（その世界）がどれくらい長く続くのかは，私にはわからない」です。

チェックポイント

☐ 関係代名詞 **which** を見たら，ひたすら不完全な部分を探す！ 文が長いときは「代入法」で訳す。

解答例

アインシュタインはひとつの世界観を構築しました。そして，その世界観が終わることは決してないだろうと，あなた方は私に言ってもらいたいのでしょうが，それがどれくらい続くのかは私にはわからないのです。

Step 2

設問 2 次の英文を和訳しなさい。
★ that の先行詞は何でしょう？

The water is valuable because plants and animals can do things with water that they cannot do with oxygen and hydrogen gas alone.　　　　（東北大）

語句
- **valuable**　「価値がある」
- **oxygen**　「酸素」
- **hydrogen**　「水素」

解説

● 関係代名詞 that を見て「不完全な文」を予想する

最初の英文 The water is valuable「水は貴重だ」は，問題ありませんね。では，because 以下を見てみましょう。

> 予想

```
(because plants and animals can do things (with water)
 接続詞      S            V      O        M
[that they cannot do (with oxygen and hydrogen gas
 └─→ 不完全を予想する
alone)]).
```

plants and animals can do things with water で英文は完成しているので，**that は関係代名詞**と**予想**します。

▶ 接続詞 that ならば，おもに名詞節になるはずです。でも，ここで名詞のカタマリがド〜ンとあるのは変ですよね。また，直前は water なので，同格も変です。同格 that の直前には，fact「事実」などの抽象名詞がくるはずです（➡テーマ15）。

関係代名詞と予想したら，次はその後ろに「不完全な文」を予想します。さて，どこが不完全でしょうか？

> こう考える！

```
[that they cannot do ▢ (with oxygen and hydrogen gas
                     o が欠けている
alone)].
```

do の o が欠けていますね。
後ろに不完全な文があると判明したので，**that** はやはり**関係代名詞**だということがわかりました。

🔴 長い文ほど「代入法」が活躍する

さて，構文がとれましたので，今度は**代入法**で訳してみましょう。
that の前で切り，先行詞を代入します。さて，先行詞は何でしょう？　普通は直前の water と考えるはずです。試しに代入してみましょう。

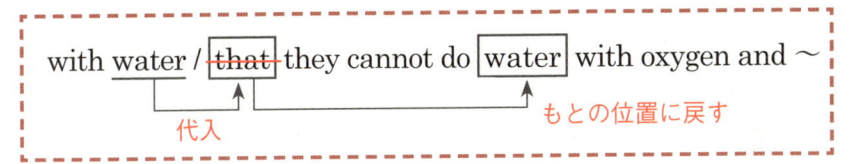

▶ 予　想

```
with water / that they cannot do water with oxygen and ～
              ↑代入                    ↑もとの位置に戻す
```

do water は，意味不明ですよね。ですから，先行詞は water ではありません。さらに前に戻って先行詞を探してみましょう。

▶ こう考える！（予想修正）

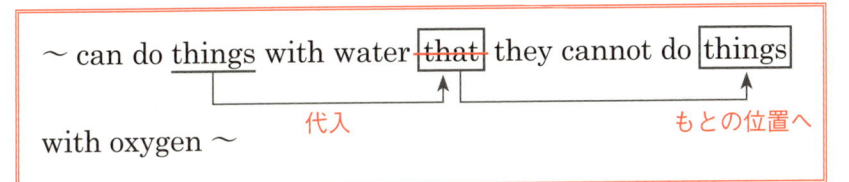

```
～ can do things with water that they cannot do things
                    代入↑                     ↑もとの位置へ
with oxygen ～
```

things が見つかりますね。things を関係代名詞 that に代入，そして do の後ろにもっていくと，実は前の英文にそっくりな形だとわかります。

- plants and animals can do things (with water)
  「動植物は，水を使っていろいろなことができる」
- that they cannot do {things} (with oxygen and hydrogen gas alone)
  「動植物は，酸素や水素単体では，そういったことができない」

この with は道具の **with** で，「〜を使って」という意味です。
最後の alone が訳しにくいですね。**alone** はものすごく誤解されている単語です。

alone の考え方
(△)　「ひとりで」
(◎)　only と同じような意味。
　　例　We were **alone**.　「私たち<u>だけ</u>だった」

テーマ 43 ▶ 関係詞② 　317

つまり，**alone** は「ひとりで」以外にも使えるんです。**only** と同じようなイメージで訳せば，うまくいきます。
今回の英文 with oxygen and hydrogen gas **alone** は「酸素や水素それ<u>だけ</u>では」という意味になります。

🔴 「代入法」と「従来の訳し方」を比べてみる

関係代名詞のカタマリが長いときは，「代入法」で訳したほうがラク・早い・キレイですが，もちろん後ろから修飾しても OK です。
この両方のやり方で，設問2の英文を訳してみましょう。
どちらでも OK ですね。

- **代入法で訳す。**
  「水は貴重である。その理由は，植物や動物は水を使っていろいろなことができるのだが，酸素や水素単体ではそういったことができないからである」
- **後ろから修飾して訳す。**
  「水は貴重である。その理由は，植物や動物は，酸素や水素単体ではできないことを水を使ってできるからである」

今回のテーマは「代入法」なので，解答例には「代入法」バージョンをのせておきます。

チェックポイント
☐「代入法」で先行詞を代入して，その先行詞が正しいか吟味してみよう！

解答例
水は貴重である。その理由は，植物や動物は水を使っていろいろなことができるのだが，酸素や水素単体ではそういったことができないからである。

テーマ 44

動名詞の意味上の S
── 「君の可能性」という日本語のおかしさに気づくか？

Step 1

> **設問 1** 次の英文の下線部を和訳しなさい。
> ★ replacing は，分詞？ 動名詞？ 分詞構文？
>
> But what will be the future of reading? <u>Literature lovers fear the prospect of tapes replacing the printed page.</u>
>
> （早稲田大）

語 句
- **prospect** 「可能性」
- **tape** 「オーディオブック」
  ▶本の内容をテープや CD などに吹きこんだもの。
- **replace ～** 「～の代わりをする」
- **printed page** 「紙の本」
  ▶直訳すれば「印刷されたページ」だが，ここでは「オーディオブック」に対して，「普通の紙の本」を指す。

解 説

●「オーディオブックの可能性」って日本語は変

下線部の前の文は問題ありませんね。But what will be the future of reading? は，「でも，読書の未来はどうなってしまうのだろうか」です。では，下線部を見てみましょう。

構造解析

> Literature lovers fear ⟨the prospect of ～⟩.
>   S   V   O

Literature lovers fear the prospect of ～. は，「文学が好きな人たちは～という可能性があると心配している」です。

問題は O の中です。ここでミスしちゃう人が案外多いのです。replacing を分詞と考えちゃう，よくあるミスです。

予想

> the prospect of tapes ［replacing the printed page］
>   ↑————————————
>   現在分詞

replacing を現在分詞と考えて，直前の tapes を修飾すると考える。たしかに -ing が後ろから名詞を修飾することはよくあります。
ただ，これでは意味がおかしくなります。
（×）「紙の本の代わりをするオーディオブックの可能性」になってしまいます。「オーディオブックの可能性」という日本語が変だと気づきますか？

▶実際に予備校の授業で生徒に尋ねたのですが，明確に答えられた生徒はほとんどいませんでした。かなり難しい質問だと思います。

ふだん日本語では，「君の可能性」とか言ってしまいますね。大学のパンフレットにも書いてありそうです。でも「君の可能性」って，まったく意味不明な言葉なんです。「君が受かる可能性」とか「君がカゼをひく可能性」ならわかりますが，「君の可能性」では，何に対する可能性なのか，さっぱりわかりません。

ということで，予想を修正しないといけません。
replacing が現在分詞でないとしたら，動名詞と考えるべきですね。

こう考える！（予想修正）

> the prospect of 〈tapes replacing the printed page〉
>   S'   V'   O'

the prospect of replacing だけなら，「〜の代わりをする可能性」と誰でも訳せます。この replacing の前に「意味上の S」として tapes が割りこんだ形です。「動名詞の意味上の S」ですから，S っぽく「が」をつけて訳してください。正しい訳は「オーディオブック<u>が</u>紙の本の代わりをする可能性」になります。

チェックポイント

☐ **the prospect of -ing** に注目！　今回の英文は **-ing** の前に「意味上の S」が入っただけ！

解答例

でも，読書の未来はどうなってしまうのだろうか。文学が好きな人たちはオーディオブックが紙の本の代わりをする可能性があると心配している。

Step 2

設問2 次の英文を和訳しなさい。

★ having は，分詞？　動名詞？　分詞構文？

Concern about the possibility of mobile phones having ill effects on health arose in the mid-1990s.

（センター追試験／整序問題を改題）

> **語　句**
> - **concern**　　　　　　「心配」
> - **possibility**　　　　　「可能性」
> - **mobile phone**　　　　「携帯電話」
> - **have ill effects on ～**　「～に悪影響を与える」

解説

● 文型がわかれば V の意味までわかる！

まずは全体の構文を確認してみましょう。

構造解析

> 〈Concern [about the possibility of ～]〉 arose (in the ～).
> 　　　　　　　　S　　　　　　　　　　　　V　　　　M

ＳＶＭの第 1 文型ですね。Ｖの arose になじみがないかもしれませんが，第 1 文型なんだから，arose は「**存在**」か「**移動**」を表しているはずです（➡ テーマ 1）。

文型を使って V の意味を予想してみましょう。

> （◎）「**存在**」を表す場合 ➡「Concern（心配）がある」
> （×）「**移動**」を表す場合 ➡「Concern（心配）が移動する」

英文全体の訳は「～という可能性に関する心配が，1990 年代の中頃にあった」になります。

　　▶ちなみに，arise は「起こる／生じる」という自動詞で，arise-arose-arisen と変化します。

●「意味上の S」を見抜ければ合格

さて，今回のテーマはここからです。the possibility of ～以下を見てみましょう。

構造解析

```
the possibility of ⟨mobile phones⟩ having ill effects on health
                        S'            V'      O'       M'
```

ポイントは，**having** が **動名詞** ということです。having の前に mobile phones という「動名詞の意味上の S」がついています。「携帯電話<u>が</u>健康に悪影響を与える可能性」という訳になりますね。

文全体の S は Concern about the possibility of mobile phones having ill effects on health ですから，「携帯電話が健康に悪影響を与える可能性についての心配」です。

　▶「与える可能性についての心配」は受験生の答案としては問題ありませんが，解答例 ではもう少し滑らかに，「与えるかもしれないという懸念」という訳にしました。

Step 1 でも解説したとおり，現在分詞が後ろから mobile phones を修飾していると考えると，意味がおかしくなります。

```
the possibility of ⟨mobile phones [having ill effects on health]⟩
                        ↑_____|
```

「健康に悪影響を与える携帯電話の可能性」
　▶点線部分の意味があいまい。

つまり，「携帯電話の可能性」ではなく，「携帯電話が悪影響を与える可能性」なのです。

● 整序問題でも役立つ

Step 1 をしっかりマスターしてから設問 2 を解いた人は，あっさりポイント（動名詞の意味上の S）を見抜くことができたでしょう。

というのも，実は，Step 1 の設問 1 の英文と今回の設問 2 の英文は，構造がそっくりなんです。

> - 設問1の英文 ➡ the prospect of tapes replacing the printed page
> - 設問2の英文 ➡ the possibility of mobile phones having ill effects on health
>
> どちらも "the 可能性 of 意味上のS + 動名詞" の形。

この "the 可能性 of 意味上のS + 動名詞" のパターンは長文の中でもよく見かけるのですが、そのわりに、きちんと取り上げられることはほとんどありません。

設問2の英文は、センター試験では整序問題（並びかえ問題）として出題されました。

参考までに、実際の形でのせておきます。

参考問題

> 〔 　 〕内の語や語句を並べかえて文を完成させなさい。
>
> Concern about 〔arose / of mobile phones / having ill effects / on health / the possibility〕 in the mid-1990s.
>
> **解説** たくさん英文を読んでいる受験生なら、このような問題はなんとなく解けるかもしれませんが、実はほとんどの受験生はお手上げのようです。
>
> でも、今回のテーマをしっかり学習したみなさんなら、"the 可能性 of 意味上のS + 動名詞" のパターンで、あっさり解答できるはずです。
>
> **答** (Concern about) **the possibility of mobile phones having ill effects on health arose** (in the mid-1990s.)

Section 7　文法から真の読解へ

チェックポイント

☐ **the possibility of mobile phones having** は "the 可能性 of 意味上の S + 動名詞" という重要パターン！

解答例
携帯電話が健康に悪影響を与えるかもしれないという懸念が1990年代の中頃に生じた。

> よく出題されるのに従来の問題集では軽視される，今回の「動名詞の意味上のS」をしっかり復習しておこう！

Chapter 4

和訳の技術

Section 8

和訳の技術

「単語OK，構文もとれた……。なのに，日本語がガチガチで意味不明」
従来，こういう悩みに対して，英語のセンセーは「国語力が足りない」などという，あいまい極まりないアドバイスしかしませんでした。そのアドバイスを受けて読書しようが新聞読もうが，和訳力は伸びていきません。
英文をきちんと自然に訳すために必要なのは，「正しい英語のルール」を知ることです。
ここでは，それを紹介していきます！

テーマ 45

名詞構文
―― カタい和訳が一気に見違える！

Step 1

設問1 次の英文を和訳しなさい。
★できるだけ自然な日本語にしてみましょう！

When I asked John, he just made a brief reply.

(山梨大／空所補充問題を改題)

語句
- **brief**「短い／そっけない」
- **reply**「返事」

解説

● 中学1年レベルの問題が大学受験で役に立つ！

今回は，自然に和訳する方法を解説します。まずは，次の問題をやってみてください。中学1年レベルの問題ですが，超真剣にやってください。

He is a good speaker of English.
＝ He (　　　) English (　　　).

この問題を予備校でやると，さすがに全員できます。
正解は，He (speaks) English (well). ですね。
中学校や高校の英語のセンセーはこの問題を，「はい，speaks で3単現の -s を忘れないでね。well は副詞で，speaks を修飾しています」で終わらせちゃうと思います。

でも一番大事なことは，問題文 He is a good speaker of English. の訳し方なんです。これ，どう訳しますか？

▶ちょっと紙に書いてみてください。書くと，弱点がハッキリします。「メンドくせ〜」なんて言わずに，書いてください。

> （△）「彼は英語の**よい話し手**です」

これがよくないんです。これが諸悪の根源なんです。
よく考えてみてください。「英語のよい話し手」なんて日本語，みなさんは使ったことがありますか？
たしかに言っていることは余裕で理解できます。だけど，実際の会話で使ったことあるでしょうか？
絶対にないはずです。「英語が上手」とは言いますが，「英語のよい話し手」とは言いませんよね。気づきましたか？
こういうことの積み重ねで，最初は小さな傷口だったのが次第にどんどん大きくなり，最後は取り返しのつかないガチガチの訳を書いてしまう，ということに通じてしまうのです。
どう訳すのがベストでしょうか？
最初の問題を思い出してください。
He is a good speaker of English. = He speaks English well. ですよね。
イコールなんです。だったら，次のように訳せば OK なはずです。

> （◎）「彼は英語を**上手に話します**」

ではなぜ，この2つの文をイコールにできるのでしょうか？

🔴 和訳がカタくなる原因は「動詞から派生した 名詞 」

He speaks English well.「彼は英語を上手に話す」は直訳しても何の問題もありませんよね。問題は He is a good speaker of English. のほうです。
speaker を「話し手」と訳すからカタくなるんです。
和訳がカタくなる原因は，ほぼ間違いなく「**動詞から派生した 名詞** 」を直訳しているからです。

「動詞から派生した名詞」とは，要するに「動詞の派生語（＝名詞形）」ということで，たとえば，動詞 **develop** ➡ 名詞 **development** のことです。この development が「動詞からできた名詞」ってことになります。
development を，（△）「発達」と訳すのではなく，（◎）「**発達すること**」と動詞っぽく訳すとキレイになるんです。
これを「動詞っぽく」という意味で「v'」で表します。

🔴 of を「〜の」って訳すからおかしくなる！

「v' を見たら，動詞っぽく訳す」のほかに，もう1つポイントがあります。v' の直後には十中八九，前置詞があります。それもほとんど **of** です。v' の後ろにくる of は格関係の of です。

> ▶辞書で of を引くと，だいぶ下のほうに「主格・目的格の of」とか「自動詞の主語に相当・他動詞の目的語に相当」という見出しでのっているはずです。

格関係の **of** には2種類あり，主格の **of** は主語っぽく「〜が」と訳し，目的格の **of** は目的語っぽく「〜を」と訳します。

ポイント　「主格の of」と「目的格の of」

❶　the <u>approach</u> <u>of</u> night
　　　　v' 発見　　of

　➡主格の **of** なら「夜**が**近づく」（自然な訳）
　➡目的格の **of** なら「夜**を**近づく」（???）

❷　the <u>love</u> <u>of</u> liberty
　　　v' 発見 of

　➡主格の **of** なら「自由**が**愛する」（???）
　➡目的格の **of** なら「自由**を**愛する」（自然な訳）

> ▶ approach と love は「動詞と名詞が同じスペル」ですが，ここでは **the** がついていますから名詞ですね。approach を「接近」，love を「愛情」って訳すと，カタくなってしまいます。

主格の of と目的格の of の区別は，意味だけです。実際は前の例でもわかる

Section 8　和訳の技術

とおりカンタンです。「〜が／〜を」って訳してみればすぐわかります。
以上からわかるとおり，実際の英文では，of を「〜が／〜を」って訳すことが圧倒的に多いんです。

▶ そもそも誰が of は「〜の」と訳すなんて言い出したのでしょう。少しオーバーに言えば，大学入試では of を「〜の」と訳すことはめったにないと思ってください。

🔴 "形容詞 + 名詞" を "動詞 + 副詞" にすればキレイな訳になる

では，He is a good speaker of English. に戻りましょう。

▶ 予 想

> 例　He is a good **speaker of** English.
> 　　　　　　　　　v' 発見　　of
>
> ➡ 主格の **of** なら「英語が話す」（???）
> ➡ 目的格の **of** なら「英語を話す」（自然な訳）

さらに，**good** を副詞っぽく，つまり **well**「上手に」で訳せばカンペキです。

💡 こう考える！

> He is a **good speaker** of English.
> 　　　　　形容詞　名詞
> = He **speaks** English **well**.
> 　　　動詞　　　　　　副詞

good speaker（形容詞＋名詞）のペアを，**speak well**（動詞＋副詞）に変えるわけです。

気づきましたか？　この中学 1 年の問題は，「この 2 つの英文はイコールで結べる同じ意味なんだよ。だから，good speaker of English を直訳するんじゃなくて，speaks English well で訳せばキレイになるよ」ということを教えてくれているのです。

テーマ 45 ▶ 名詞構文

▶こんな便利なことを中学1年の問題は教えてくれていたのに，実際は「英語のよい話し手」とムリヤリ訳すから，いざ大学入試を目の前にして「訳がカタくなっちゃう」という悩みをもつ受験生が激増するんです。

● v' を見つけるのがポイント

では，設問1の英文を見てみましょう。

文頭の **When** は従属接続詞で，**When** s v, S V. の形を作ります。

▼ 構造解析

(**When** I asked John), he just made a brief reply.
 When s   v   S   V

前半は「私がジョンに尋ねると」でOKです。後半を直訳すると，「彼はただ短い（そっけない）返事をした」になります。

今回はこの直訳でもカタくないのですが，ぜひv'を使って訳してみてください。理由は後でお話しします。

he just made a **brief reply**. ➡「そっけなく，返事をした」
              M'   v'   M'（副詞） v'（動詞）

brief reply という "形容詞 + 名詞" を「そっけなく（副詞）返事をした（動詞）」と訳せばカンペキです。

> ▶ v'があるときは，動詞（今回は make）は無視してOKです。ほかにも，**take a look** は，look がv'で「見る」，だから，take は無視してOKなんです。

● v' はいろんなところで大活躍

さて，なぜ今回，直訳より v' で訳したほうがいいのか，その理由は2つあります。

理由❶は，「難しい英文になると v' が威力を発揮する」から。

設問1のようにあまり難しくない内容の場合はそうでもありませんが，レベルが高い英文では，v' を使わないとガチガチの和訳になってしまいます。

> 例 **his dislike of** change
>   s'   v'   目的格の of
>
> (△)「彼の変化の嫌悪」??
> (◎)「彼が変化を嫌う」
> ▶「所有格＋v'＋目的格の of」の所有格は「～が」と訳します。

v' については，もう一度，復習してみてください（➡テーマ3 Step2，テーマ11 Step2，テーマ22 Step2，テーマ30 Step1）。

理由❷は，「v' を理解しているかが入試でねらわれる」から。
設問1の英文は，実際の山梨大の入試では次のように出題されたんです。

参考問題

> 次の2文がほぼ同じ内容になるように，空所に英語1語を入れなさい。
> When I asked John, he just made a brief reply.
> ＝ When I asked John, he just (　　　)(　　　).
>
> **解説** brief reply という "形容詞＋名詞" を "動詞＋副詞" に変えればいいわけですから，最初の空所には reply の動詞形（時制に注意），後ろの空所には brief を副詞にして入れれば OK です。
> つまりこの問題の意図は，「あなたはふだんから v' を意識していますか？」ということなんです。ふだんから v' を意識していれば，こういう問題で「ひらめけば解ける」なんて場当たり的な解き方をしなくても，確実に正答できるようになります。
> ふだんから v' を意識できるように，何度も復習してくださいね。
>
> **答** **replied briefly**

チェックポイント

☐ **made a brief reply** は,「短い返事をした」ではなく「短く返事した」と,v'で訳そう！

[解答例]
私がジョンに尋ねると，彼はただそっけなく返事をしただけだった。

Step 2

設問2 次の英文を和訳しなさい。
　★できるだけ自然な日本語にしてみましょう！

　A hasty decision frequently leads to regret and the loss of time, money, and opportunity.
　　　　　　　　　　　　　　　　　　　　　　（慶應大）

語 句
- **hasty**　　　「急いだ」
- **frequently**　「頻繁に」
- **opportunity**　「チャンス」

[解説]

◯ lead to ～ は「矢印（→）」で考える

設問2の全体の構文を見てみましょう。

🔻 構造解析

```
⟨A hasty decision⟩ (frequently) leads to ⟨regret⟩ and
     原因              M         →       結果①    and
⟨the loss of time, ～⟩.
     結果②
```

lead to ～は「～につながる」と訳しちゃダメですね。lead to を「矢印」で置きかえて，原因 lead to 結果，つまり「原因 → 結果」とイメージするんでしたね（➡テーマ29）。

そうすると，原因（A hasty decision）→ 結果（regret / the loss of time, money, and opportunity）とイメージできますね。

🟠 とにかく v' で訳す

さあ，本題に入ります。

A hasty decision は「急いだ決定」，regret は「後悔」，the loss of time, money, and opportunity は「時間，お金，チャンスの損失」……，でもこれではカタすぎますよね？

- A hasty decision   「急いだ決定」➡「急いで決定を下す」
    M'   v'

- regret   「後悔」➡「後悔する」
  v'

- the loss of time, money, and opportunity
    v' 目的格の of   o'
  「時間，お金，チャンスの損失」➡「時間，お金，チャンスを失う」

因果と v' を意識しながら訳してみましょう。

テーマ45 ▶ 名詞構文

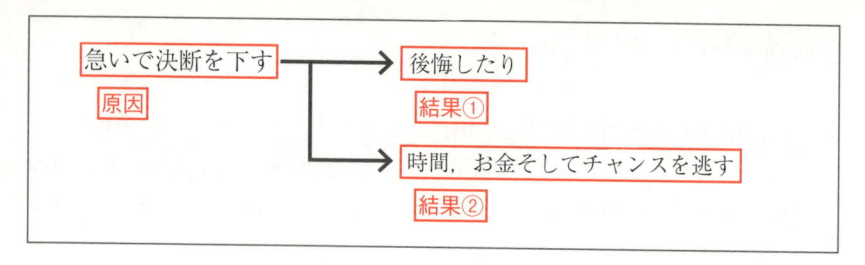

```
急いで決断を下す ──┬──→ 後悔したり
  原因            │      結果①
                  │
                  └──→ 時間，お金そしてチャンスを逃す
                         結果②
```

ちなみに，**frequently** のような頻度を表す副詞は，文の最後に訳すとキレイになります。普通に「よく~する」でもOKですが，「~することがよくある」のほうが，すごく自然な和訳になります。

チェックポイント

☐ **decision** を「決定」，**regret and the loss** を「後悔や損失」なんて訳さない！　v'で「決定する」「後悔する」「失う」と訳せばキレイな日本語になる！

【解答例】
急いで決断を下すと，後悔したり，時間，お金そしてチャンスを逃したりすることがよくある。

補講　v' に慣れる！

v' の頻出単語をのせておきます。
こういう単語を見たら「動詞っぽく」訳せば OK です。「動詞っぽく」訳す練習ですから，あえて名詞の意味はのせません。名詞を見ただけで，そこから動詞のイメージが浮かぶようになればカンペキです！
単語テストのノリで一気にチェックしてみましょう！

v' と考える名詞	もとの動詞	動詞の意味
acceptance	accept	受け取る
acquisition	acquire	得る
addition	add	加える
admiration	admire	称賛する
agreement	agree	同意する
appearance	appear	現れる
arrival	arrive	到着する
behavior	behave	行動する
belief	believe	信じる
choice	choose	選ぶ
collection	collect	集める
comparison	compare	比較する
competition	compete	競争する
decision	decide	決定する
denial	deny	否定する
description	describe	説明する
development	develop	発達する
difference	differ	異なる
discovery	discover	発見する
distinction	distinguish	区別する
division	divide	分ける
evolution	evolve	進化する
exclusion	exclude	除く

Chapter 4 ▼ 和訳の技術

テーマ 45 ▶ 名詞構文

existence	exist	存在する
explanation	explain	説明する
expression	express	表現する
failure	fail	失敗する
growth	grow	成長する
hatred	hate	憎む
ignorance	ignore	無視する
intention	intend	意図する
knowledge	know	知る
loss	lose	失う
maintenance	maintain	保つ
management	manage	管理する
occurrence	occur	起こる
perception	perceive	知覚する
persuasion	persuade	説得する
preparation	prepare	準備する
production	produce	生産する
proof	prove	証明する
pursuit	pursue	追求する
realization	realize	実現する
refusal	refuse	拒絶する
repetition	repeat	繰り返す
resistance	resist	抵抗する
resolution	resolve	決心する
satisfaction	satisfy	満たす
sight	see	見る
survival	survive	生き残る
suspicion	suspect	疑う
treatment	treat	扱う
trial	try	試みる

テーマ 46
depend on ～の訳し方
──「～に頼る」では通用しない！

Step 1

設問 1 次の英文を和訳しなさい。
★ depends on ～をどう訳すかがポイントです！

The success or failure of communication depends on language skills.
（宮崎大）

語　句
- **language skills**　「言語の能力／語学力」

解説

● depend on ～は「～次第だ」で覚える

depend on ～は有名な熟語ですが，なぜか「～に頼る」とばっかり教わります。「～に頼る」でも，決して間違いではないのですが，実際の英文では，**depend on ～**は「～次第だ」って意味になることのほうが多いんです。

ポイント　depend on ～の訳し方

S **depend on** O.
- （△）「S は O に頼る」
- （◎）「S かどうかは O 次第だ」
- （◎）「S は O によって決まる」
- （◎）「S は O に左右される」

> 例 Happiness depends upon ourselves.
> 「幸せかどうかは自分次第」
>
> Aristotle（アリストテレス）

アリストテレスの言葉も，depend on[upon] ～ を「～に頼る」なんて訳しちゃったら台無しですよね。

🔴 入試で大活躍の depend on ～

では，設問 1 の英文を見ていきましょう。

▼ 構造解析

> 〈The success or failure of ～〉 depends on 〈language skills〉.
>   S   V   O

The success or failure of communication は「コミュニケーションがうまくいくかいかないか」と訳せればカンペキです。

> The success or failure of communication
>   v'   v'   s'

success or failure を「成功や失敗」とするのではなく，**v' を意識して「成功するか失敗するか」**と動詞っぽく訳すとキレイになります。

当然，"v' of ～" の形ですから，**of を主格**と考えると ➡ （◎）「コミュニケーションが」，**目的格**と考えると ➡ （×）「コミュニケーションを」になり，今回は主格ととらえて「～が」と訳すと自然ですね。

今回のテーマ **depend on** ～ですが，「～に頼る」なんて訳すと意味不明ですから，「**～次第だ**」を使ってください。

depends on language skills は「言語の能力次第だ」という訳でバッチリですね。

チェックポイント

☑ **depend on** ～は「～次第だ」という「使える訳」で覚えよう！

解答例
コミュニケーションがうまくいくかいかないかは，言語の能力次第だ。

Step 2

設問2 次の英文を和訳しなさい。
★ヒントなしでチャレンジしてみましょう！

The ways in which these languages are acquired and used depend on a number of factors. （金沢大）

語句
● acquire ～　「～を獲得する／習得する」

解説

🔴 in which は形容詞節を作る

さっそく，設問2の構文をとっていきましょう。

構造解析

〈The ways [in which these languages are acquired and used]〉 depend on 〈a number of factors〉.
　　　　　　　　　　　S　　　　　　　　　v
　　　　　　　　　　　　　　　　　　　　　V
　　　V　　　　　　　　O

テーマ46 ▶ depend on ～の訳し方

in which（前置詞+which）は形容詞節になり，直前の The ways を修飾します。The ways in which ～ は「～という方法」，these languages are acquired and used は「こういった言語が習得され，使用される方法」です。ここまでが S になります。

Step 1 で説明したように，**depend on** ～は「**～次第だ**」「**～によって決まる**」を使いましょう。

depend on a number of factors は「たくさんの要因次第」ではちょっと不自然な感じなので，「たくさんの要因によって決まる［左右される］」とすればバッチリです。

🍊「疑問詞変換」という和訳のテクニック

設問2の訳として，「こういった言語が習得され，使用される方法はたくさんの要因によって決まる」では，「方法」が少し変です。

ここでは，和訳のテクニックとして「**疑問詞変換**」を使ってみましょう。疑問詞変換というワザは知っていると便利です。

カタい日本語を疑問詞に変えてしまうもので，たとえば，「彼の住んでいる場所」➡「彼がどこに住んでいるか」のように疑問詞 where に変換する和訳の方法です。

The ways in which ～「～という方法」，これを疑問詞 how に変換して，「どのように～されるのか」とすればカンペキです。

　　▶「疑問詞変換」はテーマ51の **Step 2** でも詳しく説明します。

チェックポイント

☐ とにかく **depend on** ～は「～次第だ」「～によって決まる」「～に左右される」と考える！

解答例

このような言語がどのように習得され，使用されるかは，多くの要因によって決まる。

延長講義

「頭を使えば，英会話にも応用できる！」

世間では，大学入試のような難しい論文ばかり読む英語を批判し，もっと「使える英語」なんて言って，日常会話を重視する傾向がありますよね。

でもボクに言わせれば，この本で説明している「きちんと考える英語」をやらないから，英会話もできないんです。

正しく考える英語は，入試に限らず，どんな場面でも役立ちます。

たとえば，今回のテーマでは，**depend on** 〜は「〜に頼る」よりも「**〜次第だ**」と考えたほうが正しく英文が読めるということを話しました。これ，英会話でも役立つんです。

> It depends.
> That depends.　「一概には言えないなあ」

It depends. や That depends. で「時と場合によりけり」「一概には言えない」って意味を表します。何かを頼まれたり，突っ込んだ質問をされて，答えに迷ったり，ハッキリとは答えられないときに，It depends. って言うんです。

では，この決まり文句の成り立ちを説明します。
It depends. はもともと，It depends on the circumstances. でした。
circumstances は「状況」って意味です。
では，この文はどういう意味になりますか？

> It depends on the circumstances.「それは状況次第だ」

「状況次第」➡「時と場合によりけり」「一概には言えない」になったんです。そして on the circumstances が省略されて It depends. ができあがったというわけです！

こうやって考えていけば，It depends. を丸暗記する必要なんてないんです。

テーマ 47

more than 〜の訳し方
── 「〜以上」では通用しない！

Step 1

設問 1 次の英文を和訳しなさい。
★ more than 〜をどう訳すかがポイントです！

This is more than I can stand. （早稲田大／条件英作文を改題）

語 句
- **stand**「耐える」

解 説

● more than 〜は「〜以上」だけでは足りない

受験生は普通，more than 〜 の訳は「〜以上」としか教えられませんが，みなさんはもう1つの訳し方を覚えておきましょう。

ポイント more than 〜の訳し方

more than 〜 ➡ ❶ 「〜以上」
　　　　　　　 ❷ 「〜でない (not)」
　　　　　　　　「〜だけでない (not only)」

実は，早稲田のような超難関大学でも出ますが，センター試験でもちょいちょい目にする表現なんです。覚えておくと，いろんな場面で重宝しますよ。

🔴 more than ➡ not か not only と考える

では，設問1の英文を見てみましょう。

🔻 構造解析

```
This is more [than I can stand ___].
 S   V   C                         stand の o が欠けている
```

▶ than は実は関係代名詞なのですが，そこはあまり気にしなくて大丈夫です。一応説明すると，than の後ろが I can stand で，不完全な文（stand の o が欠けている）だからです。

直訳すると，「これは私が耐えられる以上のものです」になります。でもどう考えても，この日本語は不自然ですよね。そこで今回覚えた **more than** ～は **not / not only** で訳すという方法を使ってみましょう。

（△）「これは，私が耐えられる以上のものです」
（◎）「これは，私には耐えられない」

more than ～を見たら，まずは普通に「～以上」で訳してみてください。易しい英文なら，けっこううまくいきますが，難しい英文だと2回に1回は失敗します。そこで **not / not only** で訳すとうまくいきますので，ぜひ覚えてくださいね。

ちなみに，早稲田では，次のような英作文で出題されました。

🟧 参考問題

次の日本語を英文にしなさい（語群の語句を順番どおり使って7語で）。
これではとてもたまらない。[This / more / stand]

解説 **more than** ～は **not / not only** で訳すとうまくいきます。問題文の「とてもたまらない」を見て，語群の more と stand で "**more than S stand**" という形が予想できるんです。more than ～は「～

テーマ 47 ▶ more than ～の訳し方

以上」だけで満足しちゃダメだよっていう，早稲田からのメッセージなんですね。

答 **This is more than I can stand.**

チェックポイント

☐ **more than I can stand** を「耐えられない」と訳すのが上級者！

解答例
これは私には耐えられない。

Step 2

設問2 次の英文の下線部を和訳しなさい。
★ more than ~ をキレイに訳しましょう！

I am beginning to learn that "honoring one's father" is more than the question of which place to occupy at the dining table. It also means listening, wherever we sit and whatever our own positions, to the stories Dad longs to tell.
（センター本試験）

語句
- **honor** ~ 「~を敬う」
- **occupy** ~ 「~を占める」
- **long to** ~ 「~したい」

> 解説

more than 〜は not か not only で訳す

設問 2 の全体の構文を確認しましょう。

> 構造解析

$$\underline{\text{I}}_{S} \; \underline{\text{am beginning to learn}}_{V} \; \underline{\langle \text{that } \sim \rangle}_{O}.$$

I am beginning to learn that 〜 は「私は〜ということを理解しはじめた」です。接続詞 that の後ろにメインの内容がきます（➡テーマ 14）。
では，下線部の英文を見てみましょう。

> 構造解析

$$\underline{\langle \text{"honoring one's father"} \rangle}_{S} \; \underline{\text{is}}_{V} \; \underline{\textbf{more than} \text{ the question of } \sim}_{C}$$

honoring one's father は「自分の父親を敬うこと」です。
more than the question of 〜は「〜という問題以上のもの」だと少し不自然ですよね。**more than** 〜を **not / not only** で訳すということから，「〜という問題（だけ）じゃない」と考えてください。

not で訳して「問題じゃない」にするか，**not only** で訳して「問題だけじゃない」にするかは，前後の文脈でカンタンにわかります。この英文では，直後に It **also** means 〜という文が続いているので，**not only** で訳すんです。**not only 〜 but also ...** が変形して，**more than** 〜と **also** の英文になっているんです。

今回のポイントである more than 〜の訳し方はわかりましたか？
でも，この more than より後ろの訳がなかなか難しいんです。

🔴 "前置詞＋関係代名詞"の後ろは「完全な文」がくるはず

more than the question of which place to occupy at the dining table はかなりやっかいです。

まず of which だけ見ちゃうと，"前置詞＋関係代名詞"に見えてしまいますね。

ここで関係代名詞の文法知識を確認しましょう。

ポイント 関係代名詞 と "前置詞＋関係代名詞" は後ろにくる形が違う

❶ 関係代名詞 ➡ 後ろには「不完全な文」

例　That is the house **which** they lived in ☐ .
　　　　　　　　　　関係代名詞　不完全な文　　in の後ろの名詞
　　　　　　　　　　　　　　　　　　　　　　　が欠けている

❷ 前置詞＋関係代名詞 ➡ 後ろには「完全な文」

例　That is the house **in which** they lived.
　　　　　　　　　　前置詞＋関係代名詞　　完全な文

訳はどちらも同じで，「あれは彼らが住んでいた家だ」になります。

前置詞＋関係代名詞 の後ろには「完全な文」がくるのだとすると，設問2の英文の of which の後ろにも「完全な文」が予想できるはずですが……。

▶予　　　想

- -
the question [**of which** place to occupy at the dining table]
　　　　　　　前置詞＋関係代名詞 ➡ 後ろには完全な文がくるはず
- -

ところが，of which の後ろには，「完全な文」どころか，place to occupy at the dining table というメチャクチャな形がきていますね（ここには V すらありません）。

ということは，予想を修正しなくてはいけません。

🔴 "疑問詞 to ～" は「名詞のカタマリ」になる

which が関係代名詞でないなら，疑問詞ということになりますね。つまり，**which** 以下が疑問詞のカタマリなんです。

🚩 こう考える！（予想修正）

$$\text{the question [of 〈\underline{\textbf{which}} place \underline{\textbf{to occupy}} at the dining table〉]}$$
　　　　　　　　　疑問詞　　　　to V

which place to occupy は，"疑問詞 to ～" の形です。which to occupy「どっちを占めるべきか」の which の後ろに名詞がくっついて，which place to occupy「どっちの場所を占めるべきか」になったのです。

別の説明をしてみましょう。

もし the question of it だったら「それの問題」です。この it が which place to occupy at the dining table にふくらんだと考えてください。

$$\text{the question of 〈\underline{it}〉}$$
　　　　　　　↓ it がふくらんだ
$$\text{the question of 〈\underline{which place to occupy at the dining table}〉}$$

the question of which place to occupy at the dining table「食事の席でどの場所を占めるか（どこに座るか）という問題」という意味です。

これに more than をくっつけた more than the question of which place to occupy at the dining table は「食事でどこに座るかという問題だけではない」と考えればいいですね。

🔴 正しく訳すと「主張」もわかる

設問2の下線部の後ろの英文も，さっと確認してみましょう。

構造解析

```
It also means ⟨listening,
S    V      O
(wherever we sit and whatever our own positions),
                       M
to the stories [{which} Dad longs to tell]⟩.
```

文頭の It は，下線部の英文の S （"honoring one's father"）を指します。listen to ~ の listen と to の間に wherever ~ and whatever ~ が割りこんでいます。

また，the stories {which} Dad longs to tell では，関係代名詞 which が省略されていて，「お父さんがしゃべりたがっている話」になります。

そして，**more than** を **not only** で訳すことで，英文筆者が意図している次のような美しい形が見抜けるんです！

"honoring one's father" is **more than** the question ~ .
It **also** means listening, wherever ~ , to the stories Dad longs to tell.

「父親を敬うこと」とは，「ただどこに座るか（上席に座らせて尊敬の念を示すという形式的なこと）だけでなく，きちんと話に耳を傾けてあげること」だと言っているのです。

▶ **more than** ~ をきちんと訳すだけで，筆者の主張がハッキリわかりますね。よくある「But に注目」なんていう説明では，こういう領域の英文には手が出ません。

ぜひ，**more than** ~ をマスターしてくださいね。

チェックポイント

☐ **more than** ～を **not only** ～で考えると，筆者の主張まで探し出せる！
☐ 関係代名詞 の後ろには不完全な文，" 前置詞 + 関係代名詞 "の後ろには完全な文が続く！

解答例

私が気づきはじめたのは，「父を敬う」ということは，食事の席でどこに座るかという問題だけではない。それは，どこに座っても，どの位置であっても，父が話したがっていることに耳を傾けてあげるということでもある，ということだ。

普通の受験生は，この more than から主張を探す方法を絶対に知らない！ ぜひマスターして強力な武器にしよう！

Chapter 4 ▼ 和訳の技術

テーマ 47 ▶ more than ～の訳し方

テーマ 48

比較対象の省略
—— than ～ は省略されるのが当たり前！

Step 1

設問 1 次の英文を和訳しなさい
★できた日本語をよく見直してください。前半と後半で矛盾した内容になっていませんか？

"Son, I thank you. Nobody ever did a nicer thing —"

（名古屋市立大）

語 句
- **son**　「息子よ」　▶呼びかけている。
- **ever**　「今まで」

解説

🔴 会話の決まり文句だって暗記は不要

ここでは，文法の授業では教わらない「比較の落とし穴」を説明します。まず，次の会話の決まり文句を知っていますか？

例　A：How's it going?　　　「調子どう？」
　　　B：It couldn't be better!　「絶好調だよ！」

Aの How's it going? は How are you? と同じ意味で「調子はどう？」です。それに対して B は，It couldn't be better! って答えていますね。否定文だからって，「調子はよくない」なんて訳してはいけません。たしかに **not good**

なら「よくない」ですが、これは **not better** なんです！

It couldn't be better. は「絶好調です」という意味です。better は good の比較級ですね。比較級があるということは、文のうしろに **than ～が省略されている**んです！　この表現では **than now**「今（の私の姿）より」が省略されていると思ってください。ただ、そんなことは状況からわかるので、省略されてしまったのです。

例　It couldn't be better {than now}.

▶ It は**状況の it** で、漠然とまわりの状況を示すだけなので訳さなくて OK です。

「今のオレよりも（than now）、よい（better）状態なんて、仮の世界でもありえないゼ（couldn't be）」という意味なんです。

▶ could は助動詞の過去形です。助動詞の過去形を見つけたら仮定法！　でしたね（➡テーマ39）

この「オレの気分」って、100点満点でいったら何点でしょうか？　もちろん 100 点ですよね。「今のオレよりもよい状態なんてありえない」とは元気全開、「絶好調」ってことです。

▶ たとえば、今のみなさんの調子が 80 点だとしたら、まだ点数が上がる余地がありますよね？　今よりもよい状態は「ありうる」わけです。だから、80 点では絶好調とはいえないですね。

省略を補って考えないと、It couldn't be better!「絶好調！」を、（×）「調子がよくない」なんて、とんでもない誤解をしてしまいます！

🔴 比較対象は省略される

この会話表現に限らず、実は英語の世界では、比較対象（比較する相手）はよく省略されるんです！　**as ～ as A** の **as A** や、"比較級 **than A**" の **than A** はよく省略されます。

▶ 日本語でも比較対象を省略することはあります。たとえば、「あの人、18歳なんだ。オレもタメだよ」などと言い、あえて「その人とタメ」と言わないこともあります。でも、日本語ではあまり比較対象を省略しないので、英語を読むときは要注意です。

> **ポイント** 比較対象の省略
>
> 比較対象は省略される！ 省略された比較対象を補って訳す！
> ❶ **as 〜 as A** ➡ **as 〜**
>   ★ as A が省略されていたら，**as this** を補う。
> ❷ 比較級 **than A** ➡ 比較級 〜
>   ★ than A が省略されていたら，**than this** を補う。

省略されている内容を文脈から考えないといけないのですが，とりあえず this「今言ったこのこと」を補えば，ほとんどの場合，意味が通ります。省略があるときには，**as this**「これと同じくらい」，**than this**「これより」を補うことを忘れないでくださいね。

😊 than this を補わないと意味が逆になる

では，設問 1 の英文を見てみましょう。
Son, I thank you.「息子よ，ありがとう」です。**thank** はもともと「感謝する」という意味の V ですね。

⬇ 構造解析

Nobody	(ever)	did	⟨a nicer thing⟩	―	{than this}
S	M	V	O		補う

nicer に注目です！ nice ではないんです。**nicer** という比較級ですから，後ろに **than** を探す……。やっぱり than がない。ということは，**than this** を補えばバッチリです。
「（これよりも）ステキなことをした人は誰もいない」になります。
  ▶ ちなみに，うれしくて言葉につまっちゃったのが ⟨──⟩（ダッシュ）の部分ですが，ここに than this を補うイメージです。

この than this を補わないと，「ステキなことをした人は（息子も含めて）誰もいない」になってしまい，前半の I thank you. と矛盾します。

チェックポイント

☐ **Nobody ever did a nicer thing** の **nicer** に注目！ **than this** を補う！

解答例

「息子よ，ありがとう。こんなに素晴らしいことをしてくれた人は今までに誰もいないよ」

Step 2

設問 2 次の英文の下線部を和訳しなさい。
★ crucial を辞書なしで訳してください！

It is important to acknowledge the past rather than to deny or ignore it. <u>However, it is just as crucial to focus your attention on where you'd like to be.</u> （広島大）

語句

- **acknowledge** 〜 　　　「〜を認める」
- **deny** 〜 　　　　　　　「〜を否定する」
- **ignore** 〜 　　　　　　「〜を無視する」
- **focus your attention on** 〜　「〜に注意を向ける」

解説

● **It 〜 to ... 構文が 2 つある**

下線部の前の英文は，It 〜 to ... 構文で，「…することが大事だ」という意味になります。

テーマ 48 ▶ 比較対象の省略

🔻 **構造解析**

> <u>It</u> <u>is</u> <u>important</u> 〈<u>to</u> acknowledge the past (rather than to deny or ignore it)〉.
> 仮S V   C   真S

acknowledge the past は「過去を認める」，rather than to deny or ignore it は「それ（過去）を否定したり無視するよりもむしろ」です。
よく見ると，下線部の英文も **It 〜 to ... 構文**です。

🔻 **構造解析**

> However, <u>it</u> <u>is</u> just as <u>crucial</u> 〈<u>to focus your attention on 〜</u>〉.
> 仮S V   C   真S

to focus your attention on 〜は「〜に注意を向けること」で，前置詞 on の後ろには名詞がきます。

🔻 **構造解析**

> <u>on</u> 〈<u>where you'd like to be</u>〉.
> 前置詞 ──→ 名詞節

where you'd like to be は**名詞のカタマリ**ということです。訳は「どこにいたいのか」となります。

▶ be は「いる／存在する」です。

ここまでをまとめると，設問2の下線部の英文は，「どこにいたいのかに注意を向けることは just as crucial だ」という意味になります。

🔴 比較対象 as this を補う

では，今回のメインテーマである just as crucial を見てみましょう。
as の直後に形容詞がきているので，当然 **as 〜 as ...** の形です。
その as 〜 as ... の前に just がくっついて，**just as 〜 as ...**「ちょうど…

Section 8　和訳の技術

と同じくらい〜」になっていると考えます。けれど，後ろの as ... がありません。
そう，**Step 1** で学んだように，比較対象が省略されているのです。

▼構造解析

> it is just **as** crucial 〈to focus your attention on 〜〉 {**as** this}.

as this 「今言ったことと同じくらい」を補えば OK ですね。
　　▶これができると，読解力が確実にレベルアップしますよ。

this は前の文（過去を認めること）を指します。「今言ったこと（過去を認めること）と同じくらい，どこにいたいのかに注意を向けることも crucial だ」になります。

● where you'd like to be をキレイに訳す

次に，下線部の最後の where you'd like to be の意味を考えていきましょう。as this を補うことで，この文は前文と関連していることがわかりましたね。ということは，前文の意味を参考にすれば，もっとよい訳ができるはずなんです。
前文では「過去を認めることが大事」と言っています。ですから下線部の where you'd like to be は，直訳「どこにいたいのか」ではなく，「過去」と対比される内容，つまり「どこにいたいのか」➡「これからいたい場所」➡「未来」ということなのです。where you'd like to be の訳は「未来」，もしくはもとの英文の長さを活かして「これからいたいと思う未来という場所」と訳せばカンペキです。

● crucial の意味を考える

最後に **crucial** の意味を考えてみましょう。
辞書には「決定的な」がのっているので，ほとんどの受験生がこの訳を使ってしまいます。
でも今回の英文では，「…と同じくらい決定的だ」では不自然ですよね。こ

テーマ 48 ▶ 比較対象の省略

こで「自分には国語力がないから」なんて自信を失う必要はありません。よく考えてみてください。

みなさんは，この英文に as this を補うことで，前文と関係があることがわかっていますね。

意味を整理してみましょう。

この関係をよく考えてください。前文で「大事」，下線部で「同じくらい crucial」ということはズバリ，**crucial** は「**大事な**」という意味ですよね。

- 前文の内容 ➡ 「過去を認めることが<u>大事</u>だ」
- 下線部の内容 ➡ 「未来に注意を向けることも，<u>**これと同じくらい crucial**</u> だ」
---

as this を補うことで，crucial を「決定的」と訳すよりもはるか上のレベルの訳に到達できるのです。

ちなみに，辞書や単語帳では，crucial「決定的な」ばかり大きくのっています。でも，**crucial** は「**とても重要な**」という意味で使われることのほうが圧倒的に多いのです！

ここで，「重要な」という意味の重要単語（形容詞）を復習しておきましょう。

ポイント　「重要な」という意味の形容詞
- **crucial**
- **essential**
- **significant**
- **fundamental**
- **indispensable**
- **critical**
- **vital**

これらの単語はすべて「重要な」って意味でしたね（➡テーマ31）。

チェックポイント

☑ 比較対象はよく省略される！　**as this** や **than this** を補って訳そう！

解答例

過去を否定したり，過去から目をそらすことより，過去を認めるほうが大切だ。しかしながら，自分がこれからいたいと望む未来という場所に意識を集中することも，そのことと同じくらい重要である。

> 「比較対象の省略」というルールを知ることで，ここまでキレイな和訳を作れるようになるんだ。「国語力がない……」なんて悲観する必要はないんだよ！

テーマ49

暗黙の了解
―― if の訳し方には暗黙のルールがある！

Step 1

> **設問1** 次の英文を和訳しなさい。
> ★ if any をどう訳すかがポイントです！
>
> There are very few, if any, students who can appreciate the true value of this book.
>
> （名古屋大／空所補充問題を改題）

語　句
- very few ～　「ほとんど～がない」
  ▶ few「ほとんど～ない」に very がついて強調されたものです。
- appreciate ～　「～を正しく理解できる」

解説

● if 節で省略がおきたら「譲歩」の意味

多くの受験生は，**if** ～は「もし～」，**even if** ～は「たとえ～でも」と思いこんでしまっています。でも，実は **if** には2つの意味があるんです。
if は，順接なら「もし～」，逆接なら「たとえ～でも」と2つの意味をもっています。英文筆者が「ここは絶対に『逆接』で解釈してね，誤解しないでね」というときに，あえて even をくっつけて even if にするだけ。だから入試問題で if だけを見つけたとしても，2つの意味のどちらなのかを判別しないといけません。

　▶ただし，**if** が名詞節になるときはもちろん，「～かどうか」という意味になります（➡テーマ 12）。

順接の「もし～」，逆接の「たとえ～でも」は逆の意味ですが，「**if** には『た とえ～でも』という意味もあるから注意」と知っておけば，判別は難しくありません。さらに，ここでは，英語の暗黙のルールを知ってほしいと思います。それは，**if 節の中で省略がおきたら「譲歩」の意味になる**ことが圧倒的に多いんです！ ifの中でＳＶなどが省略されていたら，譲歩（「**たとえ～でも／～だけれども**」）で訳してみてください。

これを知っておけば，英文を正しく訳せて，さらに熟語の丸暗記も不要ってことになります。

従来の問題集では，こんなふうに書かれています。

> **参考**　「たとえあったとしても」（従来の問題集の記述より）
>
> 「たとえあったとしても」 ➡ 【数量】**if any**
> 　　　　　　　　　　　　　【頻度】**if ever**

この熟語をただ丸暗記するのではなく，なぜこういう意味が生まれたのかを考えていきましょう。

そうでないと，今回の **Step 1** の英文は訳せても，**Step 2** のレベルになるとできなくなってしまいます。

🔴 if any と if ever の訳し方

まず，**if any** にしろ **if ever** にしろ，ifの中でＳＶが省略されているのは明らかですよね。ということはさっきのルールにより，この **if** は「たとえ～でも」という意味になるわけです。

次に「**数量なら any**」，「**頻度なら ever**」という区別ですが，これは省略を補ってみればすぐにわかります。

> **例1**　There is little, **if any**, difference between the two.
> ➡ There is little, **if** {there is} **any** {difference between the two}, difference between the two.
> 「その２つには，たとえあったとしても，ほとんど違いはない」

テーマ49 ▶ 暗黙の了解

if there is any difference between the two は「その２つの間に何かしら（any）の違いがあったとしても」です。「difference（違い）の数量」を問題にしているので，**if any** を使います。

> 例2　Tom seldom, **if ever**, watches TV.
> ➡ Tom seldom, **if** {Tom} **ever** {watches TV}, watches TV.
> 「トムは，たとえ見ることがあったとしても，めったにテレビを見ない」

if Tom ever watches TV は「トムがいつか（ever）テレビを見ることがあったとしても」です。テレビの「頻度」を問題にしていますので，**if ever** を使います。

▶ **ever** は「いつか／とにかく」という意味です。

実際に訳すときは，if any や if ever を日本語にすると少しくどい感じになるので，無視して訳すこともあります。

> 例1　There is little, **if any**, difference between the two.
> 「その２つには，たとえあったとしても，ほとんど違いはない」
> ➡「その２つには，ほとんど違いはない」
>
> 例2　Tom seldom, **if ever**, watches TV.
> 「トムは，たとえ見ることがあったとしても，めったにテレビを見ない」
> ➡「トムはめったにテレビを見ない」

正確に訳す練習として，設問1をきちんと訳してみましょう。
設問1の英文は，**There is** 構文ですね。There are very few students の間に **if any** が割りこんだ形です。

🔻 構造解析

> There are ⟨very few, (**if any**), students [who can 〜]⟩.

There are very few ◻ students は「学生はほとんどいない」。◻ のところに **if any** が割りこんで,「いたとしても,ほとんどいない」になります。ここでは students の数量が問題になっているので, **if any** が使われているわけです。

最後の部分は問題ありませんね。who can appreciate the true value of this book は「この本の本当の価値を正しく理解できる」で,students を修飾しています。

チェックポイント

☐ **if any** は **if** 節の中で省略！ この場合,**if** は「譲歩」で訳す！

[解答例]
この本の真価がわかる学生は,たとえいたとしても,きわめて少ない。

Step 2

設問 2　次の英文を和訳しなさい。
★ if not *the* best をどう訳すかがポイントです！

Japan's education system has gained a reputation overseas as one of the best, if not *the* best, in the world.

（早稲田大）

[語句]
- **gain** ～　　　　「～を得る」
- **reputation as** ～　「～としての評判」
- **overseas**　　　　「海外で」

テーマ 49 ▶ 暗黙の了解

> 解説

熟語以外にも応用がきく

設問2の構文はＳＶＯです。前半の文は単純なので、サッと確認しましょう。

> 構造解析

⟨Japan's education system⟩ has gained ⟨a reputation 〜⟩.
　　　　　Ｓ　　　　　　　　　Ｖ　　　　　Ｏ

Japan's education system has gained a reputation は「日本の教育制度は、ある評判を得た」です。
reputation 以下が少し複雑ですね。

> 構造解析

⟨a reputation overseas [as one of the best, (**if not *the* best**), in the world]⟩.

a reputation overseas as 〜 は「海外で〜としての評判」です。as 〜 は reputation を修飾しています。
as one of the best ☐ in the world の ☐ のところに **if not *the* best** が割りこんでいます。

if not *the* best の if 節の中にはＳＶがありません。明らかに省略が起きていますよね。
ということは、この **if** は「譲歩」になり、「たとえ〜としても／〜だけれども」という意味になるはずです。if not *the* best 「たとえ世界で一番ではないとしても」「世界で一番ではないけれども」という意味になります。
まとめて訳すと、as one of the best, if not *the* best, in the world は「世界で一番とはいわないけれども、世界で優れたものの1つとして」ですね。

　　▶ちなみに *the* が斜字体になっているのは「強調」しているからです。「唯一絶対的に一番（とはいわないが）」という意味です。

Section 8　和訳の技術

設問1の **if any** は熟語として丸暗記している人でも訳せますが，この設問2の英文は熟語帳にはのっていません。
でも，このように **if** の暗黙のルールを知っていると，熟語として暗記していなくても意味がわかるのです！

チェックポイント

☐ **if not *the* best** は **if** 節の中で省略！

解答例

日本の教育制度は，世界一とまでいわなくても，世界の最高水準だという評判を海外で得ている。

「**if** の暗黙ルール」を知っていれば，熟語帳にない表現までわかっちゃう！　これがこの本の真骨頂です！

テーマ 50
SVOという因果表現
―― ちょっとしたコツでキレイな和訳を作れる！

Step 1

設問1 次の英文の下線部を和訳しなさい。
★できるだけ自然な日本語にしてみましょう！

Our society has a strong belief that <u>what happens in childhood determines your fate.</u>　　　　（岡山大）

語句
- **determine** 〜　「〜を決める」
- **fate**　　　　「運命」

解説

● 無生物主語・第3文型は受動態で訳すとキレイになる

最初に小テストをしてみましょう。次の英文を訳してみてください。

例　Travel broadens the mind.

「旅は心を広げる」と直訳してから，「旅によって心は広くなる」と国語力を使って自然な訳を作るのはよくありません。ムダな時間を使ってしまうからです。ではどうすればいいのでしょうか？
この英文は第3文型SVOですよね。しかも，SのTravelは無生物です。ここで，大事な大事な英語のルールを1つ覚えてください。**無生物主語・第3文型は受動態で訳すとキレイになる！**　というルールです。

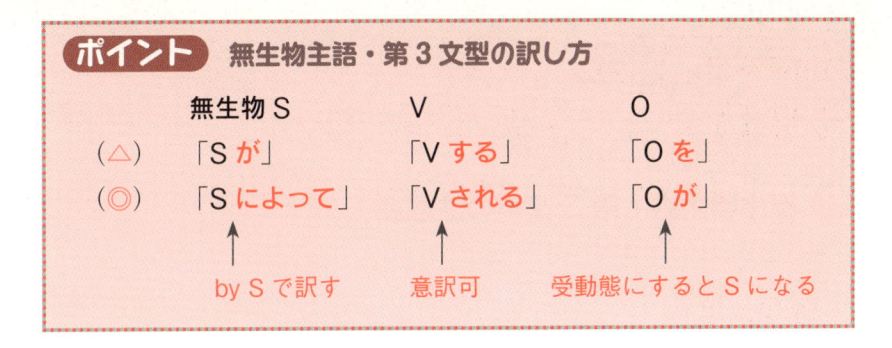

> **ポイント** 無生物主語・第3文型の訳し方
>
> | | 無生物S | V | O |
> |-------|---------------|------------|-----------|
> | (△) | 「S が」 | 「V する」 | 「O を」 |
> | (◎) | 「S によって」| 「V される」| 「O が」 |
>
> ↑ by S で訳す　↑ 意訳可　↑ 受動態にするとSになる

Travel broadens the mind. の場合を見てみましょう。

	Travel	broadens	the mind.
(△)	「旅は」	「広げる」	「心を」
(◎)	「旅によって」	「広げられる」	「心が」

これを参考にして，SのTravel ➡ **by travel**「旅によって」，Vのbroadensは受動態 **be broadened**「広げられる」 ➡（さらに意訳して）「広がる」，Oの **the mind** は受動態ではSになるので「心が」です。

たったこれだけの作業で，あっという間にキレイな和訳のできあがりです。

🔴 自然な訳を作る3つのメリット

上で説明した方法を知っていると，次の3つのメリットがあります。

> **ポイント** 無生物主語・第3文型を受動態で訳すメリット
> ❶ 日本語訳がキレイになる。
> ❷ いちいち「直訳してから意訳」なんてしなくなるので，英文の処理スピードが上がる。
> ❸ 英文筆者の意図がリアルにわかるようになる。
> ▶ たとえば Travel broadens the mind. を「旅は心を広げる」と訳すと「旅が広げる」がメインのように思えてしまいます。ところが，「旅によって心が広くなる」と考えれば「心が広くなる」の部分に重点がくる

Chapter 4 ▼ 和訳の技術

> ので，英文を読んでいるみなさんの頭の中にダイレクトに筆者の言いたいことが伝わるのです。

🔴 無生物主語・第3文型の注意点

注意点を2つあげます（ただし，軽く流して大丈夫です）。

1つめは，「受動態で訳す」と言いましたが，あくまで覚えやすいから「受動態」という用語を使っているだけで，決して「『～される』と訳さなきゃダメ」ということではないということ。実際，さっきの例でも，「広げられる」をさらに意訳して「広がる」にしましたよね。「～される」という訳し方自体はどうでもいいのです。大事なのは，**Sを「Sによって」，Oを「Oが」と訳すとキレイになる**ってことです。

2つめは，この方法の例外です。いくら無生物主語の第3文型であっても，**状態動詞，とくに have や mean の場合は，直訳のままで大丈夫**です。

例外なんて，ややこしいことを言いましたが，安心してください。要は「**無生物主語・第3文型は受動態で訳す**」とだけ考えて，もし和訳がかえって不自然になったら直訳すればいいだけのことです。ゆえに「例外なんかない」と思っても絶対に困りません。

> ▶ふだんの予備校の授業でも，この例外の話はさっとするだけですが，「混乱した」という生徒は1人もいません。安心してください。

🔴 接続詞 that から新たな S と V がはじまる

では，設問1の英文を見てみましょう。まずは下線部の前の英文から。

⬇ 構造解析

```
⟨Our society⟩ has ⟨a strong belief⟩ ⟨that ～⟩.
     S         V         O              同格
```

一応これは無生物主語の第3文型ですが，「私たちの社会によって強い信念がもたれている」はどう考えても変ですから，直訳で OK です。

> ▶ have などの状態動詞は直訳して OK です。

次に，同格の that が続いています。**同格の that は接続詞**ですから，その後ろに新たな s v を予想しましょう。

🔽 構造解析

〈that 〈what happens in childhood〉 determines your fate〉.
　同格　　　　　　　　S　　　　　　　　　　V　　　　　O

what は名詞節を作ります。ここでは，"**that s v**"の s になっていますね。そして，この what 〜は無生物主語です。しかも第 3 文型になっています。

what happens in childhood determines your fate
　　　　　S　　　　　　　　　　　V　　　　　O
（△）「子ども時代に起こることが」「決める」「運命を」
（◎）「子ども時代に起こることによって」「決められる」「運命が」

「子ども時代に起こることによって，運命が決められる ➡ 決まる」と訳せればカンペキです。

▶ 日本語訳がキレイになり，「運命が決まる！」というところに重点が置かれているのがわかりますよね。

チェックポイント

☐ 無生物主語・第 3 文型は受動態で訳すとキレイになる！

解答例

子どものときに起こることによって，その人の運命が決まる，という強い信念がわれわれの社会にはある。

テーマ 50 ▶ S V O という因果表現

Step 2

設問2 次の英文の下線部を和訳しなさい。
★できるだけ自然な日本語にしてみましょう！

In Stendhal's *Armance* (1827), the hero's mother refuses to say "tuberculosis," <u>for fear that pronouncing the word will hasten the course of her son's malady.</u>

（慶應大）

語句

- **Stendhal** 「スタンダール」
  ▶フランスの作家（1783～1842）。"*Armance*" は彼の作品。
- **tuberculosis** 「結核」
- **for fear that ～** 「～ということを恐れて」
- **pronounce ～** 「～を発音する／～と言う」
- **hasten ～** 「～を早める」
- **course** 「進行」
- **malady** 「病気」

解説

● 無生物主語・第3文型はよく出る

設問2の下線部の前の英文から読んでいきましょう。

▼ 構造解析

(In Stendhal's ～), the hero's mother refuses to say
　　　　M　　　　　　　　S　　　　　　V
"tuberculosis,"
　　O

第3文型ですが、無生物主語ではないので、普通に訳します。「Stendhal の（1827年に発表された）"*Armance*" という作品で、主人公の母親は、『結核』という言葉を口にしようとしない」です。

では、下線部の英文を見てみましょう。**for fear that** ～は「～ということを恐れて」という意味の熟語ですが、fear の後ろに同格の that がきています。

⬇ 構造解析

(for ⟨fear⟩ ⟨that ～⟩)
　　　　　　　同格

同格の that の後ろには s v がくるはずですから、構文をとりなおしてみましょう。

⬇ 構造解析

that ⟨pronouncing the word⟩ will hasten ⟨the course of her son's malady⟩
　　　　　　　　S　　　　　　　　　V　　　　　　　　O

pronouncing the word が**無生物主語**で、しかも**第3文型**ですね。受動態で訳せばキレイになります。

	pronouncing the word	will hasten	the course of ～
(△)	「その言葉を口にすることが」	「早める」	「病気の進行を」
(◎)	「その言葉を口にすることによって」	「早められる」	「病気の進行が」

これに、下線部の先頭の for fear that を加えて、「その言葉を口にすることで、病気の進行が早められる（早まる）ことを恐れて」とすればカンペキです。

チェックポイント

☐ 無生物主語・第3文型は受動態で訳すとキレイになる！ **the word will hasten**「言葉が早める」なんて日本語はやめよう！

解答例

Stendhal の "*Armance*"（1827年発表）という作品で，主人公の母親は，「結核」という言葉を口にすることで，自分の息子の病気の進行が早まってしまうことを恐れ，その「結核」という言葉を口にしようとしない。

> キレイな和訳を作るのに必要なのは，「国語力」ではなく「英語の正しいルール」なんだ！

テーマ 51
便利な意訳のコツ
── 訳しにくい in -ing と疑問詞変換

Step 1

> **設問 1** 次の英文を和訳しなさい。
> ★ take the initiative in ～ を自然に訳せるかがポイントです。
>
> The machine would sometimes take the initiative in developing or changing the topic. （早稲田大）
>
> ▶この英文は未来の話で，文頭の The machine は「理想的なコンピューター」を示します。

語　句
- **initiative**　「主導権」
  ▶日本語でも，「主導権」を「イニシアチブ」と言うときがあります。

解説

🔴 or は and と同じ等位接続詞

さあ，最後のテーマです。ここで意訳のコツを 2 つ学んで，この本を締めくくりましょう。

設問 1 の英文は，構文自体は難しくありませんね。

⬇ 構造解析

```
The machine would (sometimes) take ⟨the initiative [in ～]⟩.
     S         ―――― V ――――              O
```

take the initiative in ~ は「~における (in) 主導権 (initiative) をとる (take)」になります。
次に，**or** が何と何を結んでいるか，しっかり考えましょう。

🔻 構造解析

$$
\underline{\text{take}} \; \langle \text{the initiative} \; [\text{in} \; \begin{Bmatrix} \text{developing} \\ \textbf{or} \\ \text{changing} \end{Bmatrix} \text{the topic}] \rangle
$$

developing と changing の共通の O が the topic です。訳し方は，次のようになります。

（×）「広げたり，話題を変えたりする主導権」
　　　▶これでは developing の O が不明。
（◎）「話題を広げたり，変えたりする主導権」

🔴 in -ing をキレイに訳すコツ

ここまでをまとめると，The machine would sometimes take the initiative in ~ は「理想のコンピューターは~における主導権をとる」，the initiative in developing or changing the topic「話題を広げたり，変えたりする主導権」になります。
これでも悪くはないのですが，「話題を広げたり変えたりする主導権をとる」では少しカタいので，さらに上のレベルをめざしましょう。

$$
\underbrace{\sim}_{\text{M'}} \; \underbrace{\text{in -ing}}_{\text{V'}} \; \Rightarrow \; 「\sim して…する」
$$
　　　▶M' をオマケ，V' をメインで訳す

in -ing の訳し方にはコツがあります。**in -ing** の前にある部分を M' で（オマケっぽく）訳し，**in -ing** を V' で（メインで）訳すとキレイになるんです！

これを知っておくと，キレイな日本語訳を作ることができ，それによって英文の内容がスッと頭に入ってきます。

設問1の英文を見てみましょう。

<u>take the initiative</u> <u>in developing or changing the topic</u>
　　　　M'　　　　　　　　　　　　V'
　「主導権を握って」　　　　　「話題を広げたり変えたりする」

take the initiative を M'（副詞）で「主導権を握って」➡「率先して」と訳し，in developing or changing the topic を V' で（メインの V のように）訳すんです。「率先して話題を広げたり変えたりする」と訳すと，ものすごく自然な日本語になります。

そして何より，こう訳すことで，この英文の主張「話題を広げたり変えたりする！」という部分が明確になりますね。

チェックポイント

☐ **take the initiative in developing or changing** をキレイに訳そう！ **in -ing** をメインに訳せばキレイになる！

解答例

理想のコンピューターは，ときには率先して話題を広げたり変えたりすることもあるだろう。

補足

今回の英文の would は推量「～だろう」という意味です。仮定法 **would** と推量 **would** の判別は，仮定法は「ありえないこと」，推量は「ありえるかもしれないこと」に使われるということです。今回の英文は抜粋していて文脈がわからないため，その判別にはこだわる必要はありません。今回は推量でしたが，確率的にいって「まず仮定法」を考えるようにしましょう。

テーマ 51 ▶ 便利な意訳のコツ

Step 2

設問2 次の英文を和訳しなさい。
★ the extent を自然に訳せるかがポイントです。

> The extent to which you can communicate in English depends on practice. （早稲田大／空所補充問題を改題）

語　句
- extent 「程度」

解説

疑問詞変換は役立つ

Step 2 では, p.344 で使った**疑問詞変換**というテクニックを確認してみましょう。

疑問詞変換とは「場所」→「どこに」と名詞を疑問詞に置きかえることで, より自然でキレイな日本語にするコツです。

構造解析

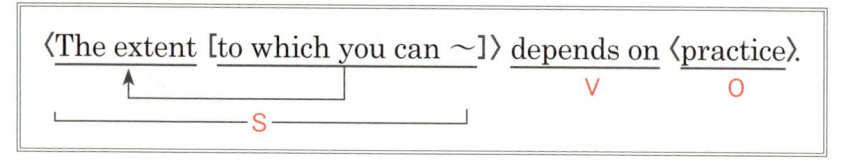

〈The extent [to which you can ～]〉 depends on 〈practice〉.
　　　　　　　　　　　　　　　　　　　　V　　　　　O
　　　　　　　　S

文全体は S depend on O「S かどうかは O 次第だ」です。**depend on** ～ は「～に頼る」より「～**次第だ**」「～**によって決まる**」のほうが圧倒的に使われるんでしたね（→テーマ46）。ですから, 後半の depends on practice は「練習次第だ」と訳せば OK です。

問題は前半です。to which ～が, The extent を修飾しています。The extent to which you can communicate in English を直訳すると「英語でコミュニケーションできる程度」になりますが, これではガチガチの日本語になっちゃいますね。

Section 8　和訳の技術

ここで，疑問詞変換を使ってみましょう。「程度」➡「どれくらい」と考えればOKです。

> （△）「英語でコミュニケーションできる程度」
> （◎）「どれくらい英語でコミュニケーションできるか」

the extent to which ～ ➡ how much ～ に変えるイメージです。
全体は「どれくらい英語でコミュニケーションできるかは練習次第だ」になります。

🔴 you の意味は「あなた」ではない

you can communicate in English の you は「あなた」ではありません。「総称の you」です（➡ p.118）。
you には「（あなたと私を含む）みんな／人は誰でも」という意味がありましたね。「人は誰でも」と訳すか，もしくは「一般的に人は」という意味で，あえて訳さないほうが，自然な日本語になります。

🔴 「疑問詞変換」は英作文でも使える！

疑問詞変換のテクニックは，和訳だけでなく，英作文でも役に立ちます。たとえば「成分」を英訳するとき，無理に component や constituent なんて難しい英単語を使わなくても（というより，普通は知りませんよね），「成分」➡「何で作られているか」と考えて，"What is + S + made of ?" を使えばカンタンです。

チェックポイント

☑ **The extent to which** ～は，疑問詞変換を使って「どれくらい～」と訳す！

解答例
どのくらい英語でコミュニケーションできるかは練習次第だ。

テーマ 51 ▶ 便利な意訳のコツ

おわりに

2010年の夏，ボクは「慶應大学言語教育シンポジウム」に参加しました。テーマは「英文解釈法再考」でしたが，そこで驚いたのは，慶應大学などで活躍中の第一線の学者の方々が「一文一文を正確に読む」という，まさに本書のめざすことを強調されていたことです。

大学が，ひいてはマトモな大人が求めているのは，実は「硬派な英語力」だということを再認識してうれしかったその数日後，今回の『**大学入試　世界一わかりやすい　英文読解の特別講座**』のお話をいただいたことには，なにか運命めいたものさえ感じ，喜んで本書を書かせていただきました。

そのお話をくださり，さまざまなアドバイスをくださり，そして何よりもボクの理想とする英語教育を形にする最高の機会をくださった，中経出版の山川徹氏，また，この原稿を本当に丁寧にチェックしていただいた中経出版の日野原晋氏，オッズオンの山内裕子氏に心より感謝いたします。本当にありがとうございました。

そして最後まで読んでくださった読者のみなさま。
星の数ほどある問題集の中から，本書を手に取り，そして最後まで読み通してくれたみなさまの英語力が確実に上がることを信じております。
合格通知を手にするその日まで，ぜひ受験勉強に燃えてください。

関　正生

⟨MEMO⟩

⟨MEMO⟩

〔著者紹介〕

関　正生（せき　まさお）

1975年7月3日東京生まれ。埼玉県立浦和高校、慶応義塾大学文学部（英米文学専攻）卒業。TOEICテスト990点満点取得。リクルート運営のオンライン予備校「スタディサプリ」講師。今までの予備校では、250人教室満席、朝6時からの整理券配布、立ち見講座、1日6講座200名全講座で満席なども。また、NHKラジオ講座テキストや英字新聞での連載、英語雑誌やビジネス雑誌での記事執筆・取材も多数。TSUTAYAではDVD版授業もレンタル中。オンライン英会話スクールでの教材監修など、予備校以外の世代にも強力な影響を与えている。

著書では語学書に『カラー改訂版　世界一わかりやすい　英文法の授業』『改訂版　世界一わかりやすい　英語の勉強法』『世界一わかりやすい　TOEICテストの英単語』など多数、学習参考書では『世界一わかりやすい　早稲田の英語　合格講座』『世界一わかりやすい　慶應の英語　合格講座』『大学入試　世界一わかりやすい　英文法・語法の特別講座』（以上、すべてKADOKAWA）などがある。

大学入試　世界一わかりやすい　英文読解の特別講座（検印省略）

2011年9月7日　第1刷発行
2020年6月25日　第25刷発行

著　者　関　正生（せき　まさお）
発行者　川金　正法
発　行　株式会社KADOKAWA
　　　　〒102-8177　東京都千代田区富士見2-13-3
　　　　03-3238-8521（カスタマーサポート）
　　　　https://www.kadokawa.co.jp/

落丁・乱丁本はご面倒でも、下記KADOKAWA読者係にお送りください。
送料は小社負担でお取り替えいたします。
古書店で購入したものについては、お取り替えできません。
電話049-259-1100（10：00～17：00／土日、祝日、年末年始を除く）
〒354-0041　埼玉県入間郡三芳町藤久保550-1

DTP／オッズオン　印刷／加藤文明社　製本／本間製本

Ⓒ2011 Masao Seki, Printed in Japan.
ISBN978-4-04-602546-3　C7082

本書の無断複製（コピー、スキャン、デジタル化等）並びに無断複製物の譲渡及び配信は、著作権法上での例外を除き禁じられています。また、本書を代行業者などの第三者に依頼して複製する行為は、たとえ個人や家庭内での利用であっても一切認められておりません。